JN246753

丸山眞男
講義録［別冊一］

日本政治思想史 1956/59

東京大学出版会

編集委員

平石 直昭
山辺 春彦

The Lectures of Masao Maruyama 1948-1967, Separate Volume 1
On the History of Political Thought in Japan (1956/59)
University of Tokyo Press, 2017
ISBN978-4-13-034208-7

第一章 神国思想の端初的形態

古代国家と政治的神話

史料の上に現われた日本の最初の大きな政治集団は、ヤマト政権であり、これが、大和政権によって生れた古代天皇制日本の原初形態をなしている。それは「建国」という言葉に表現されるような、ある時期に目的意識的に形成されたものではなく、数百年にわたる歴史的発展の過程のなかで徐々に形をととのえて行ったものである。紀元前二世紀から紀元一世紀頃に、日本は文化史上いわゆる縄文式（石器時代・狩猟採集）文化時代から弥生式文化時代に転化したが、それはすでに大陸文化の影響によるものであり、青銅器や鉄器や水田稲作の技術もこの頃大陸から輸入されたものであった。つまり日本における政治的社会の形成は最初から高度に発展した中国文化のimpactのもとに、農業生産を主として出発したものであり、そのことは、原初的な政治形態にも、またそれを反映する日本神話の伝承にも顕著な特色を与えている。弥生式文化には、北九州を中心とする銅剣・銅鉾文化圏と、畿内を中心とする△銅鐸文化圏とあって、いずれが先行したかは明らかでないが、後に古墳文化を背景とする大和政権によって、この両地方が統一される以前に、この両地方に「クニ」すなわち小規模の族長国家が多数存立していたことはたしかである。三国志の魏志倭人伝のなかに出てくる邪馬台国はその代表的なものと考えられよう。二世紀から三世紀頃とされ、その位置は本居宣長の研究以来、九州説が支配的であったが、明治によって畿内説が現われ、まだ確定をみない。これを統治する女王卑弥呼（ヒメコ・ヒミコ）は、「鬼道を事として衆を惑わす」とある(29)とおり、呪術を行うシャーマンであった。邪馬台国はその下に三十の小族長国家を従属させていたが、その構造は大体似ていたと考えられる。つまり発生的に見ると、恐らく同族団的結合に基く農業共同体の内部において、農業生産の必要から呪術（マギー）によって悪霊を払い、雨を降らし、五穀豊穣をいのる祭祀者が共同体の伝統の体現者として権威をもち、そうした司祭的職務に、共同灌漑施設の遂行や他集団との闘争などの機能が加わって、漸次政治的権力が集中されて行ったのであろう。邪馬台国にはすでに、大人と下戸という階級分化が現われ、ヒメコは死に際して古墳をきずいたとあるので、その権力は共同体からはなれ

△楽器であり祭具である

共同体の代表者
↓
“[illegible]”

primus inter pares
代表者 → 権威
機能 → 権力

Shamanism

シャーマン（巫覡）が憑依状態によって神霊と交流する
（神がかり）

神官制

△ 天照大神自身 神の巫女的性格をもち、神への司祭である。

新嘗の宮をスサノオがけがす。

他面太陽神であることも農業と関連する。

↓

天皇の即位式 ＝ 大嘗祭。 ~~マツリゴト ＝ 政治~~。

しらす、しろしめす → 巫女が神がかりによって神意を知る。

その儀式がまつりであり、まつりは奉り、神への奉仕。

＝ まつりごと。

すめらみこと、（[illegible]）

→ みこと ＝ 御言・命　　神託による神言を伝える → 命令

その司祭者 ＝ 命令する者を統一しているもの。

刊行の辞

丸山眞男は、一九四二年一〇月、東京帝国大学法学部助教授として、政治学政治学史第三講座（東洋政治思想史）の講義を初めて担当した。それは戦時特別措置のために、繰り上げて行われた昭和一八年度講義としてであった。以来、一九七一年三月、停年を待たずに東京大学法学部教授を退官するまで、断続的に八回の休講年度を除いて、通算二〇回の講義を行った。

この間の「東洋政治思想史」（実質的には、日本政治思想史）講義は、『丸山眞男集』、『丸山眞男集 別集』（いずれも岩波書店）その他に収録された彼の厖大な研究成果を基盤として行われる聴講学生への知的啓発の試みであるばかりでなく、彼の斬新な思想史研究の成果を生み出す陣痛の苦しみさえ含み込んだ試行錯誤の記録であり、また飛躍へのスプリング・ボードの役割を果たしていた。

これらの講義については、もともと生前の丸山と東京大学出版会との間に、その一部を公刊する約束がなされていた。丸山の主著の一つは、同会出版の『日本政治思想史研究』（一九五二年）であるが、同書の内容をなす三つの論文は、一九四〇年から四四年にかけて書かれた戦時中の作品である（丸山は二〇歳代後半―三〇歳）。このため戦後における丸山の日本思想史研究の進展を世に問うものとして、講義録の刊行が企画されたわけである。しかし諸般の事情で着手が遅れ、ついに九六年の丸山の死を迎えた。

ただ幸いにも丸山は、死の前年、編集者の門倉弘氏に対して、公刊を希望する講義の科目と年度とを伝えていた。戦後初期の日本政治思想史像を示すものとして四八年度の日本政治思想史講義、法学部で一度だけ行った六〇年度の政治学講義、「原型」論という新たな視点を投入して論じた六四年度の日本政治思想史講義、そして結果的に最終講義となった六七年度の同講義である（計四回四冊）。丸山の没後に刊行された『丸山眞男講義録』全七冊（一九九八―二〇〇〇年）は、丸山のこの遺志を実現するために、東京大学出版会の委嘱をうけた四人の研究者が、門倉氏との緊密な連携の下に編集したものである（四冊が七冊になった事情については同シリーズの「刊行の辞」に詳しい）。

問題は、日本政治思想史講義に限っていえば、丸山の意向が、戦後初期の出発点と六〇年代半ば以後の到達点を公刊して世に問うことであり、編集を委嘱された四人も、その意向を前提に作業せざるをえなかったということである。丸山自身、日本政治思想史講義においては、一九五〇年代後半期に大きな内容上の変更を試みたことを、様々な機会に語っていた。しかし、それらの年度講義は、『講義録』刊行の経緯から、空白の期間として残されたままに置かれることになった。

その「欠落」を埋めることの重要性は、『講義録』の編集作業が実質的に終局を迎える頃には編集委員の間で気付かれていたが、とりわけ周到な史料調査と収集を通じて編集作業を支えてきた門倉氏は、全年度講義を見通す詳細な「講義年譜」（『丸山眞男講義録』第七冊所収）を作成する中で、五〇年代後半期の講義に関連した資料をも収集され、復元への第一次的な準備作業を整えられていた。また、実際、最終巻（第六冊）の編集を担当した平石直昭は、編集の最終段階で発見された丸山の自筆ノートが、「いわゆる「原型」という観点の萌芽的出現や「文化接触」という横の契機の自覚的な投入という問題とかかわる」重要性をもつものであり、とりわけ五六年度講義および五九年度講義との関連についてより立ち入った検討の必要性について指摘していた（第六冊、「解題」付記)。しかし、門倉氏の急逝や、編集にかかわっていた研究者の諸事情によって、その宿題は果たされることないままに時日が経過していった。

そうした状況を変えたのは、丸山眞男文庫の設立であった。一九九九年、丸山が残した蔵書と草稿資料類のすべてをご遺族から寄贈された東京女子大学では、丸山眞男文庫が設立され、比較文化研究所に付置された丸山眞男記念比較思想研究センターにおいて、松沢弘陽氏の呼びかけで作られた「文庫協力の会」による寄贈書籍および草稿資料類の整理・保存・公開に向けての作業が開始され、そこで『講義録』編集作業に必要な新たな資料の発掘と整理がなされていくに伴い、先に道筋を付けて下さった門倉氏の「遺産」と相俟って、一九五〇年代後半期の丸山眞男日本政治思想史講義録の編集がようやく現実味を帯びてきた。

さらに二〇一二年度からは、文部科学省の「平成二四年度私立大学戦略的研究基盤形成支援事業」として採択された東京女子大学の「丸山眞男研究プロジェクト」が発足し、丸山の日本政治思想史講義の翻刻もその一環として位置づけられることになり、平石直昭・宮村治雄・山辺春彦の三名に、その作業担当が委ねられた。この間、事業は、丸山文庫の研究スタッフ(川口雄一・金子元・播磨崇晃)の加勢を得て進められたが、すでにこれまで不可能と思われていた丸山の二年度に亘る戦中講義の復元が果たされ、また門倉氏の「講義年譜」でも見落とされていた復員直後の四五年度を含む戦後直後の丸山の日本政治思想史講義の大半が復元された(『丸山眞男記念比較思想研究センター報告』東京女子大学丸山眞男記念比較思想研究センター刊、第八号、二〇一三年、同『報告』第九号、二〇一四年)。その結果、一九五〇年代後半期、特に五七年度講義と戦中講義および戦後直後の講義との密接な関連性が改めて確認され、それらは、丸山の日本政治思想史構想、とりわけ「開国」をめぐる視点の成立について新たな照明を当てる意味合いをもつものと考えられた(前掲『センター報告』第八号および第九号「解題」参照)。

こうした多くの人々の努力と東京女子大学に設置された丸山眞男文庫を基盤として、一九五〇年代後半期の丸山眞男日本政治思想史講義録の刊行が実現することとなった。講義録は、こうした経緯を踏まえて、内容上近接する、一九五六年度および一九五九年度と、一九五七年度および一九五八年度をそれぞれ一巻にまとめて『丸山眞男講義録　別冊一』（平石直昭・山辺春彦編集）、『丸山眞男講義録　別冊二』（宮村治雄・山辺春彦編集）として公刊する。両冊合わせて、丸山の日本政治思想史研究への新たな理解の深まりに資することを願ってやまない。

二〇一七年七月

平石　直昭
宮村　治雄
山辺　春彦

はじめに——本書の構成と編集方針

本書は丸山眞男が一九五六年度に東京大学法学部で行った日本政治思想史講義（講義名称は東洋政治思想史）を翻刻・復元し、あわせてそれと重複する箇所が多い五九年度講義のなかから、新しい展開をみせる箇所を抄録して、一書にまとめたものである。

五六年度講義は二つの大きな特徴をもっている。（1）それまで主に近世（戦国末期のキリシタン運動をふくむ）以後を扱ってきた丸山が、構想を改めて古代までさかのぼり、初めて日本政治思想史の通史に挑戦していること。実際に彼はそこで、記紀神話、仏教思想、武士の思想など、古代・中世の思想史を論じ、その上で近世の主要な思想潮流を講じている。晩年の丸山はある講演で、講義を古代から始めたのは五九年度からと回顧している（「原型・古層・執拗低音」『丸山眞男集』第十二巻、岩波書店、所収）。しかしこれは利用できる資料が手許になかったことによる記憶違いであり、正確には五六年度からであることが今では知られている（丸山の没後に始まった講義録刊行の準備過程で多くの元聴講学生が受講ノート等の提供に応じて下さり、また丸山家の書庫から当時の自筆講義ノートが発見されて、この事実が判明した。『丸山眞男講義録［第六冊］日本政治思想史一九六六』の「解題」「付」を参照）。

（2）もう一つの特徴は近世の思想史に関するものである。五六年度講義の第四章以下を既刊の『講義録』とくらべると、四八年度の講義とかなり重複していることがわかる（『丸山眞男講義録［第一冊］日本政治思想史一九四八』）。すなわちその面では、戦後早い時期（実際にはそれ自体が戦中に遡る部分がかなりある）に描いた徳川思想史像をかなり継承しつつ、同時に幾つかの点で新たな見方を示しているわけである。

しばしば指摘されてきたように、丸山の日本思想史像は五〇年代後半を通じて大きく変化する。彼自身の言い方に従えばそれは、縦の普遍史的な発展段階論に立つ見方から、異質な文化接触による横からの衝撃という分析視角を投入する見方への変化である。公刊された著述では、論文「開国」（一九五九年）がこの点をよく示すが（『丸山集』第八巻）、「開国」問題の重要性は、すでに五七年の「思想と政治」で指摘されている（『丸山集』第七巻）。講義でも五七・五八年度の講義がこの視角を採用して、新たな思想史像を示している（別冊二とその「解説」を参照）。同時にこの変化の背後には、古代以来の日本が儒教や仏教などの外来思想を受容する際に、ある変容を加えていること、それをもたらす思想的要因は何か、という問題に対する関心があった。五六年度講義にはこの関心が強く現われており、それが横からの衝撃論と結合して、六〇年代の「原型」論に展開してゆくことになる。

こういうわけで五六年度講義は、一方で五〇年代前半までの徳川思想史像を継承しつつ、他方で新たな観点に立って古代からの通史に丸山が挑戦した点で転回点的な位置を占めており、彼の日本思想史像の変容過程をみる上で貴重な資料的価値をもっている。関連して五九年度講義は、主題の面で五六年度講義とかなり重なりつつ、五七・五八両年度の分析をうけて思想受容のパターンという見方の具体化など、重要な新展開を示している。以上のような理解に基づいて本書では、五六年度講義の全体と五九年度講義における新しい展開部分を抄録して、一書にまとめることにした。別冊二と併せて、五〇年代後半の丸山が描いた日本思想史像の全体を読者が理解する上で、資することを願っている。

編集方針は以下の通りである。本書の五六年度講義「まえおき」、参考文献、第一章から第三章に関しては、丸山が講義用に準備した自筆ノートを底本とした（丸山文庫草稿類資料「1950年代後半講義ノート」（資料番号745）。以下本書でとくに断りなしに「自筆ノート」と呼ぶ場合には、この資料をさす）。その資料的性格については本書の「解説」で考証する。他方、第四章から第六章に関しては、部分的に同定できる自筆原稿やメモはあるものの、右のノートのようなまとまった形では自筆原稿やノートが見当たらない。例年は、東京大学出版会教材部とアルバイト契約を結んだ学生が試験対策用にガリ版刷りの講義プリントを作っており、それが講義の復元にも役だっている。しかし本年度に関してはこのプリントも残っていない（作られなかったのであろう）。そこで右の三章に関しては、二人の聴講学生（近藤邦康、横溝正夫両氏）の受講ノート二種と、四八年度講義録（かつて同書の作成にあたった宮村治雄氏より原稿ファイルの提供をうけた）、および丸山の自筆原稿を合成して講義を復元した。また五九年度に関しては、聴講した高坂盛彦氏の受講ノートと講義プリント、および部分的に同定できた丸山の自筆原稿を合成して講義を復元した。

以上の理由で、とくにプリントが残っていない五六年度に関しては、第一章から第三章までの部分に関しても、自筆ノート上にまとまった記述がない場合、受講ノートだけからでは論旨の展開をよく追えない箇所があり、やむをえず、編者の責任で作文した箇所があることをお断りしておきたい。

なお丸山の自筆ノートや原稿の大部分は、丸山眞男文庫デジタルアーカイブ（http://maruyamabunko.twcu.ac.jp/archives/index.html）上で一般に公開されている。読者が、本書とデジタルアーカイブ上の資料とを照合する労をとられるならば、内容の理解に一層資すると思われる。

凡　例

1　編者が学生の受講ノートやプリントをもとに文章化した部分は、丸山の自筆部分と区別するために〈　〉で括った。また原文で要点のメモ書きになっている個所や、メモ書きを受講ノートやプリントと照合して文章化したような場合も、全体を〈　〉で括った。

2　自筆ノートや原稿で明らかに誤字脱字とわかる箇所はとくに断らずに訂正した。ルビで正しいと思われる言葉を記した場合もある。またごくわずかに言葉を補った箇所がある。

3　原文の仮名表記を漢字表記にしたり（ハンラン→氾濫など）、その逆にした（来る→くるなど）箇所がある。また原文における漢字の旧字体は常用字体に改めた。漢字の振り仮名は、丸山によるもの、引用史料にもとからあるもの、編者が付したものがあるが、一々断っていない。

4　書名に『　』（短文資料の場合は「　」）を付す、送仮名の「ず」と「づ」の混用を「づ」に統一する、引用文における新旧仮名遣いの混用を旧仮名遣いに統一するなど、編集上の処理を施した。

5　史料の引用文は丸山が典拠としたテキストによって校訂した。典拠が不明な場合は、明らかな誤記を除いて丸山の引用のままとした。引用箇所に関して丸山の自筆原稿がなく、受講ノート等で推測するしかない場合は、丸山が用いたと推測される文献によって校訂した。

6　学生の受講ノートから講義を復元した場合、判読不能の箇所は□□の記号で示した。またプリントと受講ノートをあわせて「プリント類」と呼んだ場合がある。

7　適宜改行し、また句読点を付した。

8　自筆ノートや自筆原稿に記述があっても、受講ノートと照合して講義では語られなかったことが明らかな部分は、原則として起こしていない。

9　本文中のまる括弧（ ）内の文章は丸山の原文である。編者が文中で付した注は〔 〕で示す。

10　底本とした自筆ノートは横書きで、強調は下線で示されているが、本書は縦組としたので、傍点で強調を示した。アルファベットの場合は太字で示した。ただ丸山が付した下線のすべてを起こしてはいない。

11　講義で丸山がふれている図書が丸山文庫に所蔵されている場合、文庫における七桁の登録番号を、他の書誌情報とともに〔 〕内に付記した。

12　（ ）内の月日は当該講義がなされた日付を示す（学生の受講ノートによる）。日付は五六年度講義のものである。五九年度講義は抄録なので日付は記載していない。

13　五六年度講義をうけて五九年度で発展させられた箇所は、比較的短い文の場合はその直後に追記し、長文の場合は五六年度の本文に（＊）を付し、その段落が終わった箇所に補記した。第二、三章に関しては新展開の箇所が多いので、五六年度の本文に（＊1）のように番号を付し、該当する各章の末尾にまとめて補記する形をとった。

14　丸山が講義でふれている語句や命題、典拠などについて、適宜、本文の該当箇所にダガー（†）記号を付し、本文末に補注を加えた。

一九五六年度講義録　目次

参考資料・一九五九年度講義録目次（本書に収めた部分はその旨を記した）

日本政治思想史　一九五六／五九

ヨーロッパ思想史との基本的ちがい〔五六年度講義の「まえおき」にあたる〕

（十一月十四日）

東洋というのは地理的名称で、ずっと長い間、統一的な文化圏をなさずにきた。孤立的・自己充足的な文化圏の併存とその間の偶然的交渉という事情は、中国、インド、イスラムの関係をみればわかる。日本と中国の関係は一方交通で、同時的な交流による発展ではない。ヨーロッパでは、〈ギリシア〉古典・ローマ法・キリスト教の伝統の共通性と連続性がある。ルネッサンス（伊）・リフォーメイション（独）・フランス革命（仏）のインパクトは一国にとどまらないし、しかもその意味には基本的な共通性がある。

しかし宋代に成立した宋学が日本に影響を及ぼして普及したころは、宋は滅んでいる。また仏教の日本輸入も、日本にとってだけ大きな問題（神道信仰との衝突）であった。

プロテスタント・カトリック・英国国教化というような分化と争は、精神的源泉の共通性を前提としている。〈しかし〉日本では大乗仏教と小乗仏教の争がなかった。はじめから大乗仏教だ。〈だからヨーロッパの思想史から東洋の思想史の類推はできない〉。

近代帝国主義がはじめてアジアの連帯性〈統一性〉の意識をよびおこした。しかし日本と中国、さらに東南アジアのように、近代国家としての成立時期のズレが甚だしいので、〈統一意識は〉漠然たる観念にとどまっていたし、いまでもある程度はそうである。A・A諸国の solidarity（バンドン会議〔一九五五年四月、アジア・アフリカ二九ヶ国が集まって開催〕）。〈統一的な実体ができて、その上に統一的な観念ができるのはむしろこれからのこと〉。

"Asia is one."〈〔という岡倉天心の言葉〕〉は、実際には Asia ought to be one. だった。この言葉が帝国主義の圧力を感じはじめた時に出てきたのは象徴的。だから当面は、日本の思想史、中国の思想史というように分けてやる以外に方法がない。この講座ではこれまで、中国政治思想史は津田左右吉や板野長八が、日本のそれは村岡典嗣（つね つぐ）や丸山がやってきた〉。

政治思想の未分化、Staatsräson の意識がない。

〈東洋において政治思想史は成立するか。政治思想史がそれとして分化して自覚されてきたのは、近代国家が成立して国家としての行動原理をもちはじめてからである。マキャベリに始まる。東洋ではヨーロッパ的な〔政治の〕自律意識はでてきていない。政治思想史という分野に学問的反省が起ってきたのは非常に新しい。政治思想史ということが分からない上に東洋が分からないから、余計に分からない〉。

政治思想史研究の方向〈今までの接近の仕方〉

政治学の一分野として→イ．政治学史（政治理論が中心になる）

ロ．政治過程のなかの一つの契機として、さらには社会的・歴史的過程におけるイデオロギーや思潮の発展を、政治的意味や機能との関連で辿る。

社会学の一分野として→イデオロギー論、とくに知識社会学の史的適用。

歴史学の一分野として→この場合には全歴史過程のなかでの思想の発展を辿るという意味で、上記のロに近いが、〝政治的なもの〟についての鋭い方法意識から見るよりも、常識的に政治を対象とするイデオロギーを問題にし、むしろ方法や史料の扱い方は歴史学の他の分野と共通する。

思想史学の一分野として→思想史というジャンルが歴史学や政治学・経済学〈から〉独立した学問的研究の対象になるかどうか。Geistesgeschichte あるいは Intellectual History というのは、多かれ少なかれそうした方向をめざしている。

日本ではかつての〝精神史〟は〈大正末から昭和初にかけて〉ディルタイや新カント派の影響下に Kulturgeschichte の一部として流行した。しかしやがて国粋主義的動向〈満州事変以後の軍国調〉が高まると共に、日本〝精神史〟は〝日本精神〟史に変貌した。今日でもドイツでは、Geistesgeschichte という名を冠した研究が盛んである。Intellectual History（History of Ideas）は漸く西欧で盛んになろうとしている。政治思想史研究からこうした一般的思想史へ進んだ一例としては〈アメリカの〉Crane Brinton（Harvard）の *Ideas and Men*（*The Story of Western Thought*, 1951）がある。〈宇宙観から政治思想まで知性の歴史を扱っている〉。〈また英国の〉Collingwood, *The Idea of Nature*〔番号 0182466〕〈は統一的な精神史の試みである〉。

日本では思想史の専攻者というのは非常に少い。業績も哲学者が哲学史を、経済学者が経済思想史を、また歴史家が政治史や社会史や経済史を研究する際の必要から、いわば偶然的に思想史的研究を行ってきた。思想史を独立の学問分野として、その方法的自覚を強調してきた学者としては、過去に村岡典嗣博士、現在で最も熱心な主張者は家永三郎氏である。

方法的立場はともかくとして、こうした思想史学に対する関心の高まりが、欧米でも日本でも最近見られることは注目に値する。もっともその原因や由来は、西欧と日本とでは大分ちがっており、むしろ逆の方向からの一致とみた方がいい位である（むろん共通した面もなくはない）。

西欧では個別科学の立場からの思想史（学史）がすでにかなり長い伝統をもっていた。哲学史、倫理学史、自然科学史、政治学史、経済学史、社会学史のそれぞれの部門での業績の蓄積があった。Dilthey の Geistesgeschichte も、発生的にはプロテスタント神学の立場からの問題意識に根ざしており、この伝統は Troeltsch の精神史研究まで一貫している。最近の綜合的な思想史への関心は、むしろあまりに分化したイデオロギーの各部門研究の基礎として、ヨーロッパの精神的基盤の発展をみようという傾向である。トインビー史学などが歓迎される傾向と共通したものがあり、ヨーロッパ文化の危機意識と深い関連がある。

日本では、個別科学自身の歴史が浅いから、その学史をあとづけたり、あるいは明確な個別科学の方法意識をもって思想史を見る伝統が殆どない（経済学史・倫理学史・哲学史の分野でわずかにあっただけ）〈自分の学問の根底をなすイデオロギーへの反省は各個別科学のなかにない〉。しかも他方〝国体思想〟史や〝日本精神〟史は、いつも特定の政治的要請と結びついて過剰なまでに（学問的には低調）氾濫した。〈例えば明治末期の国民道徳論は日本の国民性からする国民道徳の歴史である。これは、日本帝国の特殊な精神構造による。近代的な学問以前の情緒的統一性が、オーソドックスなものを独占している〉。

この正統的〝思想〟以外の〝思想〟はそれ自体として不信と猜疑の眼でみられた。〈「思想問題」「主義者」という言葉が示すように、思想が思想として出てくると危険視された。他方で分化した科学は精緻な発展をしたが思想性をもたない。例外はマルクス主義のみ〉。

ヨーロッパ思想史との基本的ちがい

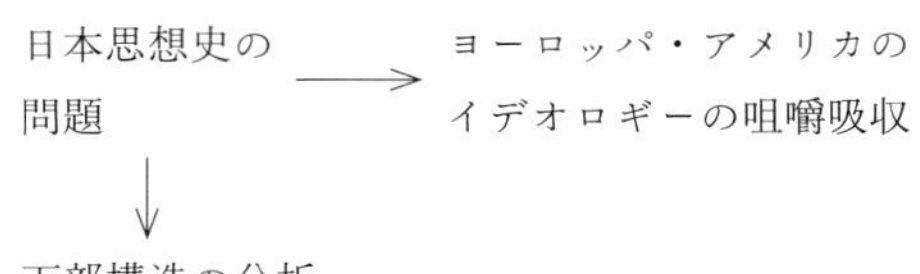

国体思想の全体性は分化以前の統一性で、〈もやもやした空気のような〉気体として神通力があった。〈右翼の失敗は気体としてのイデオロギーを固体にして、神通力を失わせた点にある。固体化すると、対立者を予想して相対化する〉。

アカデミー史学での〝思想史〟の欠如〈は以上の理由による。専門の学者は精緻な考証をするが、思想史は在野の学者がやったのみ。そうした中で村岡氏は忘れることができない人だが〉村岡氏の唯一の科学的業績も「国学」＝日本思想史学という等式において成立した。〈系譜的には国学から出ていて、宣長を論理的に精密にして日本の古典を再認識した。ドイツの文献学をとりいれたが、学問としての普遍性をもたず、独立のジャンルとなりえない。思想史学の特殊としての日本思想史学とはいえない〉。

〈思想を国体が独占し、非科学的な体制と癒着したことへの〉この反動が一時に終戦とともにきた。日本思想史は、ハイカラなデモクラシー論と、マルクス主義の立場からくる日本資本主義論の背後に押しやられた〔ノートには上の図式が描かれている〕。

そのうちに、文化人類学や社会心理学の関心からの日本人の意識分析や、デモクラシーの制度とその機能とのギャップ〈への注目〉から政治的行動様式論が登場した。〈しかし〉これはまだそのまま思想史ではない。

i 〈夢中になって受容した〉アメリカ・デモクラシーからの伝統回帰〈逆コース〉

ii マルクス主義の陣営、というよりコンミュニズムのそれから、運動が精神的風土化しないことへの反省〈が出てきた〉。学問的には〈下部構造からの〉単純な反映論の反省、思想的伝統との結びつき（中国の影響、〈伝統と革命の結びつき、日本の精神風土と外来のマルクス主義はどう結びつくかが問題とされた〉）。

こういう二つの相矛盾する要請から、最近の各学問分野における日本思想史研究の再台頭となった。〈古本の直段が最近あがった。しかし〉まだ試行錯誤の段階で、いろいろのアプローチなり視角が実験的に多く出ることが望ましい。一義的に方法と対象を確定することから出発しない方がいい。〈百家争鳴の方が有効。Adventures of ideas〉。

たとえば思想史の対象として、学者・哲学者・思想家など intellectual leaders を選び、その思想や理論の流れを追及（ママ）するのが正しいのか、あるいは、そういう〝一部〟の高級な思想を相手としてもはじまらぬ、もっと体系化されない、しかし現実に人々をつきうごかしている観念や意識を中心にすべきなのか、いわゆる man in the street の思想の推移を問題にすべきなのか、というようなことも、決して一義的にきめられることではない。一般に現代に近づくほど、もしくは現代に近い時代を対象にした思想史ほど、後の要素が加わってくるし、古代に遡るほど、思想家や哲人中心の思想史になる。それは現代を扱う学者が democratic で、古代研究家が authoritarian だからではない。庶民の生き悩み苦しむ毎日の生活に根ざした意識を扱わねばならぬとどんなに強調する人も、古代日本の何百万の農民や漁民たちが、大化の改新における蘇我の入鹿の殺害事件にどう反応したかを知るすべはないであろう。

ブリントンがいうように、ヒットラー治下のドイツの common people がヒットラーに対して抱いた観念は研究対象になりうるが、ローマ世界の名も知れぬ庶民のジュリアス・シーザーに対する意識は知るすべもない。これは単に史料がないという問題ではない。本来あった、もしくはあるべき史料が堙滅してなくなったから調べられないという問題ではない。印刷もなく、新聞雑誌もなく、教育も普及せず、通信・交通も発達しなかった時代には、今日語るような意味で、民衆の意識や思想を語ることがそもそもできないのである。つまりひとびとの間のコミュニケーションの発達程度ということは、思想の歴史にとって外在的なことではなく、本質的な契機である。コミュニケーション圏が同時に思想の存立し発展する圏なのである。

その意味で昔にさかのぼるほど、思想の成立する場は aristocratic であることは当然で、それを今日の意味での一部少数（多数と対立した意味で）の思想と考えてはならない。そういう思想を〝民衆〟の思想でないというゆえで排除したら、殆ど大部分の思想上の古典は排除され、古典の遺産の継承というようなことは問題にならなくなる（reading public が成立したのはヨーロッパでも一八世紀）。〔編者注。原文ではこの後に一行あけて「しかし自分の操作の方法的前提や目的意識――したがって限界――を忘れてはならぬ。日本の良き伝統を現代の立場から発掘する」という一文があるが、受講ノートにはその趣旨の筆記はない〕。

それならコミュニケーションが限なく行きわたり、mass society の成立した現代では、思想史はもっぱら、あるいは主として、大衆の〝思想〟や意識を問題とすべきなのか。そういう大衆主義は質の問題を量に還元する量化主義であると共に、思想を単純に現実の反映と考える考え方である。思想の評価においては、質的な高さという契機を欠くことはできない。社会主義――現代のもっとも進んだ民主主義といわれる――すら、最高級のインテリゲンチャの高度な思索の産物であり、決して大衆の自然発生的な意識から生れたものではない。単純な現実の反映は表象であっても思想ではない。

思想は一つには人間による社会的または自然的現実の解釈――再構成――であり、また一つには問題解決の道具である。解釈は人間行動を環境に適応させる潤滑油として、現実を意味づける。問題解決の道具としての思想は、新たな、あるいは不確かな現実からの挑戦に対して羅針盤の役割を果す。いずれにしても、それは抽象による現実の選択であって、単なる心理的事実ではない。むろん思想がどれほど人間を動かす力をもつかということは、思想の有効性をはかる重大な規準であり、とくに現代のような mass age には、いわゆる思想家の壮大なる思弁は man in the street の観念と交流しなければ、なんら歴史における思想とはならない。その意味でいわゆる庶民の意識や心理の調査も思想史の重要な参考資料になるが、それがそのまま現代思想史となるわけではない。たとえ少数思想家の思想でも、それがその時代の課題を受けとめ、それに良かれ悪しかれ一つの応答を与えている限り、その時代を代表する思想の一つとして無視することはできない。(〝親鸞〟の思想の普及性の少なさ)。〈親鸞の思想は彼とその近い弟子によって抱かれただけだが、質的に価値が高く、その時代の問題に対して答えようとした代表的思想である〉。

〈思想史には色々なやり方がある。とくに日本思想史にはそういうことがいえる。政治思想を das Politisch を中心にして考えると、日本では大部分が政治思想に入らなくなる。むしろ intellectual history として綜合的に見た方が日本の場合は正しい〉。

五九年度講義「まえおき」

〈まず「東洋」「オリエント」「アジア」なる語のもつ概念についての説明から始める。

「東洋」という語については、津田左右吉博士がその著書のなかで「東洋」なるものは存在しないと述べられたが〔『支那思想と日本』岩波新書、一九三八年、番号 01841753〕、それを機として右翼、国粋主義者から排斥され、学者の間でも小野清一郎博士との論争が展開された。

「東洋」の語はもっとも古く『宋書』に散見する。この起源についてはいまだに定説がないが、中国でどのような意味に用いられていたかは、明代に『東西洋考』なる書物が刊行され（張燮著）、その中の定義によってある程度知ることができる。この書物では「東洋針路」および「西洋針路」が規定されている。「東洋針路」はルソン島から南下して、一つはモルッカ諸島に、他はボルネオ島の東北岸にいたるコースであり、「西洋針路」はインドシナの東岸沿いに、一つは南の方スマトラに向かい、他はジャヴァから小スンダ列島にいたる航路である。前者すなわち「東洋針路」の沿岸にある国々を「東洋」といい、後者の「西洋針路」のそれを「西洋」としている。つまりジャヴァ島は「西洋」に入っていた。これは中国が南海方面についての知識を拡大していったことによる名称というべきものである（因みにその後さらに西方の知識の拡大にともない、今日のヨーロッパについては「大西洋」という名称があてられるようになった）。いずれにせよ、今日における「東洋」「西洋」の分類とはほとんど共通性がない。

いつ頃からこの概念が今日の一般的用法に近くなったのかは詳らかではないが、新井白石の『西洋紀聞』における「西洋」は、すでにほぼ今日のそれに近い。しかし今日通用する「東洋」概念は「西洋」のそれよりも遅れて成立した。すなわちまず「西洋」というカテゴリーが成立し、それに対して江戸時代後期から「東洋」という言葉が流通するようになった。たとえば重商主義の影響をうけて富国強兵を唱えた本多利明は「西洋におけるイギリス、東洋における日本国と並び称される国にしたい」と言っている（『西域物語』中）。だがこれはまだ一般的用法とはいえない。江戸時代の地図には、今日の太平洋を「東洋」と呼んでいる。とくに「東洋史」というコトバは明治に入ってのちに「西洋史」に対する意味で用いられたに過ぎず、もっぱら「中国」史を内容としていた。日本史は「国史」といわれ、「東洋史」の学問および教育から除外された。

ところが中国では、つい最近まで「東洋人」は日本人を指した。明末にはルソン島を中心として「東洋」と呼んだが、日本はさらに東にあるという意味で「大東洋」とよばれた。また日本の帝国主義が華やかなりしころ、中国人は日本人を「東洋鬼」と呼んだものである。

少なくとも日本において今日的意味の「東洋」なる語が成立した過程をみると、「西洋」をはじめに定着させ、それに対比させたものとして「東洋」をおき、そこから日本を除外するという形でできたものである。日本が「東洋」から区別されたのには、明治以後の日本の急速な西欧化 westernization の過程が反映している。

以上のように自国を中心として考えるため、国によって意味が異なる。

「Orient」なる語も自国を中心として発達した観念である。言語学的には、ラテン語の Oriens（日が昇る、rise）に基づく。これは「Occident」がラテン語の Occidens（日が没する、fall）に語源をもつのと対比される。地理的には、イタリアを中心にして、以東を Orient、以西を Occident とよんだ。ローマ時代に東方に関する知識が拡大されると、オリエントの範囲は漸次拡大し、当初はバルカン、西アジア地方を指していたが、次第にもっと東の地方にも適用されていった。文化史上のカテゴリーとしての「オリエント文化」は、七世紀以後勃興したイスラム人による文化であり、これが正統なオリエント文化の継承者とみられている。アレキサンダー大王の遠征によってギリシア文化が東方に浸潤したが、それを追放し、元来のオリエント文化を回復したとの考えによる。

したがって文化的観念としての「オリエント」は、エジプト、パレスチナ、シリア、メソポタミア、アルメニア、小アジア、イラン、アラビア等の諸地域を包摂し、広義には、これにインド、北アフリカを加える。いずれにしても発生史的に「東洋」とは全く異なり、「東洋」をもって「Orient」の訳語とするのは混乱を招く。「西洋」に編入される東ローマ帝国やビザンチウムがオリエント文化圏である。サラセン帝国の支配が西に及ぶと、「オリエント」も次第に西に広がり、八世紀にはイベリア半島まで地中海一帯に「オリエント」文化が及んでいた。

「Asia」の観念はもちろん「Europa」に対するものであるが、この語は古く紀元前一三世紀末から前九世紀にかけて、地中海東部に栄えたフェニキア人が、彼らの国より東の方をフェニキア語でAçu（日の出る国）と呼んだことに起源をもつ（西方はEreb（日の没する国）とよび、これがEuropeの起源といわれる）。今日、中近東から日本まで含めて表現するには、このAsiaという語以外にはない。

ここで注意すべきことは「Europe」は地域的な名称であるが、「西洋」という語はそれに文化的な要素が加わってアメリカ、オーストラリアを含み「ヨーロッパ」よりはるかに広いことである。いわゆるアジア大陸は、五大陸のうちもっとも大きく、地球上の陸地面積の三分の一を占め、地勢上からいうとヨーロッパはアジアの一半島に過ぎぬ感じである。世界人口の半ば以上がアジア地域に住んでいる。そこに様々の地理的、文化的な多様性があるのは当然である。

風土的には二つに大別される。一つは中央アジア中心の遊牧地帯であり、他はインド、ビルマ、中国、日本等のモンスーン地帯である。これは風土的分類だが、同時に文化的分類にもなり、アジアの特色をそのまま規定している。前者が砂漠と草原地帯からなり、遊牧民族が主になっているのに対し、モンスーン地帯は主に水田農業が発達し、人口密度も著しく高い。アジアは文明の発祥地であるのみならず、世界の三大宗教の発生地でもある。ヨーロッパが文明の中心になり、世界史がヨーロッパ中心に展開されるようになったのは、歴史的にはきわめて新しく、ルネッサンス以後、とくに産業革命以後のことにすぎない。たんに精神文明のみでなく、技術technology の面でも、中世まではむしろアジアが優位に立っていた。アラブの数学もそうだが、中国の古代にはすでに磁石を取りつけた戦車が現われ、その他、紙、印刷術、火薬もアジアの発明にかかる。それが一九世紀のわずか一世紀に、関係が完全に顚倒した。地理的観念と文化的観念とは区別しなければならない。

紀元前にすでにこうした高い文化水準に達したアジアだが、その文化は次第に衰退し、民衆の生活様式や程度は当時とほとんど変わらない。アジアの停滞と呼ばれるのも仕方がない。これに対してヨーロッパは、一六世紀頃から驚くべきダイナミックな発展を遂げた。きわめて短い間に「先進国」と「後進国」の尺度の転換が起こったのであり、東洋の「開国」はこうした歴史的背景なしには、その意味を理解できない。

以上のように「東洋」「Orient」「Asia」などは地理的な呼称のようであるが、実はむしろ歴史的カテゴリーに属する。これを如実に示すのが「East」と「West」という呼称であり、その歴史は次第に一つになってゆく世界を象徴している。コロンブスのアメリカ発見とヴァスコ・ダ・ガマのインド航路発見以後、ヨーロッパの文化、政治制度が東にも西にも伸びてゆく。世界の資本主義化（いわゆるwesternizationまたはmodernization）の時間的順序をふまえて、「東」「西」の概念が形成され、地球をつつんでいった。こうした世界像では、東の端は日本、西の端はカリフォルニアということになる。日本はアメリカの西にあるのではなく、アジアの一番はずれにあるというわけであり、日本の開国を促したペリーは、太平洋を横断したのではなく、ケープタウンを廻って西から来たのである。「Far East」はまさしく彼らの実感であった。こうして形成された世界市場に日本が最後に入った。マルクスの世界市場に対する見方には正しいものがある（一八五八年一〇月八日付「中国に関する手紙」『マルクス・エンゲルス選集』第八巻・上、大月書店、一九四九年）。

「East」「West」はイデオロギー的にも用いられる。第二次大戦後の用例をみよ。そこでは「西」とは西欧的政治体制を中心として、それに近い国を意味し、「東」はおおむね共産主義体制をとっている国である。ここにも歴史的な流れがみられる。

以上のように「東洋」「Orient」「East」などは発生の由来からいうとethnocentrism自民族中心主義的なものである。したがって「東洋精神」なるものも分かったようで分からない。「アジアは一つ」（岡倉天心）といわれるが、ヨーロッパ精神に対する東洋精神があるかといえば、疑問である。文化的にもアジアは多様で、決して一つではない。第一に中国、第二にインド、第三にアラブのそれぞれを中心とする文化圏があり、宗教を中心にすると、第一に仏教、第二にヒンズー教、第三に回教の諸地域にわかれる。

これらの地域には交流こそあったが、それらを統一する原理は存在しなかった。その点にヨーロッパとの相異がある。ヨーロッパでは古典は共通であり、classicといえば古代のギリシア文化をいう。日本では「古典」は自己の種族の文化をいうようだが、ヨーロッパでは共通の古典を基盤にして、その上に民族の個性がある。そこでヨーロッパ文化と同じ意味でアジア文化を語ることはできない。アジアには、紀元前数千年来の歴史をもつ高度な文明がいくつか形成され、独自の文化圏が併存してきた。

問題は日本の位置づけであり、日本はいかなる文化圏に入るかである。中国中心の文化圏に入るのか。仏教中心の文化圏に入るのか。そのいずれにも属することは無理で、やはり独自の文化を有するというほかないと思われる。それは世界文化に対する貢献からいうのでもなく、範疇的にみてどの圏にも属しえないというのでもない。そうではなく、日本がいち早く西欧化し、他のアジア諸国のナショナリズムの模範となり、ついにはなぜアジア諸国に叛くにいたったのか、つまり日本がアジアの中の西洋として数奇な歴史的運命の下に立たされた理由を理解するためには、日本文化をアジアの諸文化と区別して独自の地位におく観点が必要だからである。

日本の近代化は、ルネッサンス以降の西洋文化を受けついで統一国家を形成したというだけではない。そこには日本独自のものがある。たとえば封建制は他のどのアジア諸国にもみられず、日本はむしろこの点では西欧型である。また西洋の騎士道と日本の武士道とは、他のアジア諸国の場合に比して類似点がある。他方で生活様式や風土において、日本はまったくアジア的である。この両者が結びついて成立している点に、日本が独特の文化圏をなす所以がある。歴史的カテゴリーとして、日本独自の文化圏という観点が必要である。それは価値判断とは別の問題である。世界文化に対する日本の貢献はわずかに美術がある位で、他はほとんど見るべきものがない。しかし他の文化圏に比して、その優劣を云々する立場から日本文化圏をいうわけではないのである。

仏教を例にとってみよう。それはインドに発生したが、中国を介して日本に伝わったのは、コミュニケーションの不足もあり、最初から大乗仏教であった。だが大乗仏教は歴史的にみると新しい。そして中国仏教が原始仏教と異なるよりも、日本仏教と原始仏教との違いの方がはるかに大きい。戒律をとっても、日本の場合には拘束力が弱いし、聖と俗の区別も、仏教が政治権力と結びついたことから影響されて（後述参照）、少なくとも初期においては判然としていない。世俗における地位と教団における地位とがパラレルである。したがって日本の仏教は「仏教における日本仏教」として捉えるよりも、「日本文化における仏教」という点から理解した方がわかりやすい。これはヨーロッパにおけるキリスト教のリフォーメーション、あるいはルネッサンスが全ヨーロッパ的に行われたのと著しく対照的である。

儒教でみても、日本で宋学がもっとも盛んだったのは、一六世紀末から一七世紀にかけてだったが、当時の中国では宋はすでに滅び、明清の時代となっていた。イタリアのルネッサンスがドイツに影響を及ぼしたのと対比すると、そこに時間的なズレがあることがわかる。

〔編者注。以下の部分の自筆原稿は資料番号133〕

アジアや東洋の統一は内部からではなく、近世におけるヨーロッパ勢力の東漸、western impact への対応から外部的に形成された。その対応の仕方は、文化パターンの多様性に応じて多様だったが、一九世紀の末にいたり、観念としての東洋の統一性が生まれてきた。東洋の文化圏の伝統がプルーラルであることは、アジアにおいて伝統的生活様式が停滞的に支配することと矛盾しない。近世においてアジアは、ヨーロッパのダイナミズムに対して「静の世界」として対置され、そこから「アジア的生活様式」「アジア的専制」などの指標で呼ばれるようになった。たしかに近代のテクノロジーや社会経済制度を規準としてみると、高度な文化様式が多様性をもって中国や日本にあったにもかかわらず、少なからぬ共通性がそこには見いだされる。この共通性がヨーロッパの侵入、衝撃を受けたとき、アジアのナショナリズムのエネルギーとなって現れた。

モンスーン地帯では、小農民が圧倒的割合をしめ、停滞的な生活を送ってきた。ヨーロッパによるアジアの植民地化はこの特徴を一〇〇％利用して行われた。すなわちそこには中産階級はほとんど存在せず、一握りの地主支配層（西欧の買弁）の下に、文盲、極貧の農民がひしめいていた。ここに恐るべき潜在的エネルギーが爆発の時をまっている。わずかに知識人や軍人、問題意識をもった政治家が擬似中間層を形成し、その中から、数百年間変わらぬ支配形態を変革し、ナショナリズムの担い手となる者が出てくる。それ以前には、僧侶や読書人（中国の官僚士大夫層）などの旧身分が orthodoxy 正統を形成している。ヨーロッパ文化を摂取したインテリゲンチャの中から orthodoxy に対する反抗がなされてゆく。彼らは近代的知識人の原形であり、軍人であると同時にインテリゲンツィアでもあった。

帝国主義的支配の下では、民族ブルジョアジーが形成されない。そこで政治的独立運動も産業の工業化も、こうした軍人らによって推進される。ここでは経済は最初から政治に従属しており、工業化が目標になる。しかしそれには大量の近代的プロレタリアートの創出が不可欠だから、文盲退治と最低限必要な教育が施される。工業化のために必要な土地改革も、産業革命前の英国で起こった enclosure movement のような自由競争にまつことができず、必然的に国家的、社会的な強制が加わる。ここでは民族資本主義の勃興は不可能であり、国家資本主義的形態をとることは不可避であった。

アジアにヨーロッパ的デモクラシーが発達する基盤が欠如しているのは、このように近代資本主義的要素を欠くことにもよる。一部の特権層と圧倒的な貧困層との対照は、極度の矛盾を生みだすが、それを体制的に吸収するルートは存在しない。このため民族のエネルギーはしばしば間歇的に、熱狂的な帝国主義への反抗、貧困への反抗として爆発する（マクマホン・ボール『アジアのナショナリズム』〔民族主義と共産主義カ〕｛番号0187979｝）。そこでは社会改革がナショナリズムと結びついているが、それは西欧的なデモクラシーでも共産主義でもなく、イデオロギー的には捉えがたく、動揺している。真の中産階級が存在しないからである。

今日、中国、北朝鮮、北ベトナムなどではCommunismが採用されているが、それらはヨーロッパが生んだマルクス主義とはかなり違ったものと推測される。況んや他の国においてはもちろんである。したがって西洋的イデオロギーからみると説明しがたい点がある。たとえば中国の場合、コミンテルン的な反帝国主義からみると、中国的伝統からくるナショナリズムはよく理解できない点が多い。異なる宗教的背景をもつパキスタンとインドの場合も同じである。アジアの大衆運動がラジカルなのはソヴィエトの扇動によるとするような言辞は、アジアの実情を無視するものである。他にもアラブ諸国は回教と密接な関係があり、これがその諸国の動向を複雑にしている。伝統的な要素を無視することはできない。

いずれにせよアジアの目覚め、反逆といわれる現象は、一九世紀末になってヨーロッパ帝国主義に対するアジア諸地域の反応から生まれたので、アジアの近代化はきわめて多様な形をとっている。しかし底辺における大衆の伝統的な生活様式の形態、その上の政治的経済的な支配形態においては、少なからぬ共通性がみられる。トップレベルにおける文化の多元性（plurality）と底辺における伝統的生活様式の共通性が、今日におけるアジアの理解を困難にしている。この矛盾がいかに統一されてゆくかが、アジアいな世界の最大の課題の一つである。アジアの反逆はヨーロッパ近代化に対する歴史的な平衡運動である。したがってヨーロッパ中心にこれをみることは誤りだが、他方、アジア精神を一つのものとして考えようとすれば、それは他の極の誤りである〉。

〈近代国家の構造はヨーロッパ文化の下に発達し、ヨーロッパの近代化によって位置づけられている。つまり近代国家の諸カテゴリーはヨーロッパの思想的文化的伝統の近代化の上に成立している。言いかえれば、近代国家の諸範疇はアジアには育たず、それらが生れる思想的伝統的基盤はアジアにはなかった。この点に注意する必要がある。開国によってアジアにも近代的な諸制度が形成されはじめると、そこにヨーロッパの知らない複雑な様相が生ずるからである。したがってアジアにおける近代政治思想を考える場合、近代国家の諸範疇を分析道具として用いるのはやむをえないが、基礎となっている文化 culture の違いからくる限界を忘れてはならない。アジアの諸条件を考慮して、基底のカルチュアを考える必要がある。

{編者注。以下の部分の自筆原稿は資料番号 133}

神と世界との関係についてさまざまな解釈が可能であるのとパラレルに、国家についての解釈もさまざまである。中世の思想では自然と超自然とが連続的なものと考えられていた。絶対王政は中世の神学とは逆に、世界に対する神の断絶性、不連続性を強調する。これが絶対君主のイデオロギーになっている。神の「力」を強調するか、神の規範性を強調するかによって「神」の考え方は異なる。絶対王政は（中世神学とは逆に）神の力がある故に神があると考える。カール・シュミットがいうように、「主権」は絶対的な神の力が世俗化されたものである {*Politische Theologie*, 1934, 番号 0182576}。一方、一八世紀の理神論（Deism）は、神の超越性、絶対意思を世界に内在するものとし（ロゴスの内在）、これが立憲国家、法治国家の思想を導出した。

このように近代国家の構成原理は、さかのぼるとキリスト教に由来する。また近代的な国際関係の観念も、キリスト教的なヨーロッパ社会の影響を受けている。主権をもった個々の国家がキリスト教共同体の平等な構成員をなすという観念が、近代的な国際社会観の前提になっている。ここにアジアの伝統との相克が生じる。アジアには自由討論や自由権の伝統もなく、そこに上述したような原理が生れなかったのは、なんら異とするに足りない。

アジア的な伝統社会に近代ヨーロッパの諸範疇が入って制度が形成されるとき、それは伝統的な諸範疇を媒介することで輸入され理解されることがある。たとえばpublicは「公」と訳されるが、両者の概念は決して一致するものではない。中国では「公」は「世界的なもの」という意味をもつが、それ以外に「一般的普遍妥当」という価値判断をふくんだ意味がある（これに対して「私」は個人的なものを意味する）。「公」が日本に入ると、さらに日本的な意味によって複雑になる。公(きみ)とは国家(きみ)を意味し、鎮護国家思想の「国家」は、究極的には国家ではなく具体的支配者としての「天皇」を意味する。つまりヨーロッパのpublicは横の観念であるのに、日本の公は縦の観念である。こうした伝統的観念がpublicの観念を受容するさいにそれと結びつく。こうして二つの問題がある。

第一に、ヨーロッパの諸範疇をアジアの分析に用いるとき、必然的な限界があることに注意すべきである。第二に、アジア社会の近代化とともに、ヨーロッパの制度やその前提となる範疇が輸入され成長してゆくが、そのさい伝統文化とヨーロッパ文化とがいかに癒着接合するかを理解することである。

ここでわれわれは「思想史における連続性の契機」という問題に直面する。思想史における「思想」は、体制、すなわち下部構造および上部構造のなかの制度的な面に比べてはるかに連続性が強い。制度や体制の切れ目ほど、思想の切れ目は明らかでない。このことはヨーロッパ諸国もふくめて一般的にいえる。たとえばフランス革命で体制変革があっても、意識構造の面ではさほどの断絶はみられない。伝統的な文化や生活様式は、近代的なそれに比べて持続する期間が非常に長い。このことはアジア諸国にはとくに妥当する。現象的にはその逆のようにみえるかもしれない。近代化した後の日本や中国の自覚されたイデオロギーと伝統的なイデオロギーとの間には非常な差異があり、断絶性やギャップを認めることができるからである。しかし問題はその変わり方であり、たとえば明治維新以後の日本の変わり方は、その早さ自身が伝統的といえる。それは変化の激しさと矛盾しない。

{編者注。以下の部分の自筆原稿は資料番号137}

観念形態を分析すると、その中にも下部構造と上部構造がみられる。最下層にあるのは意識されない物の見方、気質、ムードなどの生活意識や感情で、これはアモルフ（不定型）なものである。その上部にはopinionがくる。個々の問題に対する反応であり、あくまで個々に断片化されたものだが、最下部に比べれば凝固している。さらにその上に政治的社会的イデオロギーが存在する。たとえばconservativeのように、体系化されてはいないが系統的な連関性がある。さらにそれが凝固し抽象化されると、これがdoctrineで最上層にくる（思想家や学者によるもっとも体系的な教説）。

観念形態は以上のような層にわかれる。そこであるismを分析する場合、これらの層に従ってスペクトル分析を行うことが必要である。思想や意識と一口にいうが、それがどのレベルで話されているかが問題である。たとえば上にゆくほど抽象的になり、下部にゆくほど具体的となる。エネルギーの発出は下から上へむかうが、逆にイデオロギーによる歴史的な方向づけは上から下へむかって行われる。学者のドクトリンが観念の下部構造を欠いているとき、その思想はエネルギーがないといわれる。逆にアジアのナショナリズムはエネルギーはあるが、体系化、組織化されておらず、しかも歴史的方向づけは上から下へと下降するから、いまだにどの方向をとるか判然としない。こうした観念形態は制度などに比べて連続性が強いが、とりわけその下部構造はもっとも継続性が強いということが重要である。

近代ヨーロッパのインパクトによって開国したアジア諸国では、思想の変化とよばれるものは上から下へと及ぶ。ここにヨーロッパとは異なるインテリの特殊な任務、すなわち先進国のイデオロギーや思想をまず自国に伝えるという任務がある（ヨーロッパのインテリは社会の中間にあって上層と下層とを媒介する）。したがってここでは、ヘーゲルのいう、現実が先で哲学が後から生まれるというのとは全く逆に、イデオロギーが現実を引っ張るというのがアジアの実情である。ここに革命におけるインテリの指導的役割がある。

イギリス人がイデオロギーを嫌うのは、たんに国民性の故のみではなく、その国が先進国だからということも、これによって理解されよう。逆に後進国では、イデオロギーが上から下へ伝えられるので、急進的抽象的な思想は多く入るが、〔観念の〕上部構造におけるこの激しい変化がそのまま下部構造＝生活意識の変革につながるわけではない。その間のギャップが大きい方が多いとみてよい。

要約すると、観念構造は全体として思想史の対象となるが、それは連続性が強く、とくにその下部構造の連続性は重要なテーマになる。日本の場合、政治的経済的体制においてさえその変化の切れ目が明らかでないのだから、まして思想においておやである。一見めまぐるしい変化のように見えても、観念の下部構造における変化には執拗に伝統的なものがまとわりついている。したがって日本の現代の思想を理解するために、近代から始めるのは思想史的にみて正しくない。明治以後いわんや戦後から思想史を始めることは、いかに時代の転換があったからといって、到底思想史の発端たりうるものではない。我々は時代の底に潜んでいる連続性をみることにする〉。〔以上、五九年度講義〕

参考書

〔編者注。後に五七年度用として追加されたものがある〕

1. 通史

単に日本政治思想史と銘うった通史には、今のところ挙げるに足る学問的労作がない。日本思想史一般についてもほぼ同じ。比較的に良い通史があるのは、道徳思想や倫理思想に関するものである。

和辻哲郎『日本倫理思想史』二冊（岩波）〔下巻番号0193831〕

これは著者の『日本精神史研究』『続日本精神史研究』――いずれもモノグラフィー――と辿ってきた研究過程の総決算である。〈これらの『精神史研究』は〉主として芸術を対象とする。これが著者の本領である。〈芸術の中から日本思想を引き出す独自の手腕がある。前の『古寺巡礼』と共に学ぶに足るものがある。ただ〉価値や政治の問題に関連すると、非実証的なドグマが多くなる。独自の着眼と広汎な視野は敬服に値するが、他面学界の成果を吸収するに難があるので、むしろ特殊な地位を占めるものとみるべきであろう。

家永三郎『日本道徳思想史』（〈岩波〉全書〔番号0188998〕）

日本思想史学を専攻する数少ない学者の労作で、通史として最も信頼に値する〈ハンディーな安心できる書〉。とくに宗教思想の面は多年の蓄積が煮つめられている。著者の使用するカテゴリーは社会科学の立場からはいろいろ問題の余地があるが、下記津田史学の正統な継承者としての地位を占める。

外に古川哲史編『日本思想史』昭和二九年、角川〈全書。学界の成果を入れてある〔番号0193294〕〉。

津田左右吉『文学に現われたる〔我が〕国民思想の研究』四冊

旧版は大正五年に第一冊が出た（一〇年まで）。〈Intellectual history に近い。徳川時代の中期以後までで終っている。津田博士は中国の研究者だが〉村岡氏と並んで日本思想史の学問的な確立者であるばかりでなく、スケールの大きさと史眼の確かさの点で、その後多年にわたってこれを凌駕するものが出ないほどの水準に達している。その後の日本思想史研究は、この著だけでなく、博士の個別研究も含めて、殆ど津田史学の継承、または対決〈村岡、和辻ら〉として発展している。永く絶版であったが、戦後岩波から改訂版が出た。改訂版は旧著の技術的な誤などを正すだけでなく、かなり思い切って博士の今日の思想の立場で筆を加えた（多く啓蒙主義の立場からする批判をやわらげている）ところがあるので、旧著は旧著としての価値をもっている。rationalism の批判性の長所がうすくなり、historicism としては不徹底。

村岡典嗣『日本思想史研究』四冊（昭五以下）

これはモノグラフィーであって通史でないが、〈方法論を論じたものもあり〉日本思想史学樹立者の一人としての意義と影響からいえば、むしろここに挙げるのが適当である。

（創文社から未刊の主要著作が刊行中）｛括弧内はノート後筆｝

2. 徳川時代以後の概観的思想史

（及び主要伝統思想の個別研究。政治・経済・社会に関係する思想がかなりハッキリした形で出てきた時代）｛括弧内はノート後筆｝

儒教

井上哲次郎　『日本朱子学派之哲学』　明治三五｛番号0185089｝

『日本陽明学派之哲学』　明治三五｛番号0185727｝

『日本古学派之哲学』　明治四二｛番号0183717｝

儒教に限定され、またその解釈には首肯しがたいものが含まれているが、何といっても日本の儒教思想の研究史上画期的業績である。

西村天囚　『日本宋学史』　明治四二｛番号0183714｝

△仏教思想　家永三郎『上代仏教思想史研究』｛番号0185720｝

『中世仏教思想史研究』｛番号0185766｝

井上光貞『日本浄土教成立史｛の研究｝』

辻善之助『日本仏教史』

△神道　津田左右吉『日本の神道』　昭二四

村岡典嗣『神道史』｛ノート後筆。番号01925 75｝

△洋学　沼田次郎『幕末洋学史』　昭二五

高橋碩一『洋学論』　昭一四｛△印箇所はいずれもノート後筆｝

〈マルクス主義の立場からする日本思想史〉

イ．永田広志『日本封建制イデオロギー』昭和一三、白楊社｛番号 0183104｝

『日本哲学思想史』昭和一三、三笠書房｛番号 0186012｝

唯研｛唯物論研究会｝の指導的メンバーの一人で唯物論の立場から近世思想史を全般的に解明した開拓者の一人。これと並ぶものに、いわゆる通史ではないが、

ロ．羽仁五郎『日本における近代思想の前提』岩波書店

〈本になったのは戦後だが〉執筆時期はいずれも戦前で、ファシズムに対して近代の自由と進歩を擁護するという抵抗意識が強く前面に出ている。津田史学の流れを汲む合理主義とマルクス主義とが結合している。間々解釈が恣意的で、不可分の一体を示す思想を進歩面と反動面とにえり分けてしまうきらいがあるが、狂信的または現実追随的な史論が横行した時代に燦然たる光を放った。

〈社会経済思想史〉

ハ．野村兼太郎『概観日本経済思想史』。徳川時代の経済思想。主として経済学の立場から。｛番号 0185814｝

△本庄栄治郎『日本経済思想史概説』有斐閣｛上巻、番号 0194794｝

ニ．加田哲二『日本社会思想史』二冊、岩崎〈書店〉

加田哲二『明治初期社会経済思想史』岩波｛ノート後筆。番号 0183118｝

奈良本辰也（立命館）『日本の思想家』毎日ライブラリー｛ノート後筆｝

〈通史でなく問題史として徳川時代全般にわたるもの〉

奈良本辰也『近世封建社会史論』昭二七の中の「近世における近世的思惟の発展」など。

伊東多三郎『近世国体思想史論』｛番号 0182657｝、『国学の史的考察』｛番号 0185647｝

丸山眞男『日本政治思想史研究』

国学　西郷信綱『国学の批判』｛ノート後筆。番号 0185921｝

松本三之介『国学政治思想の研究』有斐閣｛ノート後筆。番号 0185980｝

3. 明治以後の比較的一般的な思想史

清原貞雄『明治時代思想史』大正一〇
（三宅雄二郎『明治思想小史』｛番号0183084｝）
鳥井博郎『明治思想史』唯物論全書〈永田氏と同じメンバー｛番号0182113｝〉
遠山茂樹・大井正ら編『近代日本思想史』四巻（三巻まで発行）、青木書店。近代日本思想史研究会のメンバー（哲学畑の若い人々）を中心とする共同研究｛番号0194047、0183001｝。
『明治文化史』第四巻「思想言論編」洋々社。高坂正顕（思想）、小野秀雄（言論）
問題史的なものでは
石田雄『明治政治思想史研究』未来社、高い水準｛番号0194073｝
家永三郎『日本近代思想史研究』昭二八、東京大学出版会｛番号0193653｝
〈若い人のものとして〉
鹿野政直『日本近代思想の形成』新評論社｛番号0183381｝
宮川透『近代日本思想の構造』東京大学出版会
船山信一『日本の観念論者』英宝社｛ノート後筆。番号0182978｝
三枝博音『日本の唯物論者』同上｛ノート後筆。番号0182979｝
『近代日本とキリスト教』（二冊）創文社｛ノート後筆。番号0183253、0182970｝

（十一月二十一日）

4. 外国書　むろん狭義の思想史一般に関するものはない

｛編者注。書物の配列順は自筆ノートに従う。受講ノートでは刊行の古いものから挙げており、順序が逆になっている｝。

〈外国人が書いたものは、違ったカルチャーに育った人が日本をどう見ているか参考になる。また多かれ少なかれイデオロギーを扱っている〉

George Sansom: *The Western World and Japan*. 1950 (A. Knopf)｛番号0180318｝〈大体明治初年におけるヨーロッパ思想の流入を扱う。キリスト教・東洋全体にわたって詳しい〉。
E. H. Norman: *Ando Shoeki and the Anatomy of Japanese Feudalism*｛, 1949｝（『忘れられた思想家：安藤

昌益のこと』〈上下、岩波新書〉）｛それぞれ番号0180254、0197715、0197716｝〈イデオロギーの研究として―思想家にとどまらない重要性〉

D. C. Holton: *The Political Philosophy of Modern Shinto: A Study of the State Religion of Japan*. 1922（Asiatic Society of Japan）｛本書は受講ノートには現われない｝。

B. H. Chamberlain: *Things Japanese*, 1905〈明治初年に来日。辞書形式をとる。神道や古来のもの〉｛番号0183588。高梨謙吉訳『日本事物誌』1、2がある。番号0183910、0183911｝。

L. Hearn: *Japan: An Attempt of Interpretation*, 1904.
〈上と対照的に日本の民俗信仰や日常生活など、いわば下から日本を説明している〉。

〈以下の講義では、重要なトピックを追って重点的に話をする。一般的な概観はしない〉。

第一章　神国思想の端初的形態

〈民族宗教といわれる神道の政治的イデオロギーの発生についてまず検討する。いわゆる神道は、大陸から入った儒教や仏教の影響がはっきりしたのちに、神社の神官などが儒仏に対抗するため色々な名前をつけて宣伝しはじめたもので、もとからそういうものがあったわけではない。むしろ後の神道家は、『古事記』『日本書紀』『祝詞』などの古文献に現われている古代の信仰や神話をもとに、儒教思想・仏教思想を圧倒的に借りて一つの理論づけを試みた。従ってそれらは原初的な「神道」とはかなり違っている。原初的な形態をみるには、日本国の最初の歴史上の形態であるヤマト政権の発生を考察しなければならない〉。

　史料の上に現われた日本の最初の大きな政治集団は、ヤマト政権であり、これが〈三世紀頃にははっきりした形をとり〉大化改新によって生れた古代天皇制国家の原初形態を示している。それは〝建国〟という言葉に表現されるような、ある時期に目的意識的に形成されたものではなく、数百年にわたる歴史的発展の過程のなかで徐々に形をととのえていったものである。

　西暦紀元前二世紀から一世紀頃に、日本は文化史上いわゆる縄文式文化時代から弥生式文化時代に転化したが、それはすでに大陸文化の影響によるものであり、青銅器・鉄器や水田稲作の技術もこの頃、大陸から輸入されたものであった。つまり日本における政治的社会の形成は、最初から高度に発展した中国文化のインパクトのもとに、農業生産を基礎として出発したものであり、そのことは、原初的な政治形態にも、またそれを反映する日本神話や伝承にも顕著な特色を与えている。〈M・ウェーバーは森の文化と水の文化とを対比させているが、東洋は水の文化〈稲作・灌漑〉で、日本もこれにはいる〉。

　弥生式文化には、北九州を中心とする銅剣・銅鉾文化圏と、畿内を中心とする銅鐸〈楽器であり祭具である〉文化圏とあって、いずれが先行したかは明らかでないが、後に古墳文化を背景とする大和政権によって、この両地方が統一される以前に、この両地方に〝クニ〟すなわち小規模の族長国家が多数存立していたことはたしかである。

〈族長国家の構造はよく分からぬが、一番よくその様子を示すのは〉『三国志』の「魏志倭人伝」〈おそらく最古の史料〉のなかに出てくる邪馬台国はその代表的なものと考えられよう。二世紀から三世紀頃とされ、その位置は本居宣長の研究〔『馭戎慨言』上之巻・上〕以来、九州説が支配的であったが、明治になって畿内説が現われ、まだ確定をみない。これを統治する女王卑弥呼（ヒメコ・ヒミコ）は、「鬼道を事として衆を惑わす」とあるとおり、呪術を行うシャーマンであった。

　邪馬台国はその下に数十の小族長国家を従属させていたが、その構造は大体似ていたと考えられる。つまり発生的にみると、恐らく同族団的結合に基く農業共同体の内部において、農業生産の必要から、呪術（マギー）によって悪霊を払い、雨を降らし、五穀豊饒を祈る祭祀者が共同体の伝統の体現者として権威をもち、そうした司祭的職務に、共同灌漑施設の遂行や他集団との闘争などの機能が加わって、漸次政治的権力が集中されていったのであろう。〈農業生産は元来天候という偶然に左右されるので、呪術を主宰する司祭者に権力が集中する。このシャーマンの支配は伝統による支配であると同時にカリスマ的支配であり、二つが癒着している。ウェーバーは代々のカリスマによる支配をErbcharisma世襲カリスマと呼んだ。世襲カリスマに基づく権威の台頭が、政治的支配の最初の発生である。シャーマニズムは満洲・朝鮮にもあった〉。

邪馬台国にはすでに大人と下戸という階級分化が現われ、ヒメコは死に際して古墳を築いたとあるので、その権力は共同体からはなれてかなり独自化していたにはちがいないが、しかしなおprimus inter pares〈同位者中の第一人者〉の契機を残し、その〝クニ〟は信仰共同体としての性格を強くもっていたのではないかと思われる。〈純粋な共同体の仲間の代表はしだいに支配的な代表者となり、GenossenschaftからHerrschaftへと転化する。するとその周辺に専門に行政を遂行する官僚が現われる。こうして純粋な共同体の内部から支配的な代表者が超出し、さらに官僚がその周囲に結集するようになる。これが共同体から家父長制へ、さらに家産patrimonial官僚制への発展である。族長国家の〝クニ〟はこうした後のはっきりした政治団体よりも、信仰共同体的性格を強く残していた〉。しかも九州地方のこうした族長国家は、後漢から魏にかけての中国に政治的に隷属し、その朝貢国であった。〈その点からみても〉おそらく大陸から渡来した〈祭祀の道具と思われる〉銅鏡・銅鉾などの作製にあたる専門技術者集団を自己の周囲に結集したことが、族長（氏上）の共同体構成員（氏人）に対する、また大族長の小族長に対する圧倒的優越の大きな原因となったと思われる。

こうした支配の形態および正統性の根拠（伝統とカリスマの癒着、シャーマニズム、祭政一致）は、のちにヤマト政権がこれら群小政治集団を圧服して、畿内と九州にまたがる支配権を確立した以後も広汎に継承されていった。それはヤマト政権自身が最初はおそらくこのような小族長国家の一つであった（外部から来たという説もある〈騎馬民族説〉）からであろうし、またそれが征服統合の過程において、地方豪族の祭祀者＝呪術的権威者としての性格を必ずしも抹殺せず、したがって、その地域の支配権を容認しながら――つまり直接民衆を掌握しようとせずに、族長を服従させることによって権力範囲を拡大させていったためであろう。むろん律令国家にまで成長してゆく頃の天皇政権は、その家産官僚国家としての組織性においても、その駆使するイデオロギーやシンボルにおいても（儒教仏教などの影響）、地方族長国家のそれとは比較にならぬ高度なものになっているが、他面、政治的権威の司祭者的性格、政治団体と祭祀団体との一致、呪術による統治などの原始的要素は、天皇統治を一貫する伝統をなしている。

天照大神自身、巫女的性格をもち稲（作儀礼）の司祭である。新嘗の宮をスサノオがけがす。他面太陽神であることも農業と関連する。天皇の即位式を大嘗祭という。しらす・しろしめすは、巫女が神がかりによって神意を知る〈ことで、それが統治と考えられている〉。その儀式がまつりであり、まつりは「奉り」で神への奉仕＝まつりごとになる。「すめらみこと」（崇神天皇以後）は、その〈まつりの〉司祭者＝命令権者を統一しているものである。「みこと」は御言・命で、〈「すめら」は事柄の面ではまつりを、人の面では司祭者をそれぞれ統一することを意味する。「みことのり」は「御言宣り」で神意をのべることであり〉、神託による神言を伝えることが命令である。〈このように天皇統治には原始的な呪術的支配の要素が天皇制国家の後まで残っている〉。

そうして各地方的政権がその精神的基礎として地域の氏神信仰に依存し、しかもその宗教的性格があまりちがわなかったことは、のちに、古代国家の完成後（八世紀初頭）、天皇政権が自己の対豪族支配の正統性を基礎づけるために記紀を編纂した際、豪族の氏神と天皇の祖神との間にヒエラルヒー的な関係を設定し、天皇を最高の司祭者として表象する政治的神話をつくりだすのに、きわめて好都合な条件を提供した。記紀の神話は一面において、こうした〈天皇統治を正統化するという〉高度な政治的目的の産物として抽象的な思弁の産物であると同時に、その素材として征服された地域の民間信仰や説話がかなりとり入れられており、目的意識性と自然生長性の奇妙な結合を示しているのは、それ自体こうした天皇政権確立の歴史過程の反映とみられる（矛盾が甚だしく解釈がムツカシイ。神々にしても異った発展段階の宗教意識が共存している）。

ともかく、技術と生産力の発展によって、族長国家間の力のひらきはますます大きくなり、各地に大豪族による小豪族の圧服・従属化が進行していったが、三・四世紀頃、大和地方を中心として天皇政権はもっとも大規模な政治集団にまで成長し、四世紀半ばにはすでに朝鮮半島に政治的進出をして百済を従属させ、任那（ミマナ）という「植民地」まで設定し、五世紀までには東国をも平定して、ほぼ九州から関東以北にわたる政治的統一を達成した。むろんその過程には、熊襲のような強大な族長の鎮定や出雲族との長期にわたる闘争と妥協的形態での従属化というようないろいろの紆余曲折を経ているし、とくに大陸の情勢と朝鮮半島における高麗・百済・新羅などの国家の勢力関係の変動の影響を敏感に受けて、その権力は上昇と下降の交互のカーブをえがいているが、国内に関する限り、地方豪族の圧服は大体スムーズな進行を辿ったとみてよい。

出雲族の反抗を象徴するスサノオに対する神話の扱い方が比較的寛容であること、大国主命の国譲りの話などにそれが象徴されている。外国勢力と結んだ豪族の叛乱は時折あった（典型的なのは五二七年の筑紫の国造（くにのみやつこ）磐（いわ）井（い）の叛乱）が、〈ローマ帝国や古代中国のような〉大規模の民衆の反抗（奴隷の反乱のような）は記録されていない。大和政権が代々民衆を愛撫したというような事は後世につくったイデオロギーだが、オオミタカラというような表現は、支配者が人民に対してとくに敵対的な見方をしていなかった、あるいはする必要がなかった事を示すと考えられよう。〈従って正統性の根拠は、民衆よりも貴族の天皇に対する服従を確保する面が強い〉。津田博士も注意しているように、皇居が殆んど城郭らしいものをもっていなかったこと〔「日本の国家形成の過程と皇室の恒久性に関する思想の由来」『世界』一九四六年一月号、のち『津田左右吉全集』第三巻、四四九頁〕も、これと関連があるかもしれぬ。

それは一つには国内に、はげしい人種的あるいは宗教的対立がなかったためもあろうし、また優秀な大陸文化を輸入し、また帰化人のエクスパートをかかえこんだことによって、大和政権の政治的、軍事的、経済的基礎と文化水準が断然他を圧していたことによるところ少くないだろう。頂点がつねに当時の最高の文化を吸収し、底辺は殆んど停滞的な水準に沈淪しているという我国の文化構造の伝統型が、早くもここに打ち出されている。*〈外から文化が入っても、それは支配層がとり入れて国内に普及させる。従って天皇政権が直接的暴力に訴えることは少く、豪族が帰順してくるので、平和的征服が進行する〉。しかしその反面、天皇と皇族、ないしはそれを囲繞する宮廷貴族間の内訌、相続権やリーダーシップをめぐる争は深刻をきわめ、宮中は陰謀とテロリズムの舞台であった（支配層内部の対立抗争が、オーソドックスな階級闘争に代位している）。

〈*編者注。五九年度講義では*部分が以下のように論じられ、五七、五八両年度講義での分析が生かされている〉。〈頂点が当時の最高の文化を吸収することによって、トップレベルと下層との間に大きな差異が生ずる。その文化は頂点から底辺へと漸次に浸透する。これが日本文化構造の伝統型である。日本が島国であることの文化的な根拠はここにある。国内は政治的に凝集し、その強力な凝集を媒介として、文化が上から下へ浸透するという形をとる。底辺には極めて停滞した文化がある。このようにして、一方での「開かれた社会」（思想的雑居性）と、他方での「閉ざされた政治的統一」（集団的凝集性）とが結合している。したがって民衆的レベルでの広汎なコミュニケーションのチャンスが少なく、支配層との文化的レベルの落差が大きいから、そこに典型的な階級闘争が見られないのはけだし当然であろう〉。

こうした大和政権への政治的集中の過程——仁徳天皇の有名な陵墓を見よ。総面積四六万四千坪、高さ三二・二メートル、いかに大規模な労働力が駆使されたか想像に余りある——は、他面におけるいわゆる氏姓制度と国造制度の完成過程でもあった。

氏というのは血縁的原理に基く同族団であるが、いわゆるSippe〔ジッペ。古代氏族共同体〕とことなり、その内部に〈個別的〉家と家父長制的家族が成立し、また奴隷も生じている。ともかく、有力な家族の長が一族全体の長となり、それは氏ノ上と呼ばれ、氏ノ上の直系・傍系の血族、および血縁のない家族が擬制によって血縁に含まれて、氏人を構成する。氏上は氏人の祭祀を施行する（氏神）。〈この祭祀は〉必ずしも本来的に祖先崇拝ではなく〈祖先崇拝は中国の影響で、もとから日本にあったわけではない〉、むしろ、氏が世襲の特権的地位であった——したがって農民などの同族団は氏とは呼ばれなかったようである——ために、家系を尊重するところから、その土地の神社の神に氏の名を冠して祖神とした。〈つまり元来あった土地の神社に後から自分の祖先を配して祭祀の対象＝氏神とする。こうして「祖先崇拝」が出てきた〉。氏人の下には、奴（家に属する）、部（氏上に家族全体として属する）という隷民がいた。

氏ノ上の地位と役割。祭祀共同体＝農業生産共同体の統率者。はじめは共同体の代表者であり、司祭者である。そのシャーマン的職能において権威をもった。そこでは文字通り、神々（必ずしも氏ノ上の祖先崇拝でなく、産土神）に豊饒を祈り、そのたたりを避ける呪術が共同体のcontrolの源泉であった。統率者の地位の世襲化と共に、共同体から超出した政治的支配に移行する。その地位のauthorization〔権威づけ〕が、共同体の神々（必ずしも人格でない）と族長の祖先（人格）との間に血縁関係を設定し、共同体の祖神とする方向で行われる。つまり、呪術者としての役割に、神聖な神の子孫としての権威的地位が合流する。（弥生式文化→古墳文化）

また臣（オミ）・連（ムラジ）・造（ミヤツコ）などの姓（カバネ）も本来は有力な氏上の尊称であったが、大和政権が地方豪族を従属化し家産官僚に転化させていくとともに、氏姓は制度化されて、公式の政治組織原理になっていった。

こうした大和政権を構成する〈家産〉官僚は、系統的には、(ⅰ)もと天皇氏とならんで連合政権を構成していた豪族が〈天皇が強くなった結果〉宮廷貴族化したものと〔編者注。五九年度講義ではこれに「独立した地方族長政権」を加えている〕、(ⅱ)いわゆる伴造(氏上)―伴緒(氏人)―部(部民)という〈ヒエラルヒーをなした〉世襲職能官僚群とから成っている。〈この中には〉大伴・物部のような軍事官僚、中臣・忌部のような祭祀官僚、さらに(阿直岐のような)帰化人の職能官僚(史部)化したものなど色々あった。

これらは〈近代官僚と異なって世襲的特権的地位であり〉、伴造として部を支配するほか、それぞれ地方に彼等自身の部を設定し部民をしたがえていた。つまり〈二重支配になっており〉結合原理はあくまで自然成長的な同族的結合の形をとっているが、部民支配はかつての小族長時代のような血縁関係は存在しなかった。しかし階級的支配があくまで氏族的結合〈という血縁的擬制〉の形をとったという点が重要である。こういう同族団的な社会結合様式が、実体的な体制変革後も強力に残存しつづけることが日本の特色(〈実際に氏姓制度は大化改新で亡びるが、封建時代の〉武士が〈みな氏を冠して〉源氏、平氏、〈徳川氏〉という形で出てくる)。

国造・県主というのも最初から中央から任命した地方官ではなくて、〈大和政権が〉旧族長の地方支配を容認してそういう名称をつけたもので、従ってその地位も世襲だった。次第に地方行政官の面が強くなっていった〈が自然成長的性格をやはりもっている〉。

こうした組織の整備が四世紀から六世紀にかけて行われていったが、それが本来、自然成長的な――事実的な――支配の公認化、制度化であったところに氏姓制度の〈特徴と〉矛盾があり、やがて大伴、物部、蘇我のような大宮廷豪族が成長して、天皇の権力をしのぐに至り、ここに大化改新が準備される。

こうした氏姓制度に基く大和政権の形成を発生史的に根拠づけ、かつは天皇家の最高支配者としての正統性にイデオロギー的基礎を与えようとしたのが、記紀の説話の根本目的であった。

（十一月二十四日）

したがって前述のように、〈記紀の説話は〉ふつうの神話のように自然生長的なものではなく、意図は高度に政治的であり、思弁的作為が加えられている。では全然歴史的根拠がないかといえば、（i）素材として多くの地方的民話をとり入れており、そこには素朴な民間信仰の反映がある。それは長い間に自然的に形成されたもので、古代人の生活様式や思考方法などが窺える。（ii）皇室自身の伝承と有力氏族が語りつたえた伝承とをまぜ合せて作られているが、相互に矛盾している反面、かなり一致している部分は、神代史でもある程度、歴史的事実を反映しているとみられる。

〈もちろん皇室の伝承が中心になっているが、意識的に作っただけにしては、『書紀』と『古事記』の記述はあまりに矛盾や混乱に満ちている。このことは、編纂者がある政治的意図をもちながらも、氏族の伝承や民間説話を広く渉猟して一つの歴史を編纂しようとしたことを示している。人代史についてはもちろん、神代史も断片的に歴史的事実を反映しているとみられる。ただわれわれが考察するのは、歴史的事実如何ではなく、そこに現われた精神構造やイデオロギーである。そして記紀の物語が民間説話をとり入れ、また相互に矛盾していることは、意図はどうあれ結果的に、政治的作為の要素を自然的有機的生長性の要素のなかに埋没させる効果をうんだ。つまりいかにも全体が日本古代の素朴な信仰や、長い時間をかけて成長した考え方を自然に反映していると思わせる効果をもった。

前述したチェンバレンは、国家神道を明治政府が作った new religion と指摘している（高梨謙吉訳『日本事物誌』1、「武士道―新宗教の発明」)。これは全体としては正しいが、素材まで新しく作ったとしたらreligionとしての効果はなかろう。だが記紀の物語を学問的に解剖して、外から入ったものと下から発生したものとを区別するのは困難であり〉、後世の潤色でない族長国家時代の政治的思惟をそこから再生産するのはなかなかむつかしい。とくに神国思想はずっと後世まで発展してゆくので、その原初形態をつきとめにくい。

〈記紀をみると、とくに『古事記』に明らかなように〉ちがった発展段階の宗教意識の産物が、同時的に重なり合っている（アニミズムから〈高度な〉人格神〈の概念〉まで）。『日本書紀』はその点比較的に統一的だが、それだけイデオロギー性が強い。目的意識的な側面は、当時の最高のインテリの教養が動員されているから、中国思想の影響をそれだけ多く受けている。〈そこで〉からごころ（漢心）を排し、古代人の精神をnacherleben（追体験）して解釈すべきことを強く主張した本居は、〈漢心の書として〉『書紀』を斥け、それまで長い間神道家や学者によって第二義的価値しか認められていなかった『古事記』こそ、古代の真の姿を伝えるものとした。〈『古事記伝』はこうした考え方から生れた〉。しかし『古事記』にも中国思想の影響はあるし、そこに後世〈奈良時代から〉の潤色がないとはいえない。むしろ両書を通ずる編纂の政治的意図と態度は、『書紀』が正直に出している。しかも〈『書紀』が中国の史書の体裁をとって、本文の他に〉一応異説を「一書に曰く」として多くとり入れて〈その選択を後世に任す態度をとって〉いることは、勝手に伝承の一つだけをとった『古事記』よりすぐれている点もある。むろん神話の部分は何といっても『古事記』の方がvividである。〈以下では主として神話の部分を中心にして、原初的神国思想がどういう構造をもっているかをみる〉。

記紀の構成を見ると、『古事記』の方は上中下三巻で、上が神代史、中が帝紀で神武天皇からはじまっている。

しかしとくに神代という時代区分はない。『書紀』の方は、巻一巻二がそれぞれ神代の上下となっている（『古事記』は推古天皇まで、『書紀』は三十巻、持統天皇まで）。がいずれも皇室（スベラギ）（及び国家）の起源を語る意味で神代を冒頭に置いたことは明らかである。そこでまず『古事記』の神代伝説を、中心となる舞台から見て分類してゆくと、次の三系統の神話から成っていることが容易に分る。

i　高天原神話　これはいわゆる天地開闢神話とイザナギ・イザナミ〈の国生み〉神話とアマテラス神話から成る。〈『古事記』は「天地初発」といっている。「開闢」というのは中国思想の影響である〉。

ii　出雲神話　須佐之男命神話、大国主命神話

iii　筑紫神話　天孫降臨神話、龍宮神話、鸕葺草葺不合命神話

この中でもっともイデオロギー臭が少く、自然発生的な神話の要素を多く具えており、従ってもっとも古来親しまれてきたのは、出雲神話である。スサノオの命と大国主命、とくに前者はもっともいきいきと形象化され、したがって芸術の素材になり易い。ところがそのスサノオが高天原神話と出雲神話では役割が全くちがっている。高天原神話では〝アラブル神〟〈悪神、荒神〉の典型としてえがかれる。ある人は嵐の神だろうといっている（高木敏雄氏〈『比較神話学』一九四三年〉）。青山を枯山なす泣きからし、田を荒し稲の生育を阻害する。〈とくに天照の神殿を荒しまわる〉。そこでパージされる（ゴッド・パージ！）が、出雲〈神話〉では、最初からヤマタノオロチを退治する英雄神であり、しかも、彼がその結果めとる櫛名田比売は稲の神である。二人の子孫である大国主命は出雲の国造りの神であり、出雲は大国主命によって善政が布かれている〈〈情け深い〉慈悲の神、ま

じないで病気をなおす)。つまり高天原神話におけるイザナギ・イザナミの地位を〈出雲神話で〉スサノオは占めている。

こうした矛盾は出雲神話の発生起源が、高天原神話のそれとちがっていること、つまり、〈スサノオは〉本来出雲族自身の氏神であったことを想定させる。高天原神話と出雲神話は、大国主命の国譲りの神話で結びつけられる。出雲族が天孫族にとって征服せらるべき対象であったところから、スサノオは高天原の世界では〈荒ぶる〉抵抗的なものとして表象される。しかも最後には平和的に統合されるという話にしなければならない(合理化のため)ので、本来自然発生的な出雲神話を作為的に高天原神話に結びつけたところから色々の矛盾が起った。

スサノオをアマテラスの弟としたのは、血縁的 **fiction**〔擬制〕によるヤマト政権の勢力拡大を示している(また事実、エゾなどとちがって異民族ではなかったのであろう。出雲族だけがこうした方式で統合されたのではなく、むしろヤマト政権の征服統合過程を代表的に象徴する神話として、最も大きな領域を支配し、また併合に努力を要した出雲の国のそれを選んだのであろう)。葦原中ツ国が一方ではよく治まっているように書かれながら、〈天孫〉降臨を合理化するためには、他方、荒ぶる神が横行しているようにも描かれなければならなかったのも、このことと関連する。しかし最初のうち高天原から派遣された使者の神がみな、この国にいついて帰らない——今でいえば亡命——ということになっているのは、事実これに似たことがあったかどうかは別として、葦原中ツ国がよく治まっていることを承認した形になっている。〈つまり中ツ国に荒神が横行しているという話は破綻している〉。

〈このようにスサノオは最も矛盾した存在として現われるが、彼と月読命との関係も複雑をきわめる〉。スサノオは『古事記』ではイザナギによって海原の支配を指定され、月読命が夜の国(アマテラスが高天原)の支配ということになっているが、『書紀』では月読が海原支配になっている。また伝説〔『書紀』本文〕ではスサノオは黄泉の国を支配するともいわれているが、黄泉の国も〔『書紀』〕一書では月読の支配となっており、両神の関係が混乱しているのも、スサノオを高天原神話と出雲神話の媒介者の地位に立たせたところから起ったものと考えられる。

天皇支配の合理化という政治的意図をヨリ純粋に貫いた『書紀』においては、出雲神話にあたるものが殆どなく、ヤマタノオロチ退治による宝剣の出現ですぐ巻二の筑紫神話に移っている。論理的に筋を通そうとすれば当然こうならざるをえない。この剣は、天孫降臨の際、まがたまと鏡と共にアマテラスが与えるので、『古事記』ではこれによって出雲神話と筑紫神話とが接続する。

こういう構成から窺われるように、三神話を通じて一貫して最大の中心的な神の位置を占めるのが、皇祖神のアマテラスである。〈『古事記』の初めにでてくる〉高天原神話の天御中主からイザナギ・イザナミ〈の生殖神話〉までの話は、アマテラス出現の前奏曲であり〈初めの神は抽象的思惟の産物である。『書紀』で最初に出てくるのは国常立神で、そのイデオロギー的性格ははっきりしている。全体の構造のうえでも大きな役割を果たしていない〉。

出雲神話の国譲りのイニシアティヴもアマテラスのみことのりから発している。天孫降臨はいうまでもない。ところでこのアマテラスは周知のように、一方では皇祖神であると共に、他方自然神すなわち太陽神という二重性格をもつ。〈この太陽神としての性格は、『古事記』でみると、イザナギが亡くなったイザナミを追って黄泉の国に行き、イザナミのタブーを破ったために追いかけられて逃げ帰る。そして〉イザナギが〔黄泉の国の〕けがれをはらうみそぎをした時、右の目からは月読が、左の目からはアマテラスが、鼻からはスサノオが〈生れたとされることから分かる〉。月との対照〈で左目からアマテラスが出現するのは、左を右より尊重する中国思想の影響を示す。そしてアマテラスは高天原を知らせ＝宇宙を統べよと命じられ、彼女の岩戸がくれによる暗黒は、常夜ゆくと表現される。これらはアマテラスが太陽を神化したものであることを示している〉。

昔から神道家や儒学者は〔アマテラスを〕太陽というのは比喩だと解釈したが、本居は、現にわれわれを照らしている太陽そのものと解した。この方が正解。しかし〈こうした解釈は原始的なので、後世の神道家や〉伊勢ではもっぱら皇祖神としてのアマテラスを祭り、太陽崇拝ではない。

何故太陽神という面をもたせたか。思うに、太陽は古代人にとって、宇宙の支配者であり、また万物とくに稲の生育にとって vital〔死活的〕な重要さをもつので、太陽信仰は自然であった。そこで天皇の祖神を太陽に結びつけることによって、天皇自身に宇宙最高の神聖性を賦与すると共に、他面、天皇の各氏族に対する優越性と慈恵性とを、太陽の山川草木や動物との関係として表象させたものであろう。〈一般民衆が直接天皇に対してこうした表象をもったか甚だ疑わしいが、氏族の族長に対しては〉必ずしも天皇氏の一方的な押しつけでなく、ヤマト政権の圧倒的優越性からして、氏姓階級にとっても、そうした結びつけは決して不自然ではなかった。

こうして〈記紀神話において〉（i）天皇自身の神聖性の由来は、天皇がアマテラスの子孫であること、アマテラスは太陽神として宇宙の支配者たることに根拠づけられた。『書紀』はこれを一層露骨な形で合理化して、イザナギ、イザナミが大八洲国と山川草木を生んだあとで、「何ぞ天下の主(きみ)たる者を生まざらむや」〔『訓読日本書紀』上巻、岩波文庫、一九三八年、一七頁、番号 0197501〕といって、日神（又は大日靈貴(ヒルメノムチ)）を生んだと誌している。

（ii）天皇統治の正統性〔根拠〕(Legitimitätsgrund)

これがすなわちアマテラスが孫の瓊々杵尊を大八洲国に降下させる際に下した有名な神勅である。ところが後世最も有名になった神勅は『書紀』の、しかも「一書に曰く」としてあるものである。それはこれが文章として最もととのっており、意図がはっきり出ているからである〔下の引用を参照〕。『古事記』では最初天忍穂耳命に「降りまして知ろしめせ」〔『古事記』岩波文庫、一九二七年、三六頁、番号0197498〕という命が与えられるが、自分が支度している間に子のににぎの尊が生れたから、といって辞退し、改めてににぎの尊が下ることになっている。

「葦原の千五百秋の瑞穂国は、是れ吾が子孫の王たるべき地なり。宜しく爾皇孫、就いて治せ。行矣。宝祚の隆えまさんこと、まさに天壌と窮無かるべし」〔『訓読日本書紀』上巻、七〇頁〕

「教育勅語」の「天壌無窮の皇運を扶翼すべし」というのはここから出ている。これほどはっきりした意識で天皇の統治の正当(ママ)性が考えられていたかどうかは疑問であるが、ともかく、この「一書」の言葉が後にもっぱら強調され、その後現実の権力がどうあろうと〈その〉legitimität〔正統性〕〈の根拠〉はつねに天皇から発するという伝統が造られて〈武家政治の時代にもその建前がとられ〉、明治憲法に至り、今次敗戦によって日本がポツダム宣言を受諾するまで、神勅による正統性が公認され、通用していた。

〔ポツダム宣言は〕日本の統治形態を国民の自由に表明した意思に依存させる〔という〕。これが現憲法の根拠になっている。〈こうした条文を含む宣言を天皇及び政府が受諾したことは〉「肇国以来の大革命」〈と南原繁は指摘したが†〉、思想的・精神史的にはたしかにそうである。〈戦後の法律革命がどれほどの社会変革だったかは問題だが、国民の自由な意思により天皇制を肯定することは、同時に〉天皇制の否認の可能性を含む。これは神勅的正統性からは出てこない。〈権力の正統性の根拠という点では一八〇度の転回である。神勅自体の否認が原理的に許されたのは「建国」以来のことなのである〉。

三種の神器は、即位がこの Legitimitätsgrund にしたがっていることの象徴。だから現在の天皇〔昭和天皇〕の即位式の勅語も「朕、祖宗ノ威霊ニ頼リ、敬ミテ大統ヲ承ケ、恭シク神器ヲ奉シ、茲ニ即位ノ礼ヲ行ヒ、昭(アキラカ)ニ爾(ナンジ)有衆ニ誥グ」とある〔『歴代詔勅集』目黒書店、一九三八年、九六一頁、番号0181370〕。これが万国に比類ないと喧伝された国体イデオロギーの第一の核心である。すぐれたものかどうか〔はともかく〕、バートランド・ラッセル (B. Russell) は *A History of Western Philosophy* のなかで、Robert Filmer の *Patriarcha* のことを述べた際に、こういっている。〈ジョン・ロックの『統治二論』*Two Treatises of Government* の第一論はフィルマーの *Patriarcha* (族長政治) への反駁に当てられている。ラッセルは日本では今でも族長政治だという〉。

> 「恐らく日本を除けば、政治権力をなんらかの意味で親権と同等に取扱うような考え方は、近代人には思いも及ばぬだろう。ただ日本ではフィルマーに酷似した説が今日でも通用し、あらゆる教授や学校教師はそれを教える義務があることになっている。ミカドは天照大神からの一系の相続者である。他の日本人もまた彼女の子孫であるが、ただ分家に属している。従ってミカドは神聖であり、彼に対する一切の抵抗は瀆神(とくしん)である」

古代エジプト、メキシコ、ペルーにも類似の思想があった。現代の文明世界ではどんなに馬鹿馬鹿しく思われようとも、「人類発展の一定の段階では、それはきわめて自然なのである。スチュアート時代の英国はすでにこの段階を通過したが、近代日本はまだ通過していないというだけのことである」(六二〇頁、戦争中の書物)。

フィルマーは〈神がアダムに支配権を与え、アダムの子供に対する支配権が主権の起源と考えた。そこで〉アダムからスチュアート王朝までの系譜に心を悩ませている！〔彼は〕日本に生れればよかった！〈ラッセルがいうように〉呪術 (magie) は外からみると、あるいは Entzauberung(さめて) のちには、コッケイでバカバカしいが、その世界の中では全く正気である。〔戦前は〕臣民に、天皇に対しても権利があるという思想さえしばしば不敬とされた。

〈だがラッセルが日本の神国思想を古代エジプトやフィルマーのそれと同一視するのは正しくない。日本の神話は天皇の正統性を基礎づけるために、宇宙開闢神話と皇室の起源神話とを結びつけており、その点で類例がないからである。大部分の神話は Kosmogonie（宇宙生成論）あるいは Kosmologie（宇宙構造論）からなる。インドの Veda、ギリシア神話の神統記、ゲルマン族の Edda、フィンランドのカレワラなど、いずれもこの両方がある。しかしこれらは宇宙の発生を語るが、それと統治者の発生を結びつけることはない。またアメリカ・インディアンの神話は国土の生成と宇宙発生とを結びつけるが、そこに統治者は登場しない。さらに外国の神話には、親子や主君の表象を使って神々の関係を表わすものもあるが、日本のように国土の生成と統治者とを血縁関係で結びつける例はない。記紀神話では Kosmologie 自体は貧弱、ないし中国の借り物であるが、天地の発生、国土の生成、統治者の発生の三つを密接に結びつけている。

政治的な国家の形成がこれほど圧倒的に神話に結びつけられている例はない。それはもはや本来の宗教的神話とはいえず、従ってこれを素にした神道も本来の宗教の基本的要素を欠いている。経典もなければ規範もない。ただ皇室の起源を説き、皇室統治の合理化を意図している。その意味で日本の神話は最初から政治的な神話であった。もちろんこれが組織的系統的に全国民に indoctrinate 注入されたのは、明治の絶対政権の統一以後のことである（例。紀元節）。その意味ではチェンバレンがいうように、new religion であり、古来の伝統的信仰ではない。しかし new religion を最も古い神話の上に容易に作りあげ、国民の精神的統合を図ることができた日本帝国の強みは否定できない〉。

〔編者注。以下は上文に対応する丸山の自筆原稿（資料番号312-6）である〕。「しかしある意味では〝万国に非類ない〟神話であることはたしかだ。内容的論理的にフィルマー流の王権神授説とちがっているばかりでない。民族神話が最初から肇国神話（政治的国家起源の神話）として展開し、しかも国家神話が徹底して、天皇家の系譜を中心にできており、その結果、宇宙開闢神話即王室起源神話になっているのは世界にまず類がないだろう。つまりこれは本来の宗教的意味の神話ではなく、まさに最初からpolitical mythなのである。むろんそれが組織的系統的に全国民にindoctrinateされたのは、明治絶対政権による統一国家の形成の後のことであった。紀元節の制定！（神武天皇即位日を太陽暦に直して二月一一日とした）。その意味でたしかにChamberlainのいうようにnew religionであり、決していわゆる国民古来の自然的な伝統的信仰ではない。しかしnew religionをoldest mythの上に容易につくりえたところに、日本帝国の強みがあったことは否定できない」。

〈E・カッシーラーによれば、二〇世紀は政治的神話の時代である（『国家の神話』）。すなわち自分と国家との間のギャップを従来のようには合理的に埋めることが出来なくなり、神話が必要になった。そして国民統合のために政治的神話を新たに創りださねばならなかった点に、ファシストの悩みがあった。A. Rosenbergの『二十世紀の神話』〔番号0186468〕は二〇世紀独裁の産物であり、ヒトラーは神話を創りだす必要がない点で日本を羨んだ。

神話では言葉にともなうemotional〔情動的〕な作用が大きな役割を占める。そこでは言葉が象徴的に作用する。ナチスはそうした言葉を情動的に使うことで人心を摑む天才だった。ヒトラーが使った例（カッシーラーの紹介〔『国家の神話』宮田光雄訳、創文社、一九六〇年、三七六頁〕）。

Sigerfrieden　第一次大戦後、連合国によってドイツに強制された平和（悪の象徴として）

Siegfrieden　ドイツの勝利による平和（善の象徴として）

これらは当時のドイツ人にピンときた。こういう言語の emotional, symbolical な使用は神話の特徴。ところが日本神話には、いくらでもこうした言葉がある。もともと字がなく中国の漢字をあてたので、無限に連想が働く。「カミ」は目上の者という意味から「上」、さらに「神」へ。「オオヤケ」は「大家」＝皇室から「公」へ。「コヤケ」は「小家」から「臣民」へ。平田神道は連想によって合理化を進め、他の宗教もすべて日本から出たとする。このように素材がふんだんにあり、連想が元来日本神話の思考様式であった点で、日本の国体論者はヨーロッパのファシストに比して非常に恵まれていた〉。

〔編者注。以下の部分の自筆原稿は資料番号312-6〕

〈以上のまとめ。(i) 君主の祖先を神に求める考え方は他にもあるが、国土と人民・山川草木を同じ君主の祖神が同時に生んだというのはない。しかもそれは創造 creation ではなく生殖 generation、reproduction である。すなわち国土と人民と統治者とが同じ神の系統から生まれ、神聖な起源と血統上の起源とが結びあわされている divine and blood origin 点に、日本の神国神話の最大の特徴がある。

イザナギ・イザナミの「みとのまぐあい」神話は文字通り人間の生殖神話として描かれている。それがあまりにリアルなので、後世の神道家や儒者はいろいろ合理化した。例えば陰陽の二原理を表わしているとか、山崎闇斎の垂加神道は天人唯一と説き、新井白石は歴史的に二人の英雄が軍隊を一緒にして国土を経営したことを神話の形で比喩した〔『古史通』巻之二〕などと説明している。ところが本居宣長はこうした歴史的・形而上学的な合理化を漢心として排し、後世からの追考を排して素朴な古代人の立場から文字通りの生殖行為とした〔『古事記伝』四之巻〉。解釈としてはこれが正しいと思われる。農産物の生産とセックスとを結びつけるのは民俗学の研究が示すように珍しいことではない。しかもそれが太陽の恵みにより稲が生育することと結びついて、皇室の仁慈を強調することにつながる。本居はこれを特に美化しようとするのは古代人の考えに反する、ナイーブに人間の生殖行為を謳歌しているとし、平田篤胤はさらに徹底してそこから神学を構成した。こうして本居の解釈は新たな合理化をうけ、平田神学では猥褻な生殖、性器崇拝となり、しかもそれが熱烈な日本主義と結びついた。

（ii）ただ幕末の尊王攘夷論で強調された神州の尊厳（国土自体が神聖である）と天皇の尊厳との不可分の結びつきは、国土・人民・天皇が同じ祖神から生れたとする日本神話に由来する。ここでは国土自体の神聖さと統治者の神聖さとが切り離せないのである。これが分裂したのも今度の戦争の末期である。自分の愛国心の最後の砦が、国土の神聖さにあるか、万世一系の天皇の神聖さにあるか。この二者択一が問われて分裂した。天皇の絶対性の立場に立てば、「承詔必謹」で、いかなる内容であれ天皇の勅命に服するのが正しいことになる。しかし神州の尊厳という立場にたてば、およそ外国に犯されたことのない領土が外国の占領下に置かれるのは国体に反し、それを天皇が命ずるはずはない、焦土としても闘うべきだという主張が出てくる。

以上のように権力の正統性の根拠が変ったのも今度の戦争により、伝統的愛国心における国土と天皇の神聖の不可分が分裂したのも今度の戦争による〉。

（十二月三日）

〈前回述べたように日本神話では、国土・人民が同じところから、創造ではなく生殖によって生じており、またそこから国土の尊厳と天皇の尊厳が不可分と考えられていた。

(iii) 天皇が一方では現人神として尊崇されながら、天皇自身が祭主であるということも大きな特色をなす。天照大神自身も神をまつっている。そして『古事記』に「天ッ神諸の命を以ちて」(『古事記』七頁) イザナギ・イザナミに国土生産を命じたとあるように、イザナギ・イザナミによる国生みも、(さらに上の) 神から来ている。初めはイザナミがイザナギに呼びかけて性交し、失敗して流産した。そこで両神は高天原に戻って天つ神に相談すると、天つ神自身が占いをして、イザナギから呼びかけて性交するように指示する。それは天つ神の背後にも神がいることを意味する。このようにいつまでたっても究極の絶対者に行きあたらない。すなわち天皇は現人神として絶対化されたが究極の絶対者ではなく、天照もイザナギも究極の絶対者ではない。これがまた色々な思想的意味をもっている。この点で、政治的機能的にいうと帝王神権説と似ているが、実際の思想的構造は違っている。

帝王神権説にも色々あり、ヨーロッパ中世においては皇帝の位ないし職自身が神聖化されていた。したがってそこでは自然法にもとづく貴族やギルドの皇帝に対する反抗権が当然あり、一方では帝職の神聖さは政治組織とは別の教会的組織が古来そうした神聖性の淵源になっているので、ローマ法王の優位が前提されている。近世になると、帝位・帝職の神聖説を排除して、具体的個人としての帝王が帝位に対して絶対的権利、世襲的権限をもつことが絶対者の意思によって根拠づけられた。その際にも日本の場合とは非常に接近が違っている。

(1) 君主の人民に対する世襲的統治権は絶対者たる神によって与えられている。

(2) 天皇は神々をまつる祭主であり、臣を率いて神々をまつり、その意思で統治する。

（2）では神々と天皇は血統でつながっており、天皇と臣を合わせたものが神に従う。これに対して（1）では神と君主とが断絶しているから、人民は直接に神にアピールできる。自然法思想はそこから出てくる。しかし（2）の場合はどこまで行っても究極神がないのでアピールできない。もちろん具体的な日本の国体思想は、その後儒教の影響を受けたので、こうした原初的形態がそのまま続いたかは疑問である。しかし歴史的抽象としては、一つの型を設定できるのではないか。そのパターンの類型化を試みる。

神による創造、これがキリスト教世界観の価値の根源。日本では神の生殖が正統性の根源になっている。中国では究極にあるのは天である。そこから「道」という規範意識が生まれてくる。ヨーロッパの場合、近代の絶対的国家の表象は、全能の神による世界創造の世俗化からきている。全能の絶対君主が国家（被造物）を作ったという理解。ここでは作るものと作られるものは主体と客体である。国家は作られるもので主権者の生産物である。国家は物であり、機構（メカニズム）となる。人間がメカニズムとしてそれを作る。だから人的要素をとれば、メカナイズされ、人は国家をメカニズムとして認識する。人格が非人格的メカニズムを作る。

これに対して日本の原始神道においては、神と人が血縁関係であり、この関係が臣下まで下降する。ここでは作るのではなく生むのであるから、生むものと生まれるものは主体と客体ではない。生むものが人格的なら生まれるものも人格的で、血縁関係になっている。

絶対主義国家では、表象としては、絶対君主の下に臣下が平等に並ぶ。神と人との関係の反映である。内在的傾向としては中間者が入らない。神・人の対立という表象を国家の中にもちこむと、天下は一人の天下として表象される。神の絶対化は君主の先験性となり、権力の自覚となる。絶対君主の権力が国家の機構を作るという表象になる。この絶対君主の権力に対して、人民はそれぞれが主体と主体の関係で対峙している。そこで社会契約説では、横に平等に並んだ人間が国家を作り、絶対主義が逆転される。ここには権力という表象があるとともに主体という表象がある。中世の自然法では、主体はつねに神へアピールする可能性が残される。そこで具体的権力関係を制限する自由主義と、人民が□□□として国家を作るという立憲（カ）的デモクラシーが出る。絶対主義が逆転すると人民主権の万能性が出る。一方における絶対権力、他方における個人の国家に対する超越性という二元的なものとしてヨーロッパでは、政治国家のリアリズムと、一人一人の人間が直接神につながるアイデアリズムとの二つが、弁証法的両極をなして対峙してゆく。

　これに対して日本のウムという表象においては、創造ではないから、作るものと作られるものとの対立がない。うんでゆく関係を保持することが慣習（カ）となる。たえず血縁的間柄を保持しながら発展する和の精神がそこから出る。だから日本の伝統的正統的構造（カ）が、とくに徳川末期から明治にかけて絶対国家の創設（カ）によって一君万民になると、絶対主義国家はメカナイズされた国家機構を前提とし、絶対的国家主権と平均化された平等な個人というデュアリズムが絶対国家の表象となるが、それが血縁的には出てこないので、一君万民の観念に矛盾が生ずる。日本ではウム・ウマレル関係で、人間関係は、君主を要（かなめ）にして扇形に広がる表象で理解される。要がダメになると全体がバラバラになる。この観念とヨーロッパ的一君万民との間の矛盾がたえず出てくる。

　中国では、原理（カ）は天命という抽象的規範におかれる。天は絶対的人格神なき自然法である。（二七カ）ヨーロッパの場合には、ギリシアのアリストテレス的自然法の考え方とキリスト教的絶対神が一つになって一九世紀的自然法ができたが、中国では自然的秩序の円滑な循環が善になり、人間と社会と自然がアナロジーで考えられる。人間の中の自然、社会の中の自然、宇宙の中の自然が一つの法則で貫かれる。その法則が道である。ここでは時間的意識が空間的意識に置きかえられる。

国家秩序は自然的秩序にたえず接近してゆかねばならない。自然的秩序が公の秩序である。天下は天下の天下であり一人の天下に非ずという思想になる。だから中国では、日本的意味でも、ヨーロッパ的絶対国家の理念としても、天下は一人の天下という表象が成立しない。非人格的天という規範意識が、現実の具体的支配関係に対する客観的規制原理となる。そこに変革の論理として易姓革命（禅譲放伐）の思想が現れる。自然の有機体的秩序の攪乱分子を追放するというもので、マックス・ウェーバーはこれを「伝統主義的革命†」とよんだ。天の自然の運行を破壊する者を追放して元の秩序を回復する。客観的規制原理はつねに存在し、それと一致しない君主を追い出す。だからレジーム（体制）自体は革命されない。

天は具体的原理としては成立せず、究極の原理として働く。そこで儒教が日本に入ってきたとき、禅譲放伐が一番問題となった。伝統主義的な革命であっても、ともかく変革要因があることで国体思想と衝突する。中国的パターンでは、ヨーロッパ的個人の超越性は思想的には出てこない。しかし支配者に対する客観的規制原理が非人格的な形でつねに存在し、そこから民本主義が現れる。これに対して原始神道の思考様式では、血縁的調和を破らないようにするのが価値原理になる。そこでは人格と伝統が合一化され、そうした人格への献身が臣下の道徳となる。だから具体的人格に対する臣下の反抗原理は出てこないが、支配者が自分を権力者として意識する場もない。ここでは慈民主義が一つのパターンとなる。

支配者側に権力の自覚がない。臣下側に権力に対立する自覚もない。血縁的間柄で両方が統一される。赤裸々な権力も、被治者の主体性も生まれない。だから主体的に体制を変革してゆくという契機が出てこない。こうした原始神道では、規範意識は客観的規範でなく、人格的規範に対する従属である。伝統が支配者・被治者を共に支配する。

中国思想やインド思想は、こうしたものとは異質なものとして入ってくるが、徐々に原始神道に適合するように変容されてゆく。易姓革命もその一例で、儒教的考えでは、有機体的秩序の循環が根底にあり、これを基として各部分の特殊性が構成される。自分の職分としての特殊性を遂行する。ここに「別」の原理が生ずる。「別」が混乱すると、宇宙的秩序の進行は崩壊する。ところが原始神道の思考様式では、血縁的間柄、「一体」の原理が主である。「義は君臣にして情は父子」（雄略天皇の遺詔†）。ここからは組織原理が出てこない。だが国家秩序を構成しようとすれば、組織の原理を導入しなければならない。そこで外から中国の組織原理を借りてくる。十七条憲法。「分」の原理は組織原理で、「一体」の原理はそうではない。その点で原始神道は、純粋の儒教型とは違う。「別」の原理からいえば、職分の思想があり、「君不君、臣不臣」（君、君たらざれば、臣、臣たらず）となるが、日本では「雖君不君、臣不可不臣」（君、君たらずとも、臣、臣たらざるべからず）となる。†

儒教的自然秩序の下では具体的支配関係、すなわち政治的統一が失われても、つねに社会的統一はその根底にある。この社会的統一が西洋でも中国でも、政治的統一を再構成する原動力になっている。しかし日本の表象では、政治的統一は扇の要であり、要の下は横ではなく縦の関係である。ほんらい政治的統一の解体と社会的分解とは異なる。ヨーロッパでは、政治的アナーキーがいかに激しくても、その底に政治を超えた統一が前提されている。だが日本では、あらゆる秩序の根底に政治的統一がある。天皇制がなければ社会的アナーキーになるというふうに、天皇制が秩序の要をなしている。

こうした精神構造において改革の契機はどこから出てくるか。ある意味で中国型よりもそれは自由に発生する。*伝統と人格が一体化した権威による制約があるが、この権威の建前が貫徹されれば、具体的な制度やメカニズムは外から自由に導入できるからである。ただ「上」からである。規範が無内容だから自由に入れられる。中国の場合は客観的自然法があり、それが異質的な原理と衝突する。中国は清末に日本と同じ状態になったが、上からの改革は失敗した。しかし日本の場合は、血縁的間柄さえ保持されれば、組織原理・政治原理は外から輸入してよい。これが中国や西欧の思想を日本が上から入れることができた理由である。中身がない袋のようなもので、何でも入れることができる。ただ採用にあたって「採長補短」という場合、何が長で何が短かは上が決定し、その規準の同一性も上によって維持される。まったく自由に採用されるわけではない。こうした日本の変革の様式は強固な伝統になっている〉。

〔*編者注。*箇所に対応する自筆原稿（資料番号 312-6）を以下に翻刻する。五行目の「古神道的伝統」は後筆によって「原型的伝統」と書きなおされており、五六年度講義における考察が、六〇年代に展開される「原型」論の祖型になっている関連がうかがえる〕。「客観的規範の制約ではなくて伝統（＝血縁的系譜、皇祖皇宗）と具体的人格の一体化した権威による制約であるから、その権威から発する決断というタテマエが貫徹されれば、制度やメカニズムはかなり自由に上から創設できる。（中国の天の思想の場合には、客観的規範（先王の教）は礼楽制度の中に内在しているから、人格者をたおす易姓革命はあっても、実質的内容をもつ伝統を破壊することは容易でない。儒教の保守主義。ちょうど〔日本の場合と〉反対になる。）〔日本の場合は〕規範自身が無内容（皇祖皇宗の遺訓）。しかし制度原理や組織原理は古神道的伝統の中にはないから、もっぱら外国文明の摂取をまたなくてはならない。聖徳太子の十七条憲法→大化改新→大宝令の機構とその運用原理は儒教（部分的に仏教、とくに後者において）及び隋唐の制度であり、明治維新においてはヨーロッパ立憲国家の制度であった。いずれも上からの自由な採用（採長補短）。何が長で何が短かの決定が一番重要。それの主体は予め決定されている。中国の変法自彊ではこれが失敗した。

大化改新のクーデターが成功したのち〈蘇我石川麻呂が〉天皇の諮問に答えた中に、先づ神祇を祭ひ鎮め後に政事を議すべしという言葉があり、大化改新は天神地祇の意思に従って行われたことに究極の正統性の根拠が求められている。大化改新後の東国などの国司への詔〈も同じである〉。「天つ神のうけよさせたまひしままに、方にいま始めてくにぐにをおさめんとす」〔「随天神之所奉寄、方今始将修万国」『日本書紀』大化元年八月条〕。明治維新のとき〈の五ヵ条の誓文〉も全く大化改新の例にならった。神祇を祭ることは全く形式的な儀典であり、具体的な改革や施設の規範はなんらそこから流出しないに〔も〕かかわらず、その形式がまさに〈改革を行ってゆく際の〉正統化の根拠になる」。

〈いま述べたキリスト教、中国、日本の型は歴史から抽象したパターンであり、実際には他の考え方と混淆して発現し、それ自体の変遷もある。だがこのパターンは政治思想だけでなく、文化形態・生活様式に一定の刻印を与えている。ヨーロッパにおける宗教的刻印、中国では道という道徳意識。これに対して日本では、宗教意識も道徳意識もそれ自身としては決定的要因ではない。大祓の祝詞では、人の犯した罪は天災と同じ次元で扱われている。人間の罪悪と天変地異が同じ次元で問題となり、最後は吉が凶に勝つというオプティミズムである。なぜ人の犯した罪と天災とが同じなのか。ツミを犯される被害者の立場に立てば、天災も人の罪も同じである。害を蒙る社会の側からみれば、攪乱する要素は天災もあれば人間の場合もある。神武天皇の東征神話は、東征に反抗する荒ぶる神やまつろわぬ人を、それ自身が悪であるとはみていない。具体的な間柄の関係に攪乱的行為があるという見方である。つまり絶対悪ではなく、具体的な状況による。

ここには儒教的な善悪もない。「よい」はうるわしき、あかき心であり、「わるい」はきたなき心である。善悪よりも美の観念が優越している。きたなき心とは、国を奪取し、天照大神に反逆する心であり、具体的秩序を攪乱する心である。キリスト教の絶対的人格神や中国の天という普遍的規範による制約は第一義的ではない。しかし具体的な間柄の保持（気分を壊さない）という規範意識があらゆるところに浸透する。これは「道」という考え方の適用をみてもわかる。「茶道」など、あらゆるジャンルに無限に浸透し、なんでも「道」になる。

これは美意識による統一である。抽象的規範意識でなく、具体的場面における状況の倫理である。だから状況によって人の振舞い方がちがうのは当然である。それがオポチュニズムとして意識されずに、場の倫理が究極的な規範原理となる（たとえば日本料理と西洋料理で、日本は汁もさしみも一度に出て、その全体からする美的感覚が重要。関係が重要で、盆栽でもバックが大事である。西洋料理では皿が次々に出てくる）。

暴政や独裁、赤裸々な権力が出てこないと同時に、政治社会を批判する究極の規範原理もないので革命も出てこない。権力の意識もないが実際には権力を行使するという自己矛盾になる。これが寛容と不寛容の矛盾とも関係する。究極的絶対者はないから、外国思想を自由に採用して平和的に共存する。その点ではトレラントである。しかし基本的に□□的であるものに対してはイントレラントで、自由の原理はない。キリシタンやコミュニストは基本的な間柄を破壊するものとみなされて迫害された。刑罰も日本は残虐なものはないが、基本的間柄を破壊するものに対しては残虐である。このことは、基本的な思考方法が扇形の論理に基づいていることと関係している。こういう点から寛容とも不寛容ともいえるのである。

ともかく前述したように、原始神道には組織や制度の原理はない。したがって具体的な政治組織を作る必要に迫られたときは、そのままでは役にたたず、他の政治思想から借りてこなければならない。その点では日本の政治思想は古くから儒教の影響を受けている。『日本書紀』には儒教の影響が強く、仁徳天皇の治世を述べるのに「君以百姓為本。是以古聖王者」云々とし、民のかまどの煙をみて三年免税したというのは、明らかに民本思想の影響である〔仁徳紀七年〕。また仁徳兄弟が帝位を譲りあうのも、禅譲という考え方の影響である〔同即位前紀〕。大化改新の場合も天神地祇を祀って具体的な改革をするが、誓っている内容は「天覆地載、帝道唯一……君臣失序、皇天仮手於我、誅殄暴逆」〔孝徳即位前紀六月条〕とあって、天が力をかして暴逆者を退治したという放伐思想である。いずれも『書紀』編纂当時における儒教の強い影響を示している。

「十七条憲法」にも、古代の神道の考え方はほとんど出てこない。仏教思想と儒教思想とが根底をなしている。政治原理は圧倒的に儒教思想である。第三条。君を天とし、臣を地とする。四季の循環に引照して、天地の秩序が政治的支配の根底をなすとする。こうした点から「承詔必謹」が出てくる〔「三曰、承詔必謹。君則天之。臣則地之。天覆地載。四時順行、万気得通。地欲覆天、則致壊耳」推古紀一一年四月条〕。具体的な意図は豪族の忠誠を集めることにあるが、原始儒教〔神道カ〕の考えは表面に現れていない。祀られる天神地祇（天つ神国つ神）は日本の神々だとしても、具体的な規範原理は外国の思想である。前述したように、大化改新は天つ神の詔勅によって行ったことになっているが、その詔勅には、日本の政治思想の片鱗もない。ただ最後の正統化の根拠は間柄にあるのである〕。

〔以上、五六年度講義、第一章〕

五九年度講義「第一章　古代国家と政治的神話」の末尾部分

〔編者注。五六年度講義を基にしつつ、五七、五八年度の分析視点を投入して新たな展開を示す。自筆原稿は資料番号312-6〕。

肇国（ちょうこく）の神話（大日本は神国なり〔北畠親房の『神皇正統記』冒頭の命題〕）。日本が皇統の一系、及び皇室と国民の間の血縁的階統関係に基づく情緒的統一体であるという観念。太陽が宇宙を統べ照らすように、皇室の権威と栄光は窮極的には全世界に及ぶべきであるという観念（日本は万国の親国、八紘為宇）。しかもそれは、国内的にも国際的にも、征服・被征服という異質者を前提とした支配関係ではなく、たとえ現実にいかに軍事的手段を用いようと、祭祀の統一による同化的統合であり、戦争は「まつろわぬものをまつろわす」ためのやむなき手段であるというような合理化の仕方。

それらの諸観念は、日本の、島国としての大陸から隔絶した地理的位置、民族的同一性の保持、＊〈稲作という〉基本的生産様式が変革されないことに規定されて、体制転換がドラスティックでないこと等々の条件によって、執拗に時代の変化をこえて生きつづけてきた。

〔＊編者注。＊部分に関して以下のようなメモがある〕。「国内的同質性（i）異なった人種、したがって宗教と祭祀がないこと。（ii）征服はもっぱら軍事的、技術的、経済的優越（大陸との交通に基づく）に依存すること。（iii）氏上（氏神）間の血縁関係の設定（擬制）。地方氏神の抹殺の必要がなかった。これがまた逆に同質性を保障した。異民族を奴隷化する過程がなかったので、こうした原始的社会結合関係の解体が阻止された」。

〈しかしこうした観念は国体論者がいうように、日本史のあらゆる時代を通じて国民のvividな一般観念だったわけではない。第一に国民とは何か。国民大衆が思想や観念の担い手として浮かび上がってくるのは、コミュニケーションの手段が生まれて普通教育universal educationが確立した後である。したがって歴史を遡ればさかのぼるほど、この観念の流通は、支配層とそれに付随する特権的な知識層の範囲に限られていた。しかしこのことから近代国家の階級対立のイメージで古代を考えるのは誤りである。ある観念が、シンボルとして国民のどの範囲に政治的機能をはたすかは歴史的に制約され、時代が下るに従って拡大する。そこで神話は次第に国民的統合の象徴の役割をはたしてきたといえる。

第二に、このような神国観念や天皇統治の神話的由来が時代をこえて生きつづけたといっても、それらがどの程度までイデーとして作用したかは時代によって開きがある。たとえば大化改新に始まる律令制定の時代、建武中興期、封建制が再統一された織豊時代、さらに幕末維新期には、それらは昂揚して重要な役割を演じた。これに反して南北朝から室町末期、あるいは徳川幕府が成立して中期頃までは、それが最も低下した。より概括的にいえば、それらが政治的イデオロギーとして制度形成力をもった時期は、大化改新以後と明治維新以後の二度しかない。後者は「国体」観念による国民的統合で、明治三〇年以後から国民意識に浸透してゆく（チェンバレンはこれを〝new religion〟と称した）。こうした事情を前提した上で、肇国神話が時代をこえて持続したといわなければならない。

そもそもこの政治的神話が形成されたプロセスからして、地方的神話を統合し、それらを系列化するというのであり、国民の底辺における共同体的伝統的な信仰が上部の制度的変更をこえて連続している。日本の文化・思想の面でも、古いものの上に新しいものが形成されるが、古いものとの十分な対決がなされて新しいものが生まれるのではない。あくまで重畳的に併存している。これを象徴するのは地鎮祭などが今日行われていることである。この事情からして、神話が国民意識の底につねに潜在し、時として急激に顕在〔化〕することがある。日本神話が他の氏族集団を統合する神話として高度に政治的な神話だったことは、他の強大な民族の圧力や絶望的な異端の存在など、日本民族が危機状況に陥った時、政治的凝集の強烈なシンボルとして神話が必要だったことを示している。前にこの意識が高まると述べたのはいずれもこうした時代であり、いわば「眠りから覚される」のである。

神話がどんな機能を果すかは神話学等で論じられるが、原始時代でもつねに同じ作用をしていたわけではない。その集団ないしメンバーが非常に危険な状況に直面したとき、神話が強烈な統合力を発揮する。呪術的思考が平時には想像できないほどの力をもって人を捉えることはしばしば確認されている。我々は二〇世紀という科学がかつてない程に普及した時代にも、ファシズムに見られたような強烈な神話が、科学の進んだドイツにおいてあのような猛威を振るったことを忘れてはならない。

カッシーラーが『国家の神話』の中でこの性格について解明している。「神話の魔術的性格は文明の高度に発達した現代にもあてはまる。デスペレートな時代には人は神秘的・驚異的な力に頼ろうとする」〔同著第十八章「現代の政治的神話の技術」の丸山による要約〕。原始時代の危機的状況において神話がだす呪術的エネルギーも、政治的に高度な今日におけるそれと同じものである。古いものの勃興に対する理性の力は案外に弱い。

ナチの作った二〇世紀の神話（A・ローゼンベルク著『二十世紀の神話』）は、長い過程をへて自然発生的に形成されたものではない。人工的な神話である。いわば「技術的神話」で、この操作は今日のような技術的時代にあって可能である。一見矛盾していないもののように作られて政治状況を一変させた。ナチスは独裁のシンボルとしてゲルマン民族優越の神話を苦心して創りあげた。この点、日本は神話を人工的に創ったわけではなく、昔からあったわけである。

政治的統合の象徴として神話が用いられる場合、言語を魔術的に使うことがある。原始時代には言葉の magical な使用が圧倒的に多い。それが情動的な力として働いて人々を行動へと駆り立てる効果をもつ。二〇世紀の神話にもこうした現象があった。

ナチスによれば、Siegerfrieden は第一次大戦後に連合国が押しつけた平和で悪であり、Siegfrieden はドイツが勝つことによる平和で善であった。また東京裁判で「八紘為宇」は侵略主義ではなく、universal brotherhood と説明された。このように言葉は社会的政治的状況によって、その本来の意味内容を変えることができる。

いま一つ二〇世紀の神話における呪術の現われは、政治の儀礼化であり、これをテクノロジーの手段を駆使して大規模に推進する（カッシーラー、前掲訳書、三七六―三七七頁）。私的な世界がなくなり、家庭の中にまで政治的意識が入りこむ（宮城遥拝、ハイル・ヒットラー）。合理主義者が考えるほど、我々は呪術から解放されていない。周囲との調整が破壊された危機的状況の中では、非合理的なものが侵入し、神話が容易に人心をとらえる。従って日本の神話をたんに馬鹿馬鹿しいとか、既に過ぎ去ったものと言うべきではない。とくに日本は過去の思想との十分な対決なしに新しい思想をとり入れてきたから、その新しい思想は極めてもろい。古いものはたんに沈降するか脇に追いやられているにすぎない。従って急激にある状況において、すでに克服されたはずの旧い思想が復活する可能性がある。日本の戦後の「デモクラシー」は過去の体制の否定の上に築きあげられたものではなく、一種のタテマエとなっている。十数年前ほとんどあらゆる国民に作用を及ぼした神話に対決せずにいることは、デモクラシーを実質化させてゆく上で考えるべきことである〉。

〈神話がもつ意味は、危機に直面した人間に非合理的な力を発揮させるというに止まらず、より大きな思想的意味をもっている。神話には我々が物を理解するときの思考の枠組み、カテゴリー形式等の原初的形態がみられる。人間は原始時代においてもたんに瞬間に生きるのではなく、自分の周囲に意味連関を発見し、それと調和して生きている。したがって合理的思考が発達していない民族において、神話は環境をできるだけ統一的に理解しようとする努力であった。その意味では芸術も科学も、起源は神話に含まれていたものが、あとで分化したものである。したがって神話はその内容の故だけでなく、民族の思考様式の発露としても大きな意味をもつ。神話が歴史から区別され、内容に信頼が置かれなくなった後でも、その民族の思考様式の底に沈澱している〉。

〈以下では〉日本神話の世界像にあらわれた思考様式を図式化して、その特徴を明らかにするために、古代中国の自然観（天）と西洋のユダヤ・キリスト教の一神〔教〕的世界像とを対比してみよう。むろん図式化であるから、それは現実の思考様式のなかに含まれた有力な傾向性の指摘以上の意味をもたない。また日本の伝統思想は、古くから儒仏、ヨーロッパ思想などと混淆して発展してきたので、純粋に日本に固有な思考様式というものを抽出することは困難である。政治思想については、とくに『日本書紀』はすでに著しく儒教の影響をうけている。ワカイラツコとオオサザキ（後の仁徳天皇）が皇位を譲り合った話には、恐らく禅譲思想の影響があるし、また有名な三年租税を免じた詔にも、「天の君を立つるは是れ百姓のためなり。然らば則ち君は百姓を以て本となす。是を以て古の聖王は」云々とある。〔また〕聖徳太子の「十七条憲法」は仏教とならんで儒教がバックボーンになっている。したがってこうした型の対比はどこまでも理解の便宜のためであって、そこから宿命論的な帰結を導き出すつもりはない。

〈原始神道の中心的な価値意識はなによりも感覚的な「美」感である。ここでは宗教意識や道徳意識さえも美的感覚で表象される。きよき心、うるわしき心、あかき心、清明心などにみられる形容詞は「よい」good を意味する。あしき心、邪心、異心は、きたなき心として表現される。キリスト教の「宗教」、儒教の「道徳」にあたる位置をここでは「美」が占めている。

悪いことは「人のつみ」と「災厄」の二つで、これら両方を祓うために行われる儀式が「みそぎ」である。それによって人の罪がなくなり災厄が消える。「大祓の祝詞」は大体この二つの悪を除く儀式である。みそぎは、穢れた心をきれいにすることである。ここには宗教的な厭世観や末法観は少しもみられない。むしろ現世肯定に通ずる底抜けの楽天主義がある。

神々には善神と悪神がある。直毘神がマガを除く神で、悪神が禍津日神であるが、この対立も神と悪魔というような明らかな対立ではない。両者ともに「徳」をもっている。「徳」は常人のもたぬ超越的な力（カリスマ）であり、道徳的には neutral である。本居宣長が指摘するように、善と悪とは絶対的に対立するものではない。「勧善懲悪」は儒教からきた観念である。だから「荒ぶる神」のスサノオの命が、他方では英雄となる。「荒ぶる神」といっても行為の善悪が問題で「悪事をする神」である。政治的神話では、悪事とは国に対して反逆し、調和的な環境を破ることである。それは汚い心の現われである。

ここには来世観はない。「黄泉の国」は穢い国、穢れた国である。いわゆる来世観は仏教もしくはキリスト教（平田篤胤の場合）に基づく。現世が最上のものとされ、末法思想的ペシミズムもない。「おだいしくたのしく世をわたる」のが生活の理想とされた。

天地の生成、国土の形成、神々の誕生がすべて一つの神話の中で同時に語られる。従って天地が先か、神が先かという問題は起こらない。究極的なものがない。儒教の天やキリスト教のゴッドの如きものは存在しないのである。

では政治的支配はいかに表象されてゆくか。ヨーロッパでは、近代国家の象徴がキリスト教の神による世界創造を世俗化して主権者が国家を創るということにあるとすれば、ここでは創造 creation ではなく生殖 reproduction が政治的シンボルである。

創造には創るもの〔絶対君主〕と創られるもの〔非人格的な機構としての国家〕との対立があるが、生殖―国産みというイメージには、うむ者とうまれる者の間に血縁的擬制による連続性がある。これは無限に続き拡大する。このような観念が後世にも残っていることは豊臣氏の一族支配という形態にみられる。従って血縁的な間柄の保持がここでは重要な要素をなす。非難されるのはこの具体的な間柄を破るものである。

中国古代思想においては天が規範の源泉であり、それは先祖の上にある。ここでも人間は小宇宙であるとして天と人間が連続的に理解され、強固な秩序の尊重や伝統への敬意がうまれる。だが伝統は具体的な人間と合一することなしに、ある場合には具体的な政治支配者を変更する原理になる。それは体制の変革ではない。「伝統主義的革命」（ウェーバー）であり、伝統を破壊し悪政を行う君主を放伐するという形をとる。

キリスト教では個人が直接に神と直面するから、神に向かって個々の人間のアピールが可能となる。日本では具体的な人格が伝統的なものを体現しているから尊重されるが、天という超越的なものを持たず、血縁的要素が加わる点で中国と異なる。ここではウェーバーがいう「相続カリスマ」Erbcharisma が支配している。人民統治という点で類型化すれば、ヨーロッパの「民主主義」、儒教の「民本主義」に対して、我国は「慈民主義」と分類されよう。ここから「君、君たらずといえども、臣、臣たらざるべからず」ということになる。

日本においては個人がアピールすべき絶対者はなく、絶対的な神の万能という観念もない。人格とメカニズムとの対立がないから、キリスト教的思考にみられる赤裸々な権力や独裁もない。民を慈しむという点から、権力がつねに情緒的なものによって覆われ、赤裸々な権力として発動することはない。ビスマルクは飴と鞭とをはっきり区別しているが、日本では飴と鞭の調和として権力が発動される。血縁団体は祭祀団体であるが、どこまでいっても究極的な「まつられるもの」はない。みんなが「まつる」のである。ここに「翼賛」という考え方がうまれる。

以上、原始神道に現われた政治的思惟は慈民主義である。政治的支配を統一しているものが、キリスト教では絶対的人格、儒教では倫理的規範であるとすれば、慈民主義では情緒的制約がそれにあたる。儒教のそれが「差別の原理」であるとすれば、これは「一体の原理」である。儒教の民本主義には、天の意思に基づいて具体的な支配者を代える自由がある。しかし慈民主義では血統が Erb として神聖化されるから、支配者を代える可能性は少ない。しかしその制約は客観的制約ではなく、血統による神聖化の制約があるだけである。従ってその建前さえ貫徹されれば、政治的メカニズムは比較的自由に変更できる。

中国において、制度は「礼楽制度」として帝国に内在させられている。従って伝統に従わない具体的人格を代えることは容易だが、実質的内容をもつ伝統を破壊することは困難である。しかし日本では血統の系列自体が伝統であり、規範自体は無内容である。制度、メカニズムや組織原理は、伝統そのものの中にはない。規範的制度が伝統の中にないから、権威は外国の異質的なものを上から摂取して伝統を変革することができる。規範が無内容だから、新たな制度も「皇祖皇宗の遺訓」として神聖化される。これが中国の儒教と本質的に異なるところである。

聖徳太子の十七条憲法から大化改新にいたる間は主として隋と唐から、明治維新以後は近代ヨーロッパから、上から自由に制度を採り入れた。採用するものの長所や短所の判定は権威がするが、伝統的なものが無内容だから、比較的自由に異なるものを採り入れることができた。中国が「西欧の衝撃」を受けたとき「変法自強」の運動が起こったが失敗した。これを明治維新と対比すると、思想史的に「伝統」の違いが現われていることがわかる。大化改新のクーデターが成功したのちに「まず神祇を祭り、政事を議すべし」として、「天神地祇」の意思に改革の正当性が求められた。こうした言葉と形式によって、改革が正当化されるのは、明治維新の場合も同じである。

血縁的な擬制を用いての集団的統一は、外に対しては強固な閉鎖的団結を形成する。外に対する閉鎖性にもとづく政治的 cohesion〔凝集〕は、政治集団には多少とも免れがたい。それゆえ日本の歴史的発展は、文化的にはつねに外に開かれ、政治的には閉じられているという逆説がある。歴史的発展のこの型が、前述したことと密接に関連している。文化的に外に開かれていることは、規範的な文化内容をもたないことを示す。そして外国から採用された文化は、政治的凝集のために権威の周辺メンバーに伝達される。

外国人の日本に対する評価には、変化に敏感という見方と、伝統に固執するという相反する見方がある。これらは楯の両面である。ある異質的な文化に接すると強烈な反発を示すが、上からの権威によって一旦突破口が開かれると、驚くべき速度でその文化が吸収される。同時に消滅も早い。それは政治的凝集が強固なことを示す。たとえばかつてキリシタンが驚くべき速さで伝播されたのは、それに対応すべき独自の規範がなかったからであるが、一旦キリシタンが邪宗門とされると、これまた非常な速さで消滅した。これは文化的に開かれているが、政治的に閉ざされているというパラドックスの故である。文化的転向は集団行動をとるのである〉。〔以上、五九年度講義、第一章末尾〕

第二章　鎮護国家と末法思想

（十二月五日）

神道は教祖も経典も死後の救済観念もないから、本来宗教ではない。すくなくも普遍的宗教ではない。それは儒仏の哲学をかりることによってのみ道としての形をととのえた。また儒教は徹底的に此岸的な倫理及び政治思想であり、怪力乱神を語らざる〝秩序の合理主義〟（ウェーバー）であった。その点では仏教はキリスト教の渡来までは日本民族の知っていた唯一の世界宗教であり、人間と宇宙に対する深刻な哲学的反省を教えた最初の思想であった。それが国民の文化生活〈とくに芸術史上〉に与えた影響はいうまでもなく巨大である。しかしながら〈思想という点で〉仏教は日本に入るや否や、著しくインドや中国のそれと相貌をかえ、きわめて特殊日本的な形態を帯びるに至った。

仏教思想は〝無〟の哲学に依拠し、現世を実在でない仮の世とする徹底した彼岸主義の宗教であるから、儒教のような政治＝倫理思想をもたぬのはもちろん、キリスト教に比べても、俗生活を律する規範に対して無関心なのを特色とする。従って原始仏教は、もしそのなかに政治思想というものがあるとすれば、ほとんどnegativeな、つまり現世の権威を否定する反面として出てくるものである。なによりそれはカースト制とバラモン至上主義に反抗して人間の平等を説くことから出発した。

シャカは今のネパール地方にいたシャカ族の王子で、バラモン至上主義に対して、当時の新興武門層たるクシャトリアの出身であった。バラモン至上主義というのは、バラモン（ブラーフマナ、僧侶階級）族は〔が〕ヴェーダを絶対視し、繁雑な規制で祭儀を統制し、自らの地位を世襲化した〔ことをさす〕。これに反抗した新思想家の集団をシャモン（沙門）といったが、シャカはその一人であった。このときいろいろな形で反バラモンの運動が生れたが、そのなかから仏教が誕生する。紀元前三世紀頃、アショーカ王が全インドだけでなく、セイロン・シリア・エジプト・マケドニアといった広汎な地方に伝道師を送り、形式的にも仏教は世界宗教となった（『世界歴史辞典』による）。

インド仏教の発展

i　原始仏教（五三〇―三八〇B.C.）

ii　部派仏教時代（ca.三八〇B.C.―一〇〇A.D.）
シャカ死後百年で教団が分裂した時代を指す。小乗仏教時代。上座部系（〈今日の〉セイロン・ビルマ・タイの仏教）の説一切有部やその分派、経量部、正量部などが有力。この頃、中国〈前漢〉にも伝わる。

iii　第一期大乗時代（一〇〇―二五〇）、二世紀から三世紀半ば。
部派仏教を小乗と批判するグループが大衆部から出て、哲学的に高度に発達した作品として、『涅槃経』、『華厳経』、『維摩経』、『法華経』、『大無量寿経』などが生れた。この運動を完成したのは竜樹（主著『中観論』によって中観学派といわれる）。

iv　第二期大乗時代（二五〇―五〇〇）
大乗仏教最盛期。『如来蔵経』、『勝鬘経』〈聖徳太子が講じた〉、『大乗涅槃経』、『瑜伽(ゆが)論』など唯識部の諸論や仏性論はこの時出来た。哲学的レヴェルは世界最高峰。この時期の末期にアジアにひろまる。

v　衰亡時代（五〇〇以後）、六世紀以後衰退。

バラモン教化して密教を生み、やがて一二世紀頃ヒンズー教に圧倒される。

『日本書紀』によると、欽明六年に百済王が仏像や経論を献上したとある〔実際の献上記事は一三年条にあり、六年には仏像造りの願文が載る〕。西暦六世紀半ばである。この時すでに本家本元のインドでは大乗仏教は最高度に発展し、まさに衰亡に趣こうとしていた。こういう高度の世界宗教と日本のごくプリミティヴな伝統的氏族神信仰との落差はあまりにも大きい。

i　世界宗教←→民族信仰（普遍性）

ii　仏陀の前における人間平等の理念（平等性）

iii　現世否定（仮の世）、空（超越性）

iv　個人の救済であること（個人性、内心性）

〈そういう意味では、仏教はキリスト教ほどに徹底していないが宗教の諸要素をそなえ、原始神道とはことごとく対立している。こういう高度の世界宗教に対して古代人はどういう態度をもったか〉。「今、改めて蕃神を拝むこと、恐らくは国神の怒を致したまはむことを」〔欽明一三年、西暦五五二（『訓読日本書紀』下巻、岩波文庫、一九三二年、三六頁、番号0197502）〕といって仏教移入に反対する物部氏・中臣氏と、積極派の蘇我氏の長く激しい抗争の結果、五八七年〔用明二〕に物部・中臣氏は決定的に敗北し、蘇我氏の制覇と共に仏教が興隆の一路を辿ることは周知のようであるが、これは必ずしも仏教思想が宗教思想として伝統的民族宗教を克服したのではなかった。

『書紀』にある百済王の仏像献上の際の願文には「此の功徳を以て、願はくは天皇勝善之徳を獲たまへ。天皇の所用す彌移居（みやけ）の国、倶に福祐を蒙らむ」（欽明六年、同上、三〇頁）とあり、仏像の功徳による現世の福徳がなによりも強調されている。『金光明経』に似た文があるので、〈これは〉『書紀』の編者たちのつくったものだといわれる。〈しかし〉このとおり言ったかどうかは問題でなく、『書紀』の編者たちが仏教をどう見ていたか、どういう態度で仏教を日本人が受容したかが問題なのだ。

（i）教義内容よりは仏像や経典のもつ magical（呪術的）な力が、（ii）彼岸の救済よりはまず現世の福徳が、古代日本人を魅了したのであり、日本仏教の歴史的な pattern はこのときすでに表現されている。だから、蘇我、物部の争は外来思想に対する進歩派と反動派の争というより、仏教渡来がかねて土地占有（屯倉—部民）をめぐって展開されていたはげしい宮廷貴族間の闘争を決定的に激化させた契機となっただけのことである。ただ物部氏や中臣氏の方が氏族神の伝統が古かったため、蘇我氏はその権威に挑戦する上にも、仏教の移入を有利としたという事はあろう。

さて「十七条憲法」（六〇四年）の二条に、「篤く三宝を敬へ、三宝は仏・法・僧なり、則ち四生の終の帰、万国の極宗なり。何の世、何の人か、是の法を貴ばざる」（同上、九五頁）とあるのは、世界宗教としての仏教の性格に対するかなりはっきりした認識であり、しかも自ら篤い仏教信者であった聖徳太子が、この憲法の政治的教訓の部分に、原始神道でもなく、仏教でもなく、殆んど儒教を骨子としていることと共に、聖徳太子の思想家的レヴェルの高さを示すものである。

〔編者注。これにつづく自筆ノートの一節は五六年度講義では語られなかったが、五九年度に要旨が語られているので、全文を起こしておく〕。「しかし、聖徳太子が『勝鬘経』と『維摩経』と『法華経』の三者を選んで有名な『三経義疏』を著し、とくに『法華経』を講じたことは、やはり太子の仏教に対する関心のなかに決して純粋に彼岸的でない、むしろ政治的な動機が少なからず作用していたことをも物語っている」。

〈しかしその後に流行した仏教は、このように理解されたものではなかった〉。『日本書紀』推古天皇第二年春二月丙寅朔の条。「皇太子及び大臣に詔して、三宝を興隆さしむ。是の時、諸の臣・連等各君親の恩の為めに、競ひて仏舎を造る。即ち是を寺と謂ふ」〔同上、九〇頁〕とあり、ずっと下って（自ら「三宝の奴」と称した）聖武天皇天平勝宝元年〔四月一日〕の「宣命」にも「種々の法の中には、仏の大御言し国家護るがたには勝れたりと聞し召して」〔『続日本紀宣命』岩波文庫、一九三六年、三八頁〕伽藍が建設されたとある。ここにはっきり鎮護国家の思想が顔を出している。寺や伽藍は、最初から現世の秩序の安寧を目的とする祈禱の場所であった。

こうして推古天皇以後、仏教の伝播は直接に権力を背景として押しすすめられ、急速に僧侶は支配体制の中に官僚として組織化されていった（僧官制度、推古三二年。僧正――僧尼〔ママ〕――僧都）。大宝令の一部としての僧尼令は、その完成である（大宝元年、七〇一）。全二七条。詳細な僧尼服務規律（生活のこまごました統制）。第一条に、玄象（天文のこと）に託して災祥を説き、国家に言及して百姓を妖惑するの罪を以て、殺人奸盗の罪などとならんで最大の罰〔罪〕とし、内法（仏教の律）を以てではなく、普通刑法で罰することを明らかにしている。〈つまり人民に直接布教することを国家が厳禁している。行基も一時これで罰せられている。非常に世俗化されている〉。

奈良時代の国分寺は地方行政組織の一環として設置された。国分寺の別名は金光明四天王護国寺であった。

〈こういう寺の性格が日本のその後の仏教の性格を規律〔規定カ〕している。寺が行政組織の末端に転化する。この傾向がもっとも激しくなったのは徳川時代のキリシタン弾圧の際の寺の役割であった〉。

奈良朝に至ると仏教経典の転読（字句を略して経文を読むこと）〈や写経〉がさかんに行われたが、それはいずれも呪術的な目的をもっていた。（〈経典の内容が理解されたのではなく〉読んだり、写したりすること自身果報をもたらす〈と考えられた〉。病気・天災の除去や内乱等の鎮定）。もっとも転読されたのが、四天王の王室擁護がよみこまれている『金光明経』であり、ついで『仁王経』（→王法・仏法相依）と『法華経』。この三経を我国では護国三部経といった。『金光明経』は中村元教授の説に従うと、一種の帝王神権説をのべているが、むしろ仏典のなかでは一部の思想で、バラモン教法典から受容されたものである。他の大乗仏教に比べたその特徴は、（i）鎮護国家の思想、（ii）現世福祉のための呪術の意義を説いていること、の二者であり、まさにそれが選ばれ、好んで講ぜられたところに、仏教の受容形態が示されている。

斉明天皇六年に、日本最初の仁王会が催された。仁王会とは、鎮護国家の為めに一百の高座を設けて、『仁王般若経』を講読する勅会である。『仁王経』には〈王法と仏法が相依存するという考えがあちこちに述べられている〉。次のような言葉がある。

「我れ今五眼を以て、明らかに三世一切の国王を見るに、皆、過去世、五百仏に侍するに由つて帝王と為ることを得。是の故に一切の聖人羅漢、為に来り、彼の国土の中に生じて大利益を為す。……若し未来世、諸の国王、三宝を受持する者あらば、我れ五大力菩薩をして、往きて彼の国を護せしめん」（『国訳大蔵経』巻三『仁王般若波羅密経』受持品第七、三枝博音・鳥井博郎『日本宗教思想史』三笠書房、一九三八年、二七頁、番号0185976）

インドの原始仏教徒は、国王を〈人民から金をとりあげる〉盗賊と同視して、両者の危害をさけるようにと〔説〕いた。シャカは共和制を理想としていたとさえいわれる（中村元『日本人の思惟方法』〔『東洋人の思惟方法第二部日本人・チベット人の思惟方法』みすず書房、一九四九年、番号0188485〕九五頁）。〈また中国では〉「沙門不敬王者」〈といわれたが、古代日本ではこうした考え方はまるで問題とされず看過された〉。

奈良仏教〈には〉三論・倶舎・成実・律・華厳・法相〈のような宗派があるが〉いづれも「しかれば則ち尸羅（sila 戒）は苦海を渡るの軽舟なり、毘尼（びに）（vinaya 律）は彼岸に到るの絶乗なり、これをもって知る、鎮国護家はこの戒を首となす」〔豊安『戒律伝来記』上巻（『大日本仏教全書』第一〇五冊、仏書刊行会、一九一五年、一頁）〕という律宗の豊安（ぶあん）の言葉に示されるような、鎮護国家の立場において共通していただけではない。仏教の本質そのものの政治的超越性の意識がなかった〈仏教の本質そのものが政治から超越している、という意識が欠けていた〉。それはたとえば、この時代に最も有力だった法相宗において、人間に悉く仏性がある「一切衆生悉有仏性」〔『大般涅槃経』巻二七、獅子吼菩薩品〕という基本的命題自身が否定されていたことに端的に現われている。

五性・三乗の区別

〈五性とは〉無性・不定・声聞・縁覚・菩薩〈をいい〉、三乗〈はその中の声聞・縁覚・菩薩をいう〉。人間が成仏する段階〈を示し〉、菩薩にならなければ成仏しない。律令国家の貴族と、権力的地位についた僧侶のイデオロギー〈であり、現世秩序におけるヒエラルヒーを仏教教義に投影したものである〉。絶対者（たとえ人格神でなくても）を媒介として人間の尊厳を自覚させたことが人間の歴史において宗教のもつ最大の意義だ[*1]〈が、ここにはその意義の自覚がない〉。

ただ奈良仏教は、在り方が直接的に権力に依存していたので、教義内容そのものは恐ろしく難解で抽象的な法理〈で、政治的社会的な問題と無縁であり〉国家思想などはあらわれない。〈社会的な存在形態としては全く俗権の中に解消してしまっている。したがって貴族だけに限定しても、生活を内面から支配する力はもたない〉。

八世紀末から九世紀初にかけての頃にできた『万葉集』には、仏教の無常観の影響をうけた歌はきわめて少い。〈貴族に限っても仏教の教義が〉日常生活にまだ浸透せず、政治権力の行う儀式が中心になっていたから〈である〉。内面的な苦悩は殆ど知らなかった。〈鎮護国家がやかましくいわれるが〉現実の私生活の内面を支配したものは、〈政治的なものでも人生に対する反省でもなく〉unpolitisch な、恋愛のくるしみであった。「人もなき国もあらぬか吾妹児とたづさひゆきてたぐひておらむ」(巻四、大伴家持)、「敷島の大和(日本)の国に人二人ありとし思はば何か歎かむ」(巻十三)。

〈ここには社会的政治的苦悩も人生に対する深刻な苦悩もない。はっきりした恋愛至上主義で、全体として optimistic である。防人の歌をみても妻子との別離を悲しむものが多く〉公生活はタテマエ〈だった〉。「今日よりはかえりみなくて大君の醜(しこ)の御楯といで立つ吾は」(巻二十)⟷「さ(障)へなへぬ命(みこと)にあればかな(愛)し妹が手枕離れあやに悲しも」(巻二十)。

かえって思想的内容をもった鎮護国家思想は、平安以後、俗権から相対的に独立した宗派のなかに現われてくる。その転換点に立つのが最澄(伝教大師)である(七六七—八二二)。真言宗にはこうした転換はでていない。むしろ直接的に一方皇室と結びつき、他方密教として民間信仰と癒着してゆく傾向がもっとも露骨である。とくに現世利益(それも私的な)の祈禱(実質的には unpolitisch!)。修行(験者)はもっぱら祈禱の効果を大ならしめるために行われる。そしてこれに、民間信仰、陰陽道、道教などからの思想が流入して、山伏の修験道となり、全く現世の利益のための加持祈禱を目的とする、いくたの擬似宗教が生み出されていった。山伏は職業的な巡回医で、病気の原因を障りと祟りに求める。中国ではその伝統が断たれているのに、日本では明治維新まで圧倒的に優勢だった。天台宗も〈最澄の時まではかなりはっきりした宗教的自覚をもっていたが〉後に密教的になった（東密→真言宗、台密→天台宗）。

最澄（天台宗）は比叡山に戒壇を別に立て、僧侶を政府の統制から独立させようとした。これは得一との論争で一切衆生悉有仏性を擁護したことと照応する（例えば最澄の『守護国界章』を見よ）。しかしその最澄の学僧養成の目的は「仏法を住持し、国家を守護せん」ことにあった（「山家学生式」のうちの八条式）。「護国利民」「国家安寧」を彼は主著（『顕戒論』や『守護国界章』）のなかにたびたび力説している。「常に国の為に念誦し、亦国の為に護らん」（三枝〔前掲書〕、九三頁）。延暦寺は鬼門安鎮の道場と呼ばれた。鬼門は東北で、比叡山は宮城の鬼門に当る。そこでここに延暦寺をおいた事によって、王室守護の意を表わそうとしたのである。

福沢諭吉は『文明論之概略』で次のように述べている。

「宗教は人心の内部に働くものにて、最も自由、最も独立して、毫も他の制御を受けず、毫も他の力に依頼せずして、世に存す可き筈なるに、我日本に於ては則ち然らず。……兎に角に古来日本に行はれて文明の一局を働きたる宗旨は、唯一の仏法あるのみ。然るに此仏法も初生の時より治者の党に入て其力に依頼せざる者なし。古来名僧智識と称する者……大概皆天子将軍等の眷顧を徼倖し、其余光を仮りて法を弘めんとするのみ。甚しきは政府より爵位を受けて栄とするに至れり。……之がため日本の宗旨には、古来其宗教はあれども自立の宗政なるものあるを聞かず。尚其実証を得んと欲せば、今日にても国中有名の寺院に行て其由来記を見る可し。……古来日本国中の大寺院と称するものは、天子皇后の勅願所に非ざれば将軍執権の建立なり。概して之を御用の寺と云はざるを得ず。其寺の由来を聞けば、御朱印は何百石、住職の格式は何々とて、其状恰も歴々の士族が自分の家柄を語るに異ならず。……然り而して其威力の源を尋れば、宗教の威力に非ず、唯政府の威力を借用したるものにして、結局俗権中の一部分たるに過ぎず。仏教盛なりと雖ども、其教は悉皆政権の中に摂取せられて、十方世界に遍く照らすものは、仏教の光明に非ずして、政権の威光なるが如し。寺院に自立の宗政なきも亦怪むに足らず、其教に帰依する輩に信教の本心なきも亦驚くに足らず……其勢力なきの甚しきは、徳川の時代に、破戒の僧とて、世俗の罪を犯すに非ず、唯宗門上の戒を破る者あれば、政府より直に之を捕へ、市中に晒して流刑に処するの例あり。斯の如きは則ち僧侶は政府の奴隷と云ふも可なり。近日に至ては政府より全国の僧侶に肉食妻帯を許すの令あり。……是等の趣を見れば、僧侶は啻に政府の奴隷のみならず、日本国中既に宗教なしと云ふも可なり」(『福沢諭吉選集』〔第二巻〕、一九七―二〇〇頁、〔一九五一年、岩波書店、番号01990032〕)

〈キリスト教にも俗化はあり、末端がmagicalになることはある。しかし日本の宗教の変遷をみると、鎌倉の一時期を除けば、福沢のいう通り、仏教の存在形態および価値の源泉がそれ自身の中になく、権力、現実の政治秩序に全面的に依拠している。その点で日本の仏教ほど徹底しているものはない。『徳川実紀』をみるとしばしば僧侶の腐敗はひどいが、それは奈良時代から発している。平安時代には鎮護国家より個人の安寧という非政治的な面が出てくるが、それは現世的関心が個人的なものに転化したにすぎない。

鎌倉仏教では鎮護国家思想はどのような形で現われているか。鎌倉仏教は日本の思想のなかで、宗教本来の内面性の立場に徹したオリジナルな性格をもっている。それを最もつきつめた浄土真宗のなかから後に本願寺のような膨大な組織ができて、奈良仏教と同様の俗権との癒着が生じた〉。

(十二月十二日)

栄西（禅宗）の『興禅護国論』、日蓮の『立正安国論』「夫れ国は法に依つて昌へ、法は人に因つて貴し。国亡び、人滅せば、仏を誰か崇むべき。法を誰か信ずべきや。先づ、国家を祈つて、須く仏法を立つべし」〔『日蓮上人文抄』岩波文庫、一九三〇年、二三頁、番号0189007〕。

同じ鎮護国家思想でも、奈良・平安時代のそれは、直接無媒介的なそれであるが、鎌倉時代の新宗教は、仏法の王法に対する超越性・普遍性の承認の上に立ち、その普遍性からの光被によって王法を基礎づけようとしている。〝否定〟の論理が介入しているのである。〈こうした、仏法によって王法が全うされるという構造への転換をもたらす媒介的な役割を果たしたのが末法思想である〉。

末法思想

末法思想（ユダヤ滅亡の終末観と対応。平安末期から鎌倉時代）〈にかけて支配的となった〉。貴族から発して下降し普及した。「仏法の変遷と世相の推移に関する一種の予言」〔辻善之助『日本仏教史』第二巻、中世篇之一、一〇七頁〕。〈これには二つの契機がある〉。

i　正像末の三時説。〈親鸞の「教・行・証」という三つがあるのと同じ〉。

正法→仏滅後、教行証の三つがなお全くして、行ずればよく証果をうる時期。〈弥陀の教えがよく行なわれ、それに従って修養すればその結果が得られる時代〉。

像法→教行のみあって証がなく、どんなに教に従い行じても証果がえられない時期。

末法→〈仏陀の〉教のみあって行証は共になく、修行する人も証果をうる人もなく、全く衰えはてた時期。

〈このように正像末の三時説は、仏法の教えが衰えてゆく過程を時代区分した。これには正法や像法の時代をそれぞれ千年とするか五百年とするかなどで諸説あった。正像あわせて千五百年とすれば仏滅後一五〇一年から、また正、像それぞれ千年とすれば二〇〇一年から末法期に入ることになる〉。

ⅱ　五五百年説。仏滅後、日を経るに従って、行者の機根劣悪となって、ついに仏法を衰滅させるという予言。〈この説は、仏滅後に五百年の段階が五つあり、徐々に頽廃堕落が進むとする。この説も正像末の三時説と並んで当時盛んに行なわれた〉。

仏滅後最初の五百年→解脱堅固（学慧堅固）、正法、五百年。
次の五百年→禅定堅固（学定堅固）
次の五百年→多聞堅固。以上二つが像法で千年
次の五百年→造塔堅固（塔寺堅固）
最後の五百年→闘諍堅固（仏法隠没、是非の論多し）。以上二つが末法。

〔以上は〕平安朝末期頃、公卿の間で盛んになった考え方。最澄伝教大師の作と信じられ、思想界に大きな影響を与えたのは『末法灯明記』である。これによると、仏滅後五百年を正法、その後一千年を像法の時代とし、仏滅後千五百年以後を末法の世としている。親鸞の『教行信証』も、この計算に従って、後堀河天皇の元仁（げんにん）元年（一二二四）を以て、末法に入ってから六八三歳といっている。† その他『神明鏡』などは、正法千年、像法千年説をとって、後冷泉天皇の永承六年（一〇五一、前九年の役の直前）に末法に入ったといっている。さらに八幡大菩薩の託宣として百王守護という伝説が信じられたことも、末代意識に拍車をかけた。神武以後すでに八四代になったと『愚管抄』は記している。〈八幡による天皇守護もあと十数代しか残っていないことになる〉。

ともかく時期のズレはあるけれども、平安末期に、末法〈の時代〉に入ったことが一般に広く信じられるようになり、厭世観が瀰漫した事については、単に抽象的な思弁ではなくて、現実的な背景があった。

末法思想の歴史的背景

1．公家（摂関）政治の紊乱と僧侶の堕落。〈その反面としての〉新興武士層の台頭。

経済的基礎　律令体制の崩壊〈が急激に進行〉→荘園の発展

国司の収奪がはげしくなるに従って、〈地方領家は〉藤原氏のような有力な貴族に所領を寄進するところから、ますます荘園が発展する。〈それは公地公民を基礎とした律令体制を崩す〉。それと共に中央政府の財政および権門勢家以外の貴族の経済的窮乏がはげしくなり、売官や売位は日常茶飯事となった。東大寺その他畿内の大寺〈南都北嶺〉はみな巨大な荘園所有者であった。そうして、摂関貴族に対抗する意図を以て白河・鳥羽・後白河三代にわたって院政が行われた〈院は権門勢家から排除された中下層の貴族、さらに新興の武士階層と結びついた（院に北面の武士設置、一〇九五年）〉が、この院がまた巨大な荘園領主となり、その基礎の上に法皇の生活はひたすら腐敗と濫費と女色のなかにおぼれていった。

僧侶の堕落を最も象徴するものは、〝悪僧〟とよばれたいわゆる武装僧侶（僧兵）の存在で〈各階層からの脱落分子からなった〉。鎮護国家を標榜する畿内の大寺はとくにこうした僧兵の巣窟となり、しばしば京都に乱入して嗷訴し、又相互に襲撃しあった。〈とくに延暦寺と円城寺。白河法皇が「乱暴狼藉至らざるなし」と歎いた話しもある〉。その暴行と乱闘ぶりは、まさに〝闘諍堅固〟の末法時代の到来を思わせた。

九条兼実の日記『玉葉』には（安元三年四月一四日の条）、延暦寺の衆徒が宮中に乱入した模様をのべて「凡そ禁中の周章、上下男女の奔波、偏に内裏炎上の時の如し（中略）仏法王法滅盡の期至る歟」（『玉葉』第二巻、国書刊行会、一九〇六年、三一頁）といっている。法然上人の師皇円の著『扶桑略記』にも、永保元年（一〇八一）延暦寺僧が円城寺を焼いた模様を「門人上下各皆山林に逃れ隠れ、或は悲を含んで黄泉に入り、或は愁を懐いて蒼天を仰ぐ。今年末法に入りてより三十年を歴たり」とある（『新訂増補国史大系第十二巻 扶桑略記 帝王編年記』国史大系刊行会・吉川弘文館・日用書房、一九三二年、三二四頁）。三〇年前というと、永承六年（一〇五一）頃で、一般にこの頃末法に入ったと信じられていたのには、この著の流布した影響が少くない。

2．保元・平治の戦乱と打つづく天災地変・飢餓。

〈この末法意識に拍車をかけたのは、戦乱・地震・疫病などの天災・人災が折り重なって京都を中心に起ったことである。最も大きな戦乱は保元・平治の乱で、血族同士が殺戮しあった〉。治承元年（一一七七）の大火（京都大火、二万余戸全焼）。同四年の兵火（東大寺・興福寺兵火）。養和元年（一一八一）、飢饉、疫病〈が畿内を襲った〉。京都市内に死人がごろごろしていた様を『方丈記』はのべている。〈清盛の亡くなった年でもある〉。元暦二年（一一八五）近畿大地震。〈こうした天災地変で末法意識が弘まったのは当然である〉。

3．平家滅亡から、承久の乱における朝廷側の敗北によって決定的となった公家階級の没落感。

〈これが末法意識と結びつく。平家の滅亡に関しては〉とくに平家が擁した安徳天皇が〈壇の浦で〉入水して（寿永の変）神剣が喪失し、後鳥羽天皇ははじめて神璽・宝剣なき践祚式を挙げた。九条兼実は「未曽有之事也、天下滅亡、只此時也、可レ悲々々」と『玉葉』に誌した（寿永二年八月六日条（『玉葉』第二巻、六一四頁））。神剣の喪失を末代のシンボルとする考え方は『源平盛衰記』にもあるとおり、当時の知識層にひろまった。〈承久の乱に関しては〉「天皇御謀叛」といわれるほど伝統的正統性は崩れていた。† 北条義時による天皇廃立、三上皇遠島〈は権力が鎌倉側に移り、権力関係が逆転したことを示している。また『更科日記』にある有名な話し。天照大神がどこの神かの問答で、答える側もどこか紀州の神であろうというほど伝統的権威が崩れている。貴族であるのに天照大神を知らなくなっている〉。†

仏法王法依存という鎮護国家思想の当然の結果として、仏法の衰滅する末世には、必然に王法も衰えるという〝論理〟が事実によって裏づけられ、ますます末世感を強める。

『愚管抄』の歴史哲学

こうした背景によって旧支配層の一般的世界観になった末法思想を、没落しゆく貴族層の立場から一個の歴史哲学にまで構成したのが僧慈円の『愚管抄』である。これは日本思想史上を通ずる最も重要な文献の一つである。僧慈円は九条兼実の弟で、天台座主という高い地位〈を四度も務めた〉の僧侶であり、名門の出身だけでなく、第一級の教養人であった。歌人としても著名である。生没年は一一五五―一二二五。慈鎮と諡（おくりな）さる。

『愚管抄』の著作年代については、承久の乱（承久三年）を経てその後に書かれたもの（津田博士）という説と、本書の第二巻に†「承久二年十月ノ比記之了」とあるのを、そのまま信頼していいという説（村岡、三浦周行氏ら）とがあって分明しないが、第二巻末には、承久後の記事を書き加えたことを明言している。

〈慈円は後鳥羽上皇の護持僧だったが、頼朝とも親しかった〉。承久〔の乱〕直前、後鳥羽上皇の幕府討伐の意図を知って、これを諫めているところから、また現在が世の大きな継目だといっているところから、この書が緊迫した朝幕関係を背景として、古代貴族政治から武家政治への巨大な政治的転換期という歴史的自覚の上に立って書かれたことは明らかである。そうして、附録に詳論した当面の政治的課題と対策を歴史的に根拠づけるという一貫した方法的意識をもって、巻一から巻六まで、神武より承久に至る歴史を跡づけているところに本書の大きな特色と価値がある。つまり単なる歴史的事実の資料としてだけでなく、一定の方法論を具体的な歴史叙述のなかに生かした点、およびそこからえられた歴史的法則の認識を政治的実践的意図と結びつけたという点に、『愚管抄』の他に抜きんでた思想史的価値があるのである。

『愚管抄』は「王法仏法ハタガイニマモリテ、臣下ノ家魚水合体ノ志タガウ事ナクテ、カクメデタキ国」であった日本がいかにして「次第ニヲトロヘテ、今ハ王法仏法ナキゴトクニナリ」いったか（〔岩波文庫、一九四九年、番号0197512〕一〇八頁、巻三）、とくに「後白川御スヘヨリ（保元・平治の乱以後）ムゲニナリヲトリテ、コノ十廿年ハツヤ〳〵トアラヌコトニナリニケル」（一二九頁、巻三）次第を詳細に究めようと慈円自ら言っているように、神武天皇から承久までの歴史を正法から末法への堕落過程とみていることは明らかである。「マコトニハ末代悪世武士ガ世ニナリハテ、、末法ニモイリニタレバ」〔三一〇頁、附録〕「サレバ今ハ道理トイフモノハナキニヤ」〔二九五頁、附録〕。〈しかしたんにそれだけなら『愚管抄』は一般の時代思潮を反映したにとどまる〉。

しかしこの著は単に公式的に、また直線的に末法観を歴史に適用しているのではない。正像末の時代区分は神武から成務（一三代）までを正法の正位とし、宇多天皇の頃（八九四年）を上古正法の末とみているほかには、あまりはっきりと表面に出てこない。正像末の機械的適用でなく、むしろその代りに慈円は附録において、独自の〝道理〟史観からして、七つの時代区分を試みている（二九三〔―二九五頁、附録〕）。

i　冥顕〔幽〕和合の時代

歴史の底を貫く道理がそのまま歴史的現象として現われる時代。

神武―成務（一三代）＝正法の正位〔王カ〕

ii　冥々の道理の推移を現象の世界で理解できない時代。

仲哀―欽明（一七代）。安康・武烈のような悪王もでれば、仁徳・仁賢のような立派な治世もあった。

iii　現象的には道理と人々が思っているが、実は真実の道理でない事があり、いいと思ってしたことをあとで後悔する時代。

敏達（六世紀後半）―後一条（一〇一六〔年即位〕）。（御堂関白、つまり道長時代）

iv　その当時には道理と思っているが、智者からそうでないといわれると、なるほど道理ではなかったと思い返す時代。

宇治殿（頼道、関白）―鳥羽院（一一〇七〔年鳥羽天皇即位〕）

v　道理について議論が分れるが、討論の過程で威徳ある人の意見に従う世。

武士の勃興から頼朝の頃まで

vi　道理がvのように分別し難いまま、ついに一方が勝つ。それはむろん本当の道理でない。「無道ヲ道理トアシクハカライテ、ヒガゴトニナルガ道理ナル道理也」〔二九四頁〕。後白河院から後鳥羽天皇まで。これは時期的にはvとダブっている。同じprocessを両面からのべたものであろう。

vii　道理を知らず全く御都合主義でその場を糊塗し、ついに破滅に至る時代。つまり現代の道理で、「サレバ今ハ道理トイフモノハナキニヤ」〔二九五頁〕。

すでにこの分類の仕方で明らかなように、彼の〝道理〟の概念には明らかに三種類のカテゴリーが混淆している（viにもっとも明らかに現われる）。つまり規範概念としての道理と、自然必然性としての道理と、歴史法則としての道理である。彼が「物ノ道理」、「邪正ノコトハリ善悪ノ道理」、「末代ザマハソノ人ノ心ニ物ノ道理ト云モノヽクラクウトクノミナリテ、上ハ下ヲアハレマズ、下ハ上ヲウヤマハネバ」（〔一六三頁〕巻四）などというときには、一定の道徳的規準が意味されているが、「ムカシヨリウツリマカル道理」とか、「ヒガゴトニナルガ道理ナル道理」というのは自然または歴史必然性を意味している。こうした混淆自体は、東西の自然法思想に一般的に見出されるところで、べつにそれをもって『愚管抄』の思想的価値を低めることにはならぬ。むしろ慈円の思想においてはこの混淆から、かえって素朴ながら重要な歴史哲学上の命題が生れてきた積極的意義を認めねばならぬ。

第一に、歴史過程を単なる規範または理念の実現もしくは喪失の過程とのみ見ないで、いわば歴史における悪、矛盾の契機の運命的な必然性をみとめたことで、歴史事象の判断に独特の厚みができた〈歴史悪の問題に正面から挑む〉。彼自らいうように、従来の歴史は「タヾヨキ事ヲノミシルサントテ侍レバ」〔八九頁、巻三〕最近のように末世的現象が続出すると、歴史が書けなくなる。自分はむしろ保元平治の乱以後のヒガ事をとくに詳しく真実ありのままに書くといっている。歴史の矛盾に直面しようというこの考え方からして、歴史事象におけるプラスの契機とマイナスの契機のパラドキシカルな結合に対する内面的理解が生れ、そこから一方では、歴史的相対性が絶対的な原理と切りむすぶという問題に対する反省、他方では、ある段階の歴史的可能性が次の段階で必然性に転化するダイナミックスへの省察に導かれたのである。たとえば九六頁（巻三）、馬子の崇峻天皇の殺害の説明。「日本国ニハ当時国王ヲコロシマイラセタルコトハ大方ハナシ、又アルマジトヒシト定メタル国ナリ」。これは著者によれば、日本国家の倫理的一般原則である。しかるに馬子の挙に対し、聖徳太子は傍観したのみか、馬子と合体して仏教興隆につとめた。これはいかに説明さるべきか。これは一般原則の妥当しない歴史の非常事態であり、例外のケースだ。「コレヲ例ト思フヲモムキモ、ツヤ〳〵トナシ」〔九七頁〕。ではこの非常事態はいかなる道理によってjustifyされるか。

(a)「タヾセン（詮）ハ仏法ニテ王法ヲバマモランズルゾ、仏法ナクテハ、仏法ワタリヌルウヘニハ、王法ハヱアルマジキゾト云コトハリヲアラハサンレウト」（守屋を殺すことは王法のための宝を滅ぼそうとするものを殺すのだ）

(b)「モノヽ道リニハ一定軽重ノアルヲ、オモキニツキテカロキヲスツルゾト云コトハリト」（九七頁）。崇峻はすこしも徳のない天皇で、それが仏法を篤信する馬子をころそうとした。情勢は殺すか殺されるかの二者択一だった。しかも「コノ王ウセ給ハヾ推古女帝ニツキテ、太子執政シテ、仏法王法マモラルベキ道リ（理）ノ重サガ、ソノ時ニトリテ引ハタラカサルベクモナキ道理ニテアリケルナリ」〔九九頁〕。

lesser evil の選択。道理の多元性（軽重）、歴史的及び政治的 realism。（例が妥当かどうか、こういう理屈がなり立つかどうかは問題でない。思考方法に注目せよ）。

また彼の、歴史的には無道として出てきた武家勢力が、一方における公家の堕落、院政の腐敗、他方における頼朝のようなすぐれた政治家の出現によって、もはや天皇親政も摂関政治も不可能になり、武家政治が必然化したという説明の仕方や（「マコトニハ末代悪世、武士ガ世ニナリハテ、末法ニモイリニタレバ」〔三一〇頁、附録〕〈武士の台頭自体が末世に入った証拠なのに、それが〉「今ハ道理ニカナイテ必然ナリ」〔二七一頁、巻六〕〈とされる〉）、摂関政治が清和以後の天皇がどういうものか揃って短命であったことによって、臨時的なものから恒常的な政治形態に移行したという説明の仕方などには、Hegel の List der Vernunft〔理性の狡知〕に近い歴史意識〈主観的な動機はよくなかったにしても客観的には歴史の法則性を実現してゆく〉が窺われる。むろん後から事態を合理化するための牽強付会も少くない（たとえば安徳天皇の入水とともに宝剣が海に沈んだ〔前述のごとく末世の象徴とされた〕ことの意義。〈元来天子は文武二道で国を治める。剣は武だが、武士が出現して天子を守るので宝剣は不要になり海に沈んだと説く〉。二三〇頁、巻五）。しかしそこにともかく、ある理念から一元的に説明のつかない歴史の矛盾性に対して内在的に迫って行こうという努力が窺われる。

第二に、彼の道理が上述のように単一でなかったところから、彼の末法的歴史観は直線的下降としてでなく、興隆と衰退の波動を通ずる漸次的な下降として描かれ、そこに歴史における必然と人間の主体的な実践との関係についての一つの洞察が生れた。〈直線的末法観では運命的必然性となり、人間はどうにもできずに単なる諦観となるが、漸次的下降観では人間の主体的努力による変化が期待できる〉。

歴史と社会の興隆と衰退の循環については〈系譜的にみると〉仏教の四劫説、「盛者必衰、会者定離」（一〇九頁〔巻三〕）の仏教思想や中国の讖緯説（前漢に流行した）の影響もあるけれども、根本は歴史の観察からきた彼のオリジナルな考え方で、それをたくみに比喩で説明している（一〇八―一〇九頁！）。

十二支十干を組合せた六〇年の循環をのべて「コノホドヲハカライテ次第ニヲトロヘテハ、又ヲコリ〳〵シテ、ヲコルタビハヲトロヘタリツルヲ、スコシモテヲコシ〳〵シテノミコソ、ケフマデ世モ人モ侍（ル）メレ」（一〇八頁、巻三）。

エネルギー漸減の法則†

一〇〇帖→＋九〇帖→＋八〇帖

一帖→一〇枚＋九四～九五帖＝衰微の極に欲をおこす例

七〇～八〇帖→一〇帖～二〇帖＋四〇帖～五〇帖

まだ極端に衰えないさきに、予防的にたてなおす例。

「劫初劫末ノ時運ハチカラヲヨバズ、中間ノ不運不意ノサイナンハ侍ラジ物ヲ」（一二〇頁）。

歴史の進行には人間の努力をもってもいかんともしがたい必然性がある（法爾自然（ほうにじねん））。しかし一定の限界内では人間の主体的実践が末世の現実的到来をくいとめうる、ということを彼は各所で力説した。

「コハイカヾセンズルトノミ悲シキ事ナレドモ、猶百王マデタノム所ハ宗廟社稷ノ神々ノ御メグミ、三宝諸天ノ利生也。コノ冥衆ノ利生モ亦ナカバ、人ノ心ニノリテコソ機縁ハ和合シテ事ヲバ成スル事ニテ侍レ」（一六三頁、巻四）

「サレバトカク思トモカナフマジケレバ、カナハデカクヲチクダル也。カクハアレド、内外典ニ滅罪生善トイフ道理、遮悪持善トイフ道理、諸悪莫作、諸善奉行トイフ仏説ノ（云）、キラキラトシテ、諸仏菩薩ノ利生方便トイフモノ、一定マタアル（又有）ナリ。コレヲコノ初ノ道理ドモニ心得アハスベキ也」（二九五頁、附録）

慈円が現在を全く道理なき末世と見ながら、同時に附録において、後鳥羽上皇にさまざまの献策をなし、危機の打開を情熱をこめて説いている方法的根拠はまさにここにあった。

（十二月十二日）

むろん『愚管抄』全体を蔽うトーンはpessimisticで、かつ観想的、諦観的であり、その点同じく末世思想の影響をうけながら「代下れりとて自ら卑むべからず。天地の初は今日を初とする理あり」〔『神皇正統記 読史余論 山陽史論』有朋堂文庫、一九二七年、四五頁、番号0199811〕として永遠の今を強調した『神皇正統記』の思想的基調との根本的差異があるが、慈円も決して宿命的＝傍観的必然論者であったわけではない。上のように考えた結果として慈円によれば、歴史に対する人間の働きかけは、なにより、歴史の道理の認識による未来の洞察に基礎づけられてはじめて有効となる。

「大方ハ上下ノ人ノ運命モ三世ノ時運モ、法爾自然ニウツリユク事ナレバ……ソレヲ智フカキ人ハコノコトハリノアザヤカナルヲヒシト心ヘツレバ、他心智〔他人の心とその働きを知る智〕未来智ナドヲエタランヤウニ、少シモタガハズカネテモ知ラル丶也」〔『愚管抄』二三一頁、巻五〕

中国の古代聖人（孔子など）はみな、こうした法則の認識によって未来を予言したのである。

「コノ世ニモスコシカシコキ人ノ物ヲ思ヒハカラフハ、随分ニハサノミコソ候ヘ。サル人モチイラルル世ハヲサマリ、サナキ人ノタヾサシムカイタル事バカリヲノミサタスル人ノ世ヲトリタル時ハ、世ハタヾウセニヲトロヘマカルトコソハウケ玉ハレ」〔二三二頁、巻五〕

長期的な歴史観察に基く見通しがなくて、当面間に合せの処置を講ずることしかできない政治家によって支配された世がすなわち末世である。これはさきにのべた七時期の分類の最後の段階にまさに妥当する。

「スベテ初ヨリ思ヒクワダツル所、道理ト云モノヲツヤ／＼我モ人モシラヌアイダニ、タヾアタルニシタガイテ後ヲカヘリミズ、腹寸白（スバク）〔回虫による病〕ナドヤム（病）人ノ、当時ヲコラヌ時、ノドノカハケバトテ水ナドヲノミテシバシアレバ、ソ

ノヤマイヲコリテ、死行ニモヲヨブ道理也。コレハコノ世ノ道理也。サレバ今ハ道理トイフモノハナキニヤ」（二九五頁、附録）

この認識が『愚管抄』の一巻から六巻までの歴史叙述と、とくに附録に鮮明にあらわれた彼の政治的提言とをつなぐ環の役割をつとめているわけである。後鳥羽上皇の護持僧として上皇の倒幕計画を察知した彼は、その結果が必ず失敗に帰し、公家勢力の破滅となるのを深憂し、神武以来の歴史の展開を貫通する道理を明らかにすることによって、上皇を諫止しようとしたのである。そこで最後に簡単に附録で鮮明にされた狭義の政治思想をのべる。

日本政治の理念は、彼によればまず第一に天皇の血統の連続性ということに求められた。「日本国ノナラヒハ国王種姓ノ人ナラヌスヂヲ国王ニハスマジト、神ノ代ヨリ定メタル国也」（二九七頁）。しかもまさにそのことが必然的に第二の理念としての政治的後見者の必然性ないし必要性という命題を導きだす。

〈これは天皇親政の否定であり、具体的には摂関政治の正当化である。世襲だと悪い天皇が出ることをふせげないし、悪くなくとも一人で政治を行なうのはよい結果をもたらさないともいう。こうして藤原摂関政治が合理化され、それは天照大神と天児屋根命との契約に基づくとされる。そして「太神宮、八幡大菩薩（応神天皇の化身）ノ御ヲシヘノヤウハ、御ウシロミノ臣下トスコシモ心ヲオカズヲハシマセトテ、魚水合体ノ礼ト云コトヲ定メラレタル也。コレ肝ニテ天下ノヲサマリ（治）ミダル、事ハ侍ル也」（二九八頁）。つまり君臣が水魚の関係にあるかどうかが世の治乱を決める肝要な点である。

慈円によれば、清和以後の歴代天皇が短命だったことは、摂関政治を導きだす必然性を示している。しかし延喜・天暦ごろまでは君臣水魚だったが、円融・一条天皇あたりから関係が悪くなった。①院の近臣が天皇と摂籙の臣の間をさいた。院の周囲には藤原氏に反感をもつ者が集まり、院の近臣が讒言して藤原氏の没落を招いた。また②武士が出現して将軍となり、摂籙の臣を押しこめて権力を奪取した。これは末世の道理だが、しかし摂関政治の没落も一つの歴史的道理である。そこで現実の政治的解決策としては、③摂関と武士とが文武両面から天皇を補佐する以外にないということになる。

ちょうど藤原頼経が関東に下向して将軍となったのを、彼は公武合体として喜んだ。逆に後鳥羽の倒幕計画を近臣の讒言によるもので、歴史法則に逆らう暴挙として反対した。武士が権力を握ったのは末世の象徴だが、そのゆえにこれを直ちに否定して古代の政治形態に戻そうと思ってもできない、挑発をやめて融和せよと説いている。もちろんこうした摂関政治の正当化には、藤原氏出身という慈円の利害関心が働いている。しかし天皇の血統の連続性を主張するコロラリーとして、悪政を防ぐ制度的保障として摂関制を打ち出した点に特色がある。

全体のトーンとしては北畠親房の『神皇正統記』とちがうが、貴族と武士階級とが協力して、文武両面で天皇を補佐せよという所は一致している。ただ建武中興の指導的理念を提供した『神皇正統記』は、末世の現実を打破しようという改革の前向き姿勢であり、積極的前進的なのに対して、『愚管抄』はペシミスティックで消極的である。たしかに政治的提言をしているが、すでに起った現実を容認し融和しようとするもので（ヘーゲルに似ている）、根本的には没落してゆく貴族の立場からの発想がみられる。それだけにまた末世観に立つ歴史哲学としては、理論的に整備され、思想的に深い産物となった〉。

〈以上にみたような平安末期から鎌倉期にかけての末法思想をぐることによって鎌倉時代に成立した新仏教は、それぞれ立場や思想は違うが、奈良平安仏教とは根本的に異なる特徴をもつ〉。世俗的秩序および倫理との直接的＝連続的な結びつきが失われ、それだけ宗教的内面性が純粋化している。

〈道元（曹洞宗）いわく「帝者に親近せず、帝者にみえず、丞相と親厚ならず、官員と親厚ならず」（『正法眼蔵』行持〔下。道元が宋での師天童和尚の行事として語った一節〕）。僧侶の立場と権力とをはっきり分けている。また「帝者の僧尼を礼拝するとき、僧尼答拝せず。〔……〕これ出家の功徳すぐれたるゆゑなり」（同三十七品菩提分〔法〕）という僧侶のプライドは奈良仏教にはない。世俗の倫理を即自的に肯定していた従来の諸宗派、平安仏教の傾向に対し、鎌倉新仏教はいずれもそうした立場に立っていない。日蓮はもっとも世俗性が強いが、それでも「一切はをや（親）に随ふべきにてこそ候へども、仏になる道は（親に）随はぬが孝養の本にて候か」（日蓮『兄弟抄』）という。また親鸞は「親鸞は、父母の孝養のためとて、一返にても念仏まうしたること、いまださふらはず。そのゆへは、一切の有情はみなもて世々生々の父母兄弟なり」（『歎異抄』〔岩波文庫、一九三一年、四九頁、番号0189004〕）、「出家のひとの法は、国王にむかひて礼拝せず、父母にむかひて礼拝せず、六親につかへず」（『教行信証』〔化身土巻所引、『菩薩戒経』の言葉〕）と言っている。

こうした立場は世俗的秩序を絶対者の立場から一度否定しないと出てこない（Spannung mit der Welt〔世俗との緊張関係〕）。

また救済の平等性の観点から、成仏の階梯としての修学や修行、戒律の意義が、軽視あるいは否定される。栄西は戒律を重視しているが、道元になると不立文字の立場を貫き、出世間性を強調する。念仏宗でも、法然から親鸞の浄土真宗への発展がこれにあたる。

法然が「われ浄土宗をたつる心は凡夫の報土にむまるゝことをしめさんがためなり」（『立宗に付釈難の御詞』〈『法然上人全集』宗粋社、一九〇六年、五五七頁〉）というように、念仏往生は民衆への直接のアピールであった。教義の重要性よりも阿弥陀仏への信仰が強調され、知と信とが区別される。知のヒエラルヒーの打破によって信仰が独自化され、絶対者の前の人間平等の理念にゆきつく。法然が「往生は不定におもへばやがて不定なり、一定とおもへばやがて一定する事なり」（『往生大要抄』〈『法然上人全集』七九頁〉）というように、往生するか否かを決定するのは信仰であって客観的理ではない。信仰がすべてに先立つ。こうした知と信との区別がなければ、知のヒエラルヒーがそのまま成仏のヒエラルヒーとなり、菩薩にならねば往生できないことになる。

阿弥陀仏の本願（絶対慈悲）への他力信仰を究極にまでつきつめたのが親鸞である。自己を含めた一切の人間の非力と罪業、及び絶対者の前における現世的善美の相対性の強調。彼のところに往生極楽の道を問うためにはるばる人がたずねてくる。しかし自分は決して往生の道を知っている者でもなければ経文にも通じていない。不学文盲の愚禿にすぎぬ。そういう深遠な道が知りたければ、南都北嶺に立派な学者がいるから、そこへ行ってきかれるがよい。自分はただ自分の非力と悪業を知っているだけだ。だから念仏して弥陀に救ってもらうがよいと法然上人に教わったから、その通りにしているまでで、果して念仏して極楽に行くか地獄に行くか、そんなことは知らない。たとえ法然上人にだまされて念仏した結果地獄におちても、もともと大罪人なのだから自分はさらに悔いない。人々が自分を先生扱いするのはとんでもない間違いで、自分は人に念仏させる力などない。ただ阿弥陀の思召で人々に念仏心が起るのだ。「親鸞は弟子一人ももたずさふらふ」（以上『歎異抄』の二箇所の丸山による訳と抜萃）。

今までの僧侶と全く範疇を異にする。そこから法然の命題を転回させた有名な悪人正機説が出てくる。法然は

「罪人なをむまる。いかにいはんや善人をや」といったが〔「黒田の聖人へつかはす御文」（『法然上人全集』四五八頁）〕、親鸞は「善人なをもて往生をとぐ。いはんや悪人をや」といった（『歎異抄』〔四七頁〕）。善といっても絶対者からみればたいしたことではない。それなのに善人は自分の悪を知らず、かえって悪人がよく知っている。罪の意識に徹しているのは悪人である。此岸における善悪の相対化と、絶対者の前の人間平等の理念とが相即している。即身成仏という連続性はここで断たれ、救いはもっぱら彼岸から来るとされる。

以上のように鎌倉新仏教では信仰の純粋性が貫かれる結果、神仏習合や諸種の宗教の混淆がきびしく排撃される。それは旧来の密教や権力からの迫害を招いた。日蓮は教義内容には相対的に独自性が少ないが、他の宗教を絶対的に排撃し、非寛容と折伏を強調した。道元は三教一致を排撃した。また鎌倉新仏教はすべて、密教による加持祈禱をはげしく非難する点で共通していた。日蓮の『立正安国論』は鎮護国家を強調し、もっとも世俗的だが、仏法の立場から王法のあり方を批判するという態度は貫いている。法華経によらねば国家は滅亡するといい、あるがままの国家との緊張関係は保持されている〉。*2

（十二月十九日）

鎌倉仏教の変質

〈新仏教は発展につれて、最初成立したときの様相から遠ざかっていった。この変化がもっとも露骨に現われるのは浄土真宗である。制度的にも〉親鸞の孫の覚如のとき、すでに本願寺法主の世襲制度が確立し、親鸞の夢にも想像しなかった厖大な宗団組織として発展していった。〈ここに象徴的に鎌倉仏教の変容が表現されている。三つの方向がある〉。

i　王法・仏法相依観念の再強調。〈これには二つの側面が考えられる〉。

（イ）本来古代国家イデオロギーたる鎮護国家思想の武家政治への適応

〈古代国家の実体がなくなるとともに、朝廷側が武家政治の既成事実を容認し包摂してゆくイデオロギーとして、伝統的な鎮護国家思想を使ってゆく。密教の加持祈禱は私的個人的利益の追求の傾向が強くなっていたが、再び鎮護国家の役目をそれにさせた。後宇多天皇はもっとも密教信仰があつく、自ら灌頂を受けた。その「御遺告第二条」（全二五条）に次のようにある。

「……鎮護国家之大本、専在武将長久、何則中古以来、保元両主争乱（皇室の分裂）、寿永両家征伐（源平争乱）、生民疲軍旅、皇縁依兵権、而近曽神鑒合応、武威鎮世、是以君康民安、天命自正、唯専密教護持、欲祈長久運命……」〔『後宇多天皇御遺告』（『御撰集』第六巻、列聖全集編纂会、一九一七年、七〇頁）〕

公家政権が武家政権に妥協したことを示している。

（ロ）鎌倉新仏教側でも、仏法の超越性より王法仏法の依存関係を強調し、世俗の現実秩序を守ることを説くようになる〉。

浄土真宗。蓮如は「王法は額にあてよ。仏法は内心に深く蓄よ」〔『蓮如上人御一代記聞書』末〕といい内と外を分けている。また彼は

「それ国にあらば守護方、ところにあらば地頭方にをひて、われは仏法をあがめ、信心をえたる身なりといひて、疎略の儀ゆめ〳〵あるべからず。いよ〳〵公事（クジ）をもはらにすべきものなり。かくのごとくこゝろえたる人をさして、信心発得して後生をねがふ、念仏行者のふるまひの本とぞいふべし。これすなはち仏法王法をむねとまもれる人となづくべきものなり」

という（『蓮如上人御文全集』〔文献書院、一九二二年、三五頁〕）。〈世俗的秩序への服従を強調しており、真宗の世俗化という点でも画期的である〉。↓真諦・俗諦説。

禅宗。仏法のための仏法を道元は強調し、世俗権力に対してつねに距離を保っていた。道元のこういう態度と対蹠的なのは、室町初期の夢窻国師である。足利尊氏と直義兄弟との密接な関係は、これまでの禅宗にはみられない程度だった。尊氏兄弟と共に国師は全国各州に一寺一塔建立を計画した（安国寺利生塔）。その趣旨は「敢て私家の為にあらず、仏法王法同時に盛興するを祈らんと欲す」と彼自ら言っていた（『語録』〔『大正新修大蔵経』第八十巻、続諸宗部十一、大正一切経刊行会、一九三一年、四六六頁〕）。それはちょうど昔の国分寺の建立が奈良朝の天皇政権シンボル拡大の意味をもったと同じ役割を、室町政権のために果した。国師は「仏法世法の隔てなき事は大乗の通理なり」（『夢中問答』中巻の中〔岩波文庫、一九三四年、一三一頁〕）ともいう。世間との緊張関係の再緩和を示している。〈ここで真宗と禅宗をとりあげたのは、日蓮宗は王法仏法の相互依存という点でいうまでもないからである〉。

ii　教祖の権威づけの世俗化＝伝統主義化

親鸞は出身は必ずしも明確でないが、最近の研究†では貴族でなく、叡山の堂僧の一人という。親鸞自身も家柄を語ってはいない。ところが真宗の門徒は後世、彼を高貴な氏の出身で、朝廷と親縁関係の家柄から出たものにしなければ気がすまなかった。「俗姓は藤原氏、天児屋根尊二十一世の苗裔、大織冠鎌足の玄孫、近衛大将右大臣従一位内麻呂公六代の後胤、弼宰相有国卿五代の孫、皇太后宮大進〔日野〕有範の子なり」（親鸞死後三四年―永仁三年―に書かれた『親鸞上人伝絵』）。

日蓮は安房の漁村の出身であり、自らそのことをすこしも隠さなかった。「海辺の旃陀羅（せんだら）（印度の賎民）が子也」（「佐渡御勘気鈔」〔『日蓮上人文抄』五四頁〕）、「片海の海女（あま）が子なり」（「本尊問答鈔」）としばしば揚言している。ところがやはり日蓮宗も後には、系図を偽作してまで、日蓮を皇室の血をひいているように祭り上げてしまった。日澄の「日蓮大聖人註画讃」（江戸初期〔戦国時代〕）には、日蓮を聖武天皇の末孫（ばつそん）としている。

iii　シャーマニズム化

日蓮には新仏教諸派のうちでもっともこの傾向がつよく、口を極めて真言も罵倒したにも拘らず、密教的な祈禱を広汎にとり入れた。『法華経』の優越性の根拠の一つは、こうした祈禱的効果の優れていることに求められた。しかもそれは災難を払い、長生の術をえ、現世安穏になるというもっぱらdiesseitig〔此岸的〕な御利益であった。

禅宗においても栄西の系統は密教的な色彩が強い。道元はmagieや祈禱を強く斥けていたが、曹洞宗も彼の死後数十年にして、密教的な修行をとり入れるようになった（禅寺の祈禱道場化）。時頼・時宗以後、しばしば将軍〔執権カ〕は禅寺に祈禱を命じた。

Entzauberung〔呪術からの解放〕の点でもっとも徹底していたのは、やはり浄土真宗であった。阿弥陀の本願に頼る以外の救済を否定する当然の結果である。

「一向宗ノ門徒ハ、弥陀一仏ヲ信ズルコト専ニシテ、他ノ仏神ヲ信ゼズ。如何ナル事アリテモ、祈禱ナドスルコト無ク、病苦アリテモ呪術・符水ヲ用ヒズ。愚ナル小民・婦女・奴婢ノ類マデ、皆然ナリ」

と徳川時代の儒者太宰春台を驚嘆させたような（『聖学問答』巻之下〔『日本倫理彙編巻之六　古学派之部下』育成会、

一九〇二年、二九二頁、番号 0193459）信仰の純粋性を比較的後まで保持した。しかしそれでもその広汎な発展が宗教改革的意義をもちえず、かえってその足跡は種々の形で magisch〔呪術的〕な要素との妥協を示している。本願寺の法主の入浴のお水をのむ（病気がなおる）というような習俗。大体死者に対する読経自身が呪術的意義をもっている。

こうした三つの方向での再世俗化の過程は、同時に支配権力への〈宗教の〉従属化の過程であり、それだけ〈世間と緊張関係を保つことにより〉〝世間〟の俗習や世俗に追随しないで、〝合理化〟する力（慣習、制度、権威の相対化）は日本仏教から失われていった。*3

末法思想と仏教の「日本化」の問題

〈末法思想は仏教の日本化とからんで興味ある問題を展開している。末法思想には末代である現代を断念するという契機がある。そこから鎌倉時代には〉末代には末代に適応した教義なり布教の仕方がなければならぬという歴史的認識が、鎌倉時代の新仏教の〝日本化〟〝風土化〟の論理として機能した。それは一面では、布教における公式的図式的なイデーのおしつけの弊害、したがってたとえば宗教的 fanaticism〔狂信〕と intolerance〔不寛容〕が、ヨーロッパや近東などで生んだ惨憺たる事態の回避に役立ったが、他方では、無原則的な機会主義、神仏習合、ないし三教一致のような折衷主義、所与としての歴史的現実へのイージーな屈服を生む結果となった。〈日本に入った初めての世界宗教が折衷主義に陥ったのは、このことと無関係ではない。日蓮は時間的な特殊性と相対性を強調している〉。「正法は一字一句なれども、時機に叶ひぬれば必ず得道なるべし。千経万論を習学すれども、時機に相違すればしるしなし」（「佐渡御書」〔『日蓮上人文抄』七八頁〕）。『撰時鈔』二巻でも、他宗が時機を失った宗教だということが攻撃の的になっている。

〈このように末法思想そのものの意味が変わるが、それでも時代思潮としての末法思想は次第に前面から退いてゆく〉。無常感やこの世を仮の世と見る観念は、生命を的に戦場を駆使〔馳駆カ〕する武士の日常的な生活経験に照応した限り生きつづけたし、とくに、生死の超越を教える禅宗は武士階級に親しまれたけれども、末法思想のもつ pessimism なり観想的なトーンは、活動的で強烈な意思力を尚ぶ武士の感情とは基本的にちがっていた。また武士階級は新興階級として、貴族のような没落意識をもつ必要もなかった。武士階級だけでなく、古代国家の崩壊が必ずしも世の終りでなく、そのなかから、新たな歴史的エネルギーが至るところに芽をふきだしてくるのを見た鎌倉末期から南北朝にかけての一般の人心としても、末法の意識よりも、目まぐるしい眼前の出来事に心を奪われることが多くなった。戦記物でも、例えば『平家物語』と『太平記』とを比べると、一方がヨリ無常感と厭世観が強いのに比し、『太平記』は、治乱興亡の跡から政治的教訓をひき出すという積極的な態度が表面に出ている。

〈『神皇正統記』の歴史記述は『愚管抄』の影響をうけ、それに負う所が多い。*4 しかし〉『正統記』における百王思想の転換〈は両者の違いをよく示している。『愚管抄』は今の天皇が神武以来八四代なので、あと一六王しかないとしたが、親房は極まりなきを百というとした〉。

「百王ましますべしと申すめり。十々の百にはあらざるべし。窮なきを百と云へり。百官百姓など云ふにて知るべきなり。……天地も昔に変らず、日月も光を改めず。況や三種の神器、世に現在し給へり。窮あるべからざるは、我が国を伝ふる宝祚なり」（〔二一七頁〕うがやふきあえずの尊）

という風に、日本の皇室の伝統の将来性に対する確信と、正義が邪悪をほろぼすという未来に対するoptimismにおいて、〔『正統記』は〕『愚管抄』の思想を一八〇度転換させた（「邪なるものは久しからずして滅び、乱れたる世も正に復るは、古今の理なり」〔一四五頁〕）。『太平記』〔第十六巻〕の楠正季も「七生まで只同じ人間に生れて、朝敵を滅さばやと存じ候へ」〔『校訂太平記』博文館、一八九八年、四六八頁、番号0191513〕〈といい、現世に対する意思を示している〉。

本地垂迹説を逆転させた神本仏跡の思想の台頭（たとえば『太平記』）も、こうした一般思潮と関連がある。そうして現世の積極的な意味づけに関心がむかうことは、同時に、〈彼岸的な〉仏教に代って儒教が思想界の中核的地位に上昇してくることをも意味した。〔以上、五六年度講義、第二章〕

五九年度講義、第二章関係の補記

＊1．自筆ノートには＊1箇所に続いて以下の文章がある。「現実に自分より力あるもの、現実の社会・経済・政治的関係で自分が依存しているものに対して、それから離れた人間としてのプライドは直接絶対者への信仰を通じて確立される。「人に従わんよりは神に従うべし」。人間と人間の相互（横）の関係での〝他者〟としての自覚も同じ。そうでないと、共同体（家とか村）的拘束を突破できない。切ること。直接態としての団結ではなく、一人一人の自覚的結合。〝Sekt〟」。しかし五六年度受講ノートにはこれに対応する箇所がなく、五九年度講義の「第二章　鎮護国家と末法思想」「第一節　仏教の受容とその変質」の末尾に対応する箇所がある。五六年度講義と重複する部分もあるが、文脈が異なるのでプリント類を合成して全体を復元する。本地垂迹説部分に

は丸山の自筆原稿（資料番号312-3）がある。

「〈人間の精神史をかえりみると、世界宗教の意義は、絶対者を媒介として人間の尊厳を自覚させたことにある。絶対者を媒介せずには、人間相互の平等と個人の独立は確立できない。現実の関係はつねに勢力・富・性・年齢などによる不平等の関係だからである。また共同体的な拘束から離れて、一人一人が独立した個人として自覚的に他者と結合すること（他者に対する個人の独立性）も、この媒介をへて可能になる（横の平等な人間関係）。

この点からみるとき、世界宗教としての仏教の日本への入り方はきわめて特異である。それは一方で支配層に対する関係では鎮護国家のため、他方で人民一般（支配層を含む）には日常的福利のための加持祈禱、という二重の意味で呪術的性格を帯びた。この性格によってはじめて広汎に浸透していった。共同体的結合の中に食い入ってこれを分解し、個人の宗教となる契機も弱く、共同体を打破する（またこの世の権威を超越する〔――プリント後筆〕）力も当然弱い。天武天皇のときの「……家々に仏壇を備え」云々という言葉〔『日本書紀』天武天皇一四年三月二七日の詔に「諸国に、家毎に、仏舎を作りて……」とある〕からもわかるように、それは個人の宗教ではなく、家という共同体の宗教として理解されていた。原始仏教はそもそも葬儀には参与していなかったが、日本では平安時代頃から寺院の経済維持の目的で行うようになった。

こうした呪術的性格をもっとも濃厚に帯びていたのが真言密教である。それは奈良仏教のうちでもっとも強く皇室と密着していたから、朝廷のあらゆる行事で祈禱が行われた。一般社会にも広く浸透し、私的な現世利益のための祈禱を行った。これにさまざまの民間信仰や道教、陰陽道などからの思想が流入し、山伏の修験道が現われた。山伏は祈禱によって禍を祓い、祟りを除去するという呪術宗教の形態を示している。要するに真言密教は、一方では皇室と結びつき、他方では民間信仰と癒着した。空海の高野山開山のときの奉献文にも、神は諸々の国家の修行者との一句がある。

俗権からの相対的独立性からいうと、天台宗は一歩を進めており、最澄は比叡山に戒壇を設立して僧侶を政府の統制から独立させようとした。得一との論争でも一切衆生悉有仏性のスローガンを擁護している。しかし最澄が学僧を養成した目的は「仏法に住持し国家を守護せん」とするにあった。彼の著作中にはしばしば「国家安寧」が説かれ、延暦寺は「鬼門安鎮の道場」といわれた。

このように奈良、平安の仏教が当時の律令国家ないし皇室と癒着してゆく傾向は〉本地垂迹説による固有信仰との妥協〈でもある〉。初期の仏教徒は日本の神々を六道輪廻の衆生にすぎないとみていた。奈良朝末期から平安初期にかけて、神とくに八幡宮（宇佐八幡等）を菩薩とみなす考え方が生じた。やがて、権現という名称が流布するようになる。石清水権現（永承元年、源頼信の奉った告文）、熊野権現等。九三七年（承平七）、太宰府から筥崎宮に与えた牒文に、「彼宮此宮雖二其地異一、権現菩薩垂迹猶同」とある（辻善之助『日本仏教史』第一巻、上世篇、岩波書店、一九四四年、四五七頁）。〈こうして日本の神々は本地の仏の垂迹であるとして、固有信仰との妥協がなされた。これは神道側からの要請でもあった。こうして神仏習合の傾向が支配的になった〉。天照大神も菩薩の垂迹であり、最初〈平安時代に〉は救世観音と信じられ（一条天皇の頃）、あるいは大日如来とされ、鎌倉時代になると〈新しい宗派のうち〉浄土宗は阿弥陀如来、法華宗は釈迦如来をもってこれにあてるようになる」。

＊2．五九年度講義の「第二章　鎮護国家と末法思想」「第二節　日本における宗教改革とその帰結」には、五六年度講義をふまえた新たな展開がある。自筆原稿（資料番号312-2）とプリント類を合成して以下に復元する。

「呪術宗教では、罪はなんらかのデモン（霊）の怒りであり、不幸または災厄と同視される。デモンをとりしずめ、人々の生活に秩序と調和を恢復することが、祭儀と祈禱の主たる任務となる。そこでは聖なる霊も悪霊もあらゆる個別的状況に分散されている（いろりの神、かまどの神、等々）。したがって奈良仏教が著しく呪術的色彩をおびて浸透普及したとき、それは一方では国家秩序の頂点に立つ皇室の福祉をねがう鎮護国家宗教という形態をとると同時に、他方では、貴族さらに民衆が病気平癒をはじめとするさまざまの日常的な「御利益」をねがう加持祈禱の宗教として発展した。〈ここに世界宗教的性質が変質する〉。

宗教意識の発展は、図式化していえば、個別的状況に内在している災厄や罪（両者は同じ意味だった）が相互的に関連づけられ〈つまり、はじめはある状況に悪霊がいて、それを鎮める聖霊がいるが、それが次第に相互に関連づけられると〉、それと照応して神聖なるもの〈das Heilige〉の概念も漸次個別的状況から抽象され、双方が合理化されて、肉あるいは罪に繫縛された現世と、絶対者（神、仏陀）に光被された来世というように単純化されてゆく過程である。それに応じて、罪や悪は魔術によって克服もしくは退散さるべき外部的な災厄ではなくて、人間存在そのものに内在させられる。〈呪術宗教では人間の行動は煩瑣でステロタイプ化され、その行動に違反することが罪とされる。しかしここでは〉人間の現世的な存在自体が絶対的な疎外状態であり〈これに対して絶対的救済が対応する〉、したがって罪悪は個別的にはらいきよめられるのではなくて、普遍的絶対的にのみ救済されることになる。普遍宗教としての救済宗教はいずれもこうした〈彼岸と此岸との絶対的な対立〉構造をもつ。

ただこの普遍宗教も体制宗教的性格を帯びるにしたがって、一旦絶対的に超越した神聖性もしくは恩寵が、ふたたび現世の教会・寺院の階層秩序、さらにはそれと結合した政治的秩序のなかにちりばめられて観念されるようになる。〈そこでふたたび〉伝統や慣習がそれ自体聖化されてくる（下部では呪術との妥協が行われる）。いろいろな歴史的段階において現われる「宗教改革」〈バラモンに対する仏陀のそれも含む〉は、そうした聖なるものを特権的僧侶または貴族的な階層秩序から剝離して、聖なるものの絶対な他者性、逆にいえば、罪悪の普遍性（階層の別にかかわりない一般人間への内在）を強調する運動として現われる。〈カルビニズムも然りである。絶対的疎外と絶対的救済との二元性を強調する〉それが相対的に下層民、被支配層を担い手として展開することが多いのは、この関連において理解される。富めるもの、力あるもの、学識あるもの、等々は、いろいろな形で現世に満足しているから、それだけ救済への内面的欲求がうすくなる傾向がある。他方また逆に、僧職官僚制による救済装置の独占を打破しなければならない改革者、または予言者は、どうしても平信徒に呼びかけねばならない。こうして、宗教改革はたとえ革命的でなくとも、多かれ少なかれ「下から」の性格を帯びることになる。〈その意味で平安末から鎌倉初期にかけて新しく起こった仏教は、奈良平安時代における「達人宗教」的性格（ピラミッドの上にある人々のみが真理を知りうる）を打破して、「大衆宗教」的性格をもつものへと展開する。これは古代国家の大きな転換、貴族層の衰退、荘園名主を基盤とした武士の発達という状況の下で起こった。古代ローマ帝国の没落とキリスト教の発生にやや趣が似ている〉」。

＊3．五九年度講義では、五六年度と同じく鎌倉仏教の世俗化の三形態を論じた後に、新しい考察が加えられている。自筆原稿（資料番号 312-2）やプリント類を合成して以下に復元する。

「〈以上のべた三つの再世俗化の形態は、大体において支配権力への従属の過程である。いわゆる「世間」the world との「緊張」関係から、世間を内面的に合理化してゆくというエネルギーは、日本仏教の中からは強烈な形ではついに出てこなかった。

明治初期に福沢諭吉は『文明論之概略』において、宗教は人間の内面に働きかけるが日本の仏教はそうではない。政府の余光を借りて仏法を広めると鋭く批判している。だがこれは仏教だけの問題ではない。宗教の自律性が乏しいことは、政治から独立した価値規準の力が弱いことを意味する。そこでは一切の集団が政治的秩序になって存在し、政治集団化する。国家と社会の別は現われにくい。「抵抗権」Wiederstandesrecht の観念は政治から独立した宗教の意識から生まれるが、日本のように宗教の力が弱く、国家と社会の別が発達していないところでは、その観念が発達しない。このように日本仏教史の事情は、日本の社会一般についてあてはまるのである。

では、鎌倉仏教はかつての鎮護国家思想に回帰しただけで、日本の政治思想史上になんら新しいものを加えなかったであろうか。必ずしもそうとはいえない〉。鎌倉仏教の鎮護国家論は、栄西の『興禅護国論』と日蓮の『立正安国論』にみられる。〈浄土真宗の系統にはこの性格は比較的うすい〉。日蓮は「夫れ国は法に依つて昌へ、法は人に因つて貴し。国亡び、人滅せば、仏を誰か崇むべき。法を誰か信ずべきや。先づ、国家を祈つて、須く仏法を立つべし」と述べており〈「王法ありてこそ仏法あり」と強調している如くである〉。

けれどもそれはたんに奈良・平安時代の鎮護国家論ではない。第一に、その王法仏法相依の観念は、もはや両者の直接無媒介の結合ではなく、あくまでも仏法の超越性と普遍性の明確な承認の上に立ち、王法は普遍的な仏法の光によってはじめて基礎づけられる。王法の肯定には否定の論理が介入している。地上の権威の絶対性を認めず、例外状態においては、それに抗して仏法を護持する（日蓮）。〈こうした点でかつての鎮護国家思想とは大きな隔たりがある。個人的経歴をみても〉法然、親鸞、日蓮の法難（迫害）のような事例は既成宗教にはなかった。

第二に、行為と実践の強調が顕著である（世俗倫理への転移と影響）。平安末期——鎌倉仏教では、一般に儀式や祈禱や学問的修行など、日常生活から離れた、特別な非日常的な宗教行動が第二義的な地位を占め、日々の平凡な生活における報恩の義務の遂行が説かれる。とくに政治的権威に対する報恩と父母への報恩である。それだけ同じく鎮護国家思想の伝統を継承しても、一面では民衆的になり（祭儀の執行者としての特権をもつ僧侶や、高度の知識を独占しうる貴族層から解放され）、また他方では、日常の実践倫理的側面をもつようになる。〈日常性と民衆性とが対応している〉。主君への日々の勤めこそが法華経を行ずることだと日蓮はいった。

〈とくに報恩が強調される。今日いわれる報恩は儒教よりも仏教の影響の方が強い〉。四恩は、三宝の恩、君の恩、親の恩、同朋への恩〈である。ここでは〉直接に災厄をさけ福祉をいのるよりも、第一に広大無辺な仏陀（絶対者）の恩に対する感謝と報恩の念が基底におかれる。そうして〈鎌倉仏教がいう報恩は、日本思想史の上で大きな意義をもつ。自力にせよ他力にせよ、そこでは絶対者の姿が現われ、報恩が仏陀の恩への感謝という意味をもつからである〉。この仏陀の無限な恩に対する報恩は自ら無限であり、そこに報恩のための不断の日常的行動へのドラング（Drang、衝動）が生まれる。この関係が世俗化されて、封建的な主従関係や親子関係に転移される。〈それは父母の恩、君の恩への報恩となり、封建道徳の忠誠観念、孝行観念になる。「いくら返しても返しきれない」という無限の「報恩」観念から、強烈な実践性がうまれる。強烈な実践への内面的な衝迫は鎌倉仏教にはじめて現われたもので、日本的忠誠観念に特殊性を与えている〉。無限の忠誠観の一つの源泉がここにある。〈日本の「忠誠」観念は、この仏教からうまれた報恩思想が〉儒教の君臣の義という考え方とからみ合って発展する。

恩と恩返しという観念は、どちらかといえば儒教よりも日本の仏教から糸をひいている。こうして、〈権威に対する〉消極的な恭順でも〈西洋の封建制（レーエン制）にみられるような〉純粋な双務契約でもない日本型の「忠」が生まれる。血縁原理からくる「慈愛」（いつくしむ―うつくしむ）が仏陀の「慈悲」観念の世俗化と結合して、恩の具体的内容を形成する。

無限の恩に対する無限の感謝としての恩返し、そこに潜むダイナミズムが忠誠の行動を内面的に制約し、のちに見る鎌倉初期の原始的武士道を特徴づける（たんなる身分関係のスタティックな維持だけではない）。

儒教的君臣の倫は家産官僚制のモラルで、それが体制原理になったのは徳川以後のことである。〈儒教の君臣関係もかなり双務契約的であるのに対して、鎌倉期の主従観念は仏陀の恩の世俗化からきたもので、たんなる体制の原理や身分関係の規制原理ではない。だからといって決して static、passive、あるいは negative なものではない。そしてこうした本来 dynamic な君臣観念が固定化されたのは、体制の原理としての儒教の君臣の義の観念が主流を占めるにいたった江戸時代以後のことである〉」。

＊4．五九年度講義の第二章「第四節　神皇正統記における末法観の旋回」で丸山は、『神皇正統記』の歴史哲学を本格的に論じている。自筆原稿（資料番号 312-7）とプリント類を合成して以下に復元する。

「〈いわゆる武士階級の急激な台頭後においても、命をまとに戦場を馳駆する武士の日常生活体験と合致したかぎりで、末法思想やこの世を仮の世とみる仏教の無常観は存続した。とくに生死の超越を教える禅宗は武士階級に親しまれた。しかし末法思想に本来的にまつわる没落意識、または傍観的な観想主義、悲観的・非実践的なトーンは、活動的で強烈な意思力を尊ぶ武士の感情とは基本的に異なっていた。また台頭してゆく新興階級として武士階級は、貴族のような崩壊感覚をもつ必要もなかった。武士階級だけでなく、古代国家の終末が必ずしも末世ではなく、むしろその中から新たなエネルギーが吹き出しているのを目の当たりにした鎌倉末期以後の人心は、末法意識より、めまぐるしい眼前の出来事に心を奪われがちであった（蒙古の襲来、建武の中興など）。したがって戦記物をみても、『平家物語』と『太平記』をくらべると、『平家』にはより無常感と厭世感が強いのに反して、『太平記』では、波乱興亡の後に新しい歴史が生まれるという積極的態度に変わってくる〉。こういう歴史意識の転換のいわばちょうど曲り角に立って、『愚管抄』と好個の対照をなすのが北畠親房の『神皇正統記』である。

〈本書は、南北朝内乱の勃発後、南朝の形勢が悪化したとき、歴史叙述を通じて南朝の正統性を誇示しようという明確な目的意識をもって書かれた。冒頭から神国思想が日本の国家原理の特質として押し出され、本書を通じた基調になっている（「大日本（おほやまと）は神国なり。天祖（あまつみおや）始て基をひらき、日神長く統（よつぎ）を伝へたまふ。我国のみ此事あり、異朝にはその類無し。この故に神国と云ふなり」〔一頁。丸山が使ったテキストは本書九〇頁に前掲〕）。親房は後村上天皇の師傅として帝王学を教え、当時の最高の教養をもっていた。神国思想については、とくに渡会家行から伊勢神道を学んだ。伊勢神道は、仏教や儒教の方法をとりいれて初めて神道を組織化したものであり、その『神道五部書』は後世に影響を与えた（渡会家は伊勢外宮、内宮に対するコンプレックスから『神道五部書』を編纂したといわれる）〉。

他方で親房は司馬温公の『資治通鑑』を愛読した。「正統」という考え方はこの書から受け継いでいる〉。三種の神器の鏡、玉、剣はそれぞれ正直、慈悲、智恵の三徳をシンボライズしたものとされ、〈神器の授受は〉皇位継承の正統性だけでなく、天皇統治の指導原理がそこに内包されていると考えられた（「この三徳を翕（あわせ）受けずしては、天下の治らんこと、誠に難かるべし」〔二一頁〕）。鏡によって象徴される正直の徳は、治者の心性の公明で私心のない態度として現われ〈是非善悪がわかることを意味し〉、同じように、玉によって象徴される慈悲の精神は、柔和善順の徳として現われ、剣によって象徴される智恵は、剛利決断の態度として現われる。〈三つの中で〉とくに中核的な政治的道徳は正直であり〈他の二つはそれから派生するという〉、「心性明なれば、慈悲決断はその中にあり」〔二二頁〕とされる。ここに清明心(あかきこころ)、清浄(きよきこころ)性を中心価値においた古神道の伝統的な考え方があきらかに前面に登場し、明確に現われている。それが仏教的な慈悲の思想を包摂している。* それはまさに〈親房における仏教的〉末法的歴史観の逆転、オプティミズムへの旋回に対応している。歴史における道理の下降ではなく、逆に正義の勝利が「古今の理」とされる。「邪なるものは久しからずして滅び、乱れたる世も正に復るは、古今の理なり。是を能く弁へ知るを稽古と云ふ」〔一四五頁〕。

〔*編者注。自筆原稿のこの部分を後に丸山は「ここに清明心(あかきこころ)、清浄(きよきこころ)性を中心価値とする原型を思想的に自覚化しようとする試みが、仏教的な慈悲の観念や、儒教的徳治主義と結合しているのを見ることができる」と書きなおしている（傍点は編者による）。すなわち五九年度講義での「古神道の伝統的な考え方」が「原型」に変えられているわけであり、先にふれた五六年度講義での例（本書五四―五五頁）とともに、五〇年代後半の「原始神道」「古神道」観が後年の「原型」論に展開することを示している。なお一九六五年度講義では、伊勢神道における正直の強調が古代の清明心につらなるとされ、親房はそれを継承しているという位置づけになっている。『講義録』第五冊、二七二、二九三頁参照〕。

「親房にとっても、建武中興のあえない崩壊、それを促した荘園体制への武家勢力の浸透、さらにそこから起こる猛烈な土地（知行）支配の競争は、まさに末世の徴候と見えた。「治まらんとして弥々乱れ、安からんとして益々危くなりにける。末世の至こそ誠に悲しく侍れ」〔一四八頁〕。けれどもともすれば彼の心にしのび入るこうしたペシミスティックな気持をはねかえそうとするかのように、この書のなかには『愚管抄』的な下降歴史観に対するアンチテーゼがいたるところに提起されている。

「葺不合尊八十三万余年ましましに、其御子磐余彦尊の御世より、俄に人皇の代と成りて、暦数も短く成りにける事、疑ふ人も有るべきにや。されど、神道の事推量り難し。誠に磐長姫詛ひけるまゝ、寿命も短くなりしかば、神の振舞にも変り、頓て人の代と成りぬるにや。天竺の説の如く、次第ありて減じたりとは見えず」〔二七頁〕

かくて親房は百王説にも全くちがった解釈を下して、これをオプティミスティックに転回する。「百王ましまず」というのは数字の百ではなくて、「無限」のシンボルだという風に。〈「窮なきを百と云へり。百官百姓など云ふにて知るべきなり」〔二七頁〕。このように末法思想の影響をうけつつ、それを読みかえてオプティミスティックに解釈してゆく〉。

次の命題には一層明確に、このオプティミズムと親房の実践とをリンクする歴史哲学的な構造が明らかにされている。「代下れりとて自ら卑むべからず。天地の初は、今日を初とする理あり」〔四五頁〕。つねにいまを原初とすることによって、悠久な歴史的過去は現在の瞬間にいわば凝集され、その圧縮されたエネルギーはそのまま明日（未来）へ向っての実践と行動への発条となるのである。歴史的伝統を回顧的＝諦観的にでなく、あくまで展望的にとらえようとする姿勢である。

つぎにこれに関連して注目すべきことは、儒教的な有徳者君主思想と安民の原理が深く親房の政治的イデオロギーの中に浸透していることである。それがまた、彼の立場を末法観から脱却させる一つの思想的契機になっている〈儒教は現世的此岸的であるから〉。しかしまさにこの契機は他面においては、血統的正統性の原理との矛盾をも表面化し、両者を調和ないしは妥協させねばならぬという課題に親房を直面させるのである。

それ〈この矛盾〉はすでに、三種の神器を、たんに皇位継承の正統性だけでなく、正直・慈悲・智恵という政治道徳の象徴と解した点に発芽しているが、なかんずくたとえば、第二六代、武烈天皇の項に、

「性さがなくまして、悪として為さずと云ふ事なし。依て天祚も久しからず。仁徳さしも聖徳まし〳〵しかど、この皇胤こゝに絶えにき。「聖徳は必ず百代にまつらる」（春秋に見ゆ）とこそ見えたれど、不徳の子孫あらば、その宗を滅ぼすべき先蹤甚多し」〔五一頁〕

として、〈仁徳天皇の聖徳をもってしても、子孫に悪王が出れば、その胤は絶えるとし〉堯舜の禅譲や湯武放伐の例をあげているところ（巻三）などに明白に現われている。

親房は南朝の公卿という党派的立場から「武士たる輩、いへば数代の朝敵なり」〔一四一頁〕と断じて武家政治をあくまで変態とし、公卿が天皇を補佐し、武士がその指揮に従う秩序を理想とした。その意味で彼はたしかに自他ともに許す建武中興のイデオローグであったが、しかし決してやみくもの無条件的な天皇統治の擁護者ではなかった。むしろ彼の思想には多くの後世の国体主義者が陥りがちな空虚な精神主義とは反対に、歴史と政治にたいするリアリスティックな洞察がいたる所に窺われる。「およそ、男夫は稼穡を務めて、己も食し、人に与へても飢ゑざらしめ、女子は紡績を事として、自も衣、人をも温ならしむ。賤しきに似たれども、人倫の大本なり」〔七八—七九頁〕。ここでは経済生活の生産及び再生産が人倫の基礎とされている。この観点からして、国民の衣食住生活の安定と向上はあらゆる政治の志向すべき目標であり、この目標を実現する政権は永続し、それを実現しない権力は、たとえ天皇政治でも必ず崩壊するというのが、親房の確固とした信念であった。

鎌倉幕府の創立と北条氏初期の政治について、彼は人民の生活を安定させた点に正当性を見いだし、

「凡そ保元、平治より、以来の乱りがはしさに、頼朝と云ふ人もなく、泰時と云ふ者無からましかば、日本国の人民い

かゞなりなまし。このいはれを能く知らぬ人は、故もなく皇威の衰へ、武備の勝ちにけると思へるは謬なり」（一二六―一二七頁）巻之五）

といい、

「然れば白河、鳥羽の御代の頃より、政道の古き姿やうやう衰へ、後白河の御時、兵革起りて、姦臣世を乱り、天下の民殆ど塗炭に落ちにき。頼朝一臂を振ひて、その乱を平げたり。王室は古きに復るまではなかりしかど、九重の塵も収まり、万民の肩も安まりぬ。……これに勝るほどの徳政なくして、争で容易く覆さるべき。たとひ又失はれぬべくとも、民安かるまじくば、上天よも与し給はじ」（一一三頁）

と断じている。

したがって後白河（後鳥羽）が鎌倉政権を挑発して起した承久の変を、親房は不義の戦いとして仮借なく批判する。

「王者の軍と云ふは、科有るを討して、疵無きをば滅ぼさず。頼朝、高官に昇り、守護の職を賜ふ。これ皆法皇の勅裁なり。私に盗めりとは定め難し。後室（政子）その跡を計ひ、義時久しく彼が権を執りて、人望に背かざりしかば、下には未だ疵有りと云ふべからず。一往の謂ばかりにて追討せられんは、上の御科とや申すべき」（一一三頁）

〈ここには安民を実現してこそ政権は正統化されるという理念がある〉。

けれどもこういう論理は、一系の皇統が統治することが神勅によって不変の原理として定められたという立場といかにして調和するか。これは、すでに武烈の例や承久の乱の例を知っている親房にとっては同時に、歴史の一貫した合理的説明の問題でもある。これについて親房のいうところは必ずしも明確とはいいがたい。

「わが国は神国なれば、天照大神の御計に任せられたるにや。されどもその中に御誤あれば、暦数も久しからず。又終には正路に帰れど、一旦も沈ませ給ふ例もあり。これは自らなさせ給ふ科なり。冥助の空しきにはあらず」（八七頁）巻之四）

つまり、（ⅰ）武烈の場合のように、悪政を行えば直系は絶えるが、結局傍系にせよ、血統の全体としての連続性は保持されるという考え方と〈「武烈悪王にて日嗣絶えまし〳〵し時、応神五世の御孫にて、継体天皇選ばれ立ち給ふ。これなん珍しきためしに侍る」〔八八頁〕〉、もう一つ、（ⅱ）悪政によって、天皇親政は一時失われることがありうるが、それはあくまで臨時の政治形態で、やがては正常の姿にかえるというロング・レンジの見方を導入することで、この矛盾を説明しているわけである。

さらに他の箇所では（巻之五）、

「天日嗣は御譲に任せ、正統にかへらせ給ふによりて、用意あるべき事の侍るなり。神は人を安くするを本誓とす。天下の万民はみな神物なり。君は尊くましませど、一人を楽しましめ、万民を苦むる事は天も許さず、神も幸せぬいはれなれば、政の可否に従ひて、御運の通塞あるべしとぞ覚え侍る」〔一二七頁〕

といっている。神の意思を安民に置くことによって、現実の「御運の通塞」のおこる原因を説明しているわけであるが、こうなると儒教的な天命の思想にほとんど紙一重であって、いかなる事由があっても一系の皇統が支配すべしというもう一方の神の命令とは、ついに原理的には両立しないことになる。

具体的には、もはや歴史的命脈のつきた律令的な親政形態を強引に復活させようとする南朝的立場に親房が立つかぎり、〈それは〉免れがたい破綻であった。末法的ペシミズムの克服という歴史的課題は〈没落する階層の代表者によってではなく〉新興武士階級によって担われなければならなかったのであり、ただ『神皇正統記』はそれを、貴族すなわち〈没落する〉公家支配の限界の中でギリギリの点まで発展させた点に、大きな特色があるのである」。〔以上、五九年度講義、第二章補記〕

第三章　武士階級の意思（観念）形態*1

古代律令国家の統制力の崩壊と共に、地方に土着した豪族のなかから、九世紀〈から一〇世紀〉頃、武士団が各地に発生した。彼等の首長は概ね庄園の荘官であり、家の子（一族子弟）および郎党（名主）を率いて最初から戦闘集団の形をとっていた。*2

彼等を結合する絆は、一方では本家・分家の族制〈血縁〉関係であり、他方では御恩と奉公の相互給付に基づく主従関係であった。〈武士の家は家長が家の子と郎党を統率し、古代氏族制以来の氏上―氏人の伝統を継承して、家父長的な支配と家内奴隷制を含んでいた。そうした家と家とが御恩奉公の封建関係によって結合し党（ともがら）を形成して武士団が形成された。初期には長子相続ではなく、一族中の器量あるものが家督をつぎ、総領となった。総領の家を嫡家という。やがて〉室町時代になると嫡子単独相続となり、家との同族団的結合ではなくなる。↓地域的封建制（守護大名）への転化。〔編者注。「室町」以下はノート左頁にメモがあるが、学生の受講ノートには見えない〕。

こうした一族の首長（家督）に統率された武士団の間にさらに統合作用が進行して、平安末期には周知のごとく東国を中心とする源氏と、西国に根を下し、とくに院政と結びついた平氏との二大中心勢力が生れた。最初にヘゲモニーを握ったのは平氏であるが、平氏は生活様式においても、また支配形態においても、古代国家から武家政治への過渡的段階を占めるもので、比較的純粋な武士的結合は坂東武者といわれた東国の武士の間に見られ、これが前九年・後三年の役後、源氏勢力を中心として結集し、急激に台頭し、やがて平家を打倒して、鎌倉幕府という最初の武家政権へと発展していった。〈平氏は〉清盛自身、太政大臣となり、平家一族は朝廷の官職を占めた。↓貴族化〈古代国家に依存している。これに対して源氏の〉武家政治は、たんに武士の棟梁が最高権力の地位に立つという意味でなく、その権力が武士団という一定の具体的な集団的基礎をもつことに特色がある。一一世紀後半からの一世紀は、最初は文字通り公卿の〝侍〟にすぎなかったものが、漸次政治権力の実質的把握者として登場してくる歴史的過程である。

頼朝は平氏を討滅した後、〝武家の棟梁〟となったが、それは直ちに公的な政治権力の掌握を意味しなかった。幕府は建前としてはあくまで全国の武士団の統率者にとどまり、政所や侍所は源氏と御家人との間の私的な主従関係を律する私的機関にすぎなかった。しかるに平家滅亡の年、文治元年（一一八五）、頼朝が朝廷によって日本全国（六十六国）の総守護職、および総地頭職に補任されるに及んで、この源氏と御家人との私的主従関係は全国的規模に拡大されたばかりでなく、これによって実質的に、各国の守護地頭をいわば細胞組織として、公家の荘園のなかに自己の勢力を漸次浸透させていったのである。

御家人への恩給財源

平家没官領

地頭職の庄園内得分徴収権↓とくに承久の乱後、没収した京方の所領にいわゆる新補地頭をおいて以後。

その後、地頭が年貢公事を抑留する事が多くなり、その結果、下地中分などの処置がとられた。↓地頭の領主化

本領安堵

〈全国に守護地頭をおく権限をえた頼朝は、御家人をこれにあて、土地を恩給として与えた。財源の一つは平家の所領を没収したものであり、その外に荘園内の一定部分を地頭職として与えた場合もある。荘園は領主である本所が一部を直轄するが、別に宛行地があった。これは現地で荘園を管理する荘官・預所が、本所に送る年貢（生産物地代）公事（徭役地代）を徴収するとき、一定比率を自分の収入とするため知行した土地である。つまり彼らは年貢公事徴収の報酬として一定の土地を得ていた。こうした荘官に対する土地の宛行が地頭への土地宛行として行われるようになり、幕府の御家人に対する恩給関係が荘園内部にも浸透していった。*3 これと本来の私的な主従関係とが結びついて封建制が成立している〉。

ところで武士団内部における主従関係の設定は、見参式で名簿を主人に捧げることによって行われ、この点ヨーロッパの封建制に似ているが、ヨーロッパの場合は御恩と奉公の関係が純粋に双務契約であり、* したがって、主人の不法を訴える権利が従者にあった。日本の主従関係はそれに比べると一方的で、従者に無条件の服従が要請される反面、主人は御恩を与える義務があるわけではなく、文字通り御恩であった。〈ただこの御恩と奉公はやはり相互的・双務的性格を帯びており、家産官僚制におけるように君主に対して一方的恭順関係にあるのではない。――五九年度講義で追加〉

* Vasallenverhältnis（Vasallität〔主従関係〕+ Beneficium〔恩〕）= Lehen
〔編者注。『講義録』第五冊、六五頁参照〕
Commendatio　託身儀式
Treueid〔忠誠誓約〕

平等な自由人の間の契約。名誉感によって保障された〈身分的〉忠勤関係（Standestreue）。決して家産官僚制におけるような一方的なPietät（恭順）ではない。また血族的結合を土台としない。権利義務関係が明確。たとえば軍役義務は期間が明示され、その期間以外の軍役には日当が払われる。主君の義務違反に対しては従者に反抗権がある。Widerstands**recht**（Treuenverhältnis の破壊）

〈こういう原初的主従関係を武士がどう見ていたか〉。封建的な主従関係を支えるモラルは後世〝武士道〟という名でよばれ、あたかもそういう抽象的規範があったようだが、実は上にみたように本来全く個人的personalな結合関係であり、従ってそれを支えるものは客観的規範的なものではなくて、私的情誼及び私的名誉感情であった。〈「武士道」は戦国末期に現われた言葉で、徳川時代に儒教が公認のイデオロギーとされたとき、武士階級の日常的生活規範として「士道」が出てきた。山鹿素行など。これは本来儒教が士大夫のイデオロギーで、その「士」を武士の士になぞらえたものである。武士道があたかも昔から一貫した規範として説かれるようになったのは明治中期以後のことである〉。

こうして関東武士を中心として、「弓矢とる身の習」「弓矢の道」「坂東武者の習」というmores（習俗）が形成され、どこまでも情誼的なものを基底としながら、特定の義務感が培養されてゆく。〈それは徳川時代に理論化された武士道・士道とも儒教の規範原理とも、色々な点で甚だしく違っている〉。

i　戦場における行動が中心であり、本質的に非日常的、非常事態における心構えであって（非日常的性格）、日常生活の原理でない（儒教との〈基本的な〉ちがい）。〈徳川時代中期の『葉隠』は「武士道といふは、死ぬ事と見付けたり」（岩波文庫版、上巻、一九四〇年、二三頁、番号0197540）など極端な非常事態の心構えを強調する。

これは観念や追憶の世界に原初の武士の意識を昇華したものである〉。

ii　法秩序の弛緩、一般的法規範意識の喪失が前提となり、私党的団結と人格的結合によって秩序を維持し、利益を保護する必要から発生したものであるから、どこまでも特定の具体的な「家」「一族」及び具体的＝感覚的な主君への献身、主従のちぎりが問題なのであって、抽象的な国・民族・人間・階級といった一般者への義務感ではない。また抽象化に限度がある。（私的〈閉鎖的〉性格）

iii　情緒性・感情性が中心で、少くも第一義的には道徳意識ではない。〈感覚的主君に対する献身の感情、一族に対する連帯意識は〝なさけ〟が中心。そういう点も儒教と違う。儒教は抽象的規範意識〉。生死をともにするところから生じ、また生活共同体から生れた親近感。忠・義・仁というような規範意識とは微妙な差がある。〈規範意識まで昇華しきれない価値感情である〉。

〈こうした主従のモラルには内容的に二つの契機がある〉。

1．主従原理→君のために命を惜まぬ奉公〈という観念〉

2．族制原理→家門の誉、家名を汚すな〈という意識〉

1．主従の原理。

情緒的な attachment（愛着）に基づく恩と恩返しの関係、そこから生れる主君への没我的献身。〈奉公の「公」は最初は天皇ないし皇室を意味していたが、それが転化して武士の直接的上長、あるいはそれをたどる主従系列にある人々を指すようになる。いずれにせよ「公」は「天下為公」というような public でないことは同じで、あくまでpersonalなものである。――五九年度講義〉。〈特徴的なのは是非善悪の〉価値判断自身を主君に預ける〈ことである〉。したがって主君の敵はすなわち自分の敵である。主君が国への叛乱者となれば、躊躇なく自らもそれに従う。〈これが本来あるべき坂東武者の習いである。例えば『太平記』は北条〉高時滅亡時の一族〈郎党が、ことごとく主君と運命を共にし、共に死ぬことを礼賛さえしている。――五九年度講義〉

承久の乱での幕府の御家人への説得、義時討伐の院宣に対する反応。*4

「故右大将軍朝敵ヲ征罰シ関東ヲ草創シテヨリ以降、官位ト云ヒ、俸禄ト云ヒ、ソノ恩既ニ山岳ヨリモ高ク、溟渤ヨリモ深シ。報謝ノ志浅カラムヤ。シカルニ今逆臣ノ讒ニヨリテ非義ノ綸旨ヲ下サル。名ヲ惜ムノ族ハ、早ク秀康・胤義等ヲ討取リ、三代将軍ノ遺跡ヲ全ウスベシ。但シ院中ニ参ラント欲スル者ハ、只今申シ切ルベシト、群参ノ士、悉ク命ニ応ジ、且ハ涙ニ溺レテ返報ヲ申スコト委シカラズ。タダ命ヲ軽ンジテ恩ニ酬インコトヲ思フ」（『吾妻鏡』〈承久三年五月一九日条、『吾妻鏡』第五、日本古典全集刊行会、一九二六年、五〇頁、番号0180908〉）。

集団的雰囲気の圧力！

尼将軍（北条政子）のagitation。

「人々みたまはずや。むかしとうこく（東国）の殿ばらがへいけのみやつかへせしには、かちはだしにてのぼりくだりしぞかし。こ〔故〕殿かまくらをたてさせ給ひて、きやうとのみやつかへもやみぬ。をんしやうゝちつゝき、たのしみさかへてあるぞかし。こ殿の御をんをばいつのよにかほうじつくしたてまつるべき。身のためをんのため、三代しやうくんの御はかをば、いかでかきやうけ〔京家〕のむまのひづめにかくべき。たゞいまおの／＼申さるべし。せんしにしたかはんとおもはれば、まづあまをころして、かまくら中をやきはらひてのち、きやうへはまいり給へ」（『承久兵乱記』、『続群書類従』〈第二十輯上、一九二六年、続群書類従完成会、五九頁〉）

それに対し、涙をながして武士が答える。

「いかでか三代しやうくんの御をんをばおもひわすれたてまつるべき。そのうへけんしは七代さうでんのしゆくんなり。しゝそん〳〵までもその御よしみをわすれまいらすべきにあらず。……いのちをきみにまいらせて、かしらをにし（西）にむけてかゝれ」〔同上、六〇頁〕

〈このように、院宣より義時の命に従うことが武士の習いだった。これはずっと後の武士道にもつながり、『葉隠』も自分の主君に対する〉盲目的排他的狂熱的な献身を説く。価値判断の必要がないから、学問教養も不要。

「釈迦も孔子も楠木も信玄も、終に竜造寺・鍋島に被官懸けられ候儀これなく候へば、当家の家風にかなひ申さざる事に候」〔岩波文庫版、上巻、一七頁〕。〈儒教的教養人と異なる。儒教では教養をもつことが重要だが、武者の習いでは無条件的献身をするのに学問は邪魔とされる。こうして価値態度が違ってくる〉。

（一月十九日）

2. 族制の原理

家門の名誉、一族の名誉に連なる個人的名誉感（恥辱よりは死を選ぶ）。〈これが上記の没我的献身と裏腹になっている。名と利との対比がしばしば戦記物に見うけられる〉。

「弓馬の家に生れたる者は、名をこそおしめ、命をば惜まぬものを」（『太平記』〔『校訂太平記』三七九頁〕）

「名と利との二ハ、いづれも人のねがふ事なれ共、利ハ一旦の利也。名ハ万代の名なり。武士一命を捨るも名を思ふ故なり」（『宗五大草紙（そうごおおぞうし）』〔『群書類従』巻第四一三〕より。一条兼良『樵談治要』参照）

「情こそ所領にまされと思て、高名を施し、粉骨を致」す（『世鏡抄』[*5]〔『続群書類従』第三十二輯上、続群書類従完成会、一九二六年、二八一頁〕）

〈この名誉感は〉非常事態もしくは極限状況における義務感だから、日常の人間感情とははげしく相克する。しかも徳川時代の儒教規範などとちがって、その義務感も戦いのっぴきならぬ要求から発している限り、〈徳川時代に見られたような〉完全に形式的なタテマエには転化しない。そこに内面的緊張がたえず再生産され、宗教的心情が生れる。

また、兵農が完全に分離していないせいもあり、〈武士が〉職業化していないから〈固定的な身分倫理が形成されておらず〉、通常人の通常生活の人間らしい感情が残っている。他方、仏教の思想的影響力も強い。〈こうして極限状況における義務感と通常人の豊かな人間感情との間に鋭い緊張が生れる。規範と現実とがともに強い要求としてあり、人間は両者の間で引き裂かれる。鎌倉時代の武士に宗教的情操があったのはこの事情による〉。

『平家物語』巻九、敦盛最後の事〔『平家物語』下巻、日本古典全集刊行会、一九二六年、一三二―一三三頁〕

熊谷次郎直実の一谷の戦で、敵と組打ちし押えて兜をあげてみると、薄化粧して鉄漿黒（かねぐろ）をした一六か一七の美男子である。そもそも「いかなる人にて渡らせ給ひ候やらん。名乗らせ給へ。助けまゐらせん」というと、まづ「かういふわ殿は何者ぞ」と問い返すので、名をいう。すると「さては汝が為にはよい敵ぞ、名乗らず共頸を取て人にとへ、見しらうずるぞ」という。熊谷は、この一人を打ったとて軍の勝敗に影響しない。自分の子が今朝負傷したのも心がいたむのに、この殿が打死したらさぞ近親は歎くだろう。助けようと思って後を見ると、土肥、梶原といった味方の面々五〇騎ばかりがこちらにやってくる。熊谷は「折角助けようと思ったけれども、あのように味方の軍勢がおしよせてきては、とても遁すまい。同じことなら直実の手にかけて後の御孝養をも仕り候はめ」といって、涙に目もかすみながら首を打った。

「あはれ弓矢取る身程口をしかりける事はなし。武芸の家に生れずば、何しに只今かかる憂目をば見るべき。

情なうも討奉たるものかな」。これが後に直実が発心して仏門（浄土）に入る一つの動機になったと『物語』はのべている。

「およそ武勇人の戦場にのぞみて高名はいとやすき事といへり。されどかたきながら見しらぬ人也。又主人のためにこそあだならめ、郎従下部ことときに至て、いまだ一ことのいさかひもせざる人なれば、あたりへさまよひきたる敵もわが心おくれてうちがたき物也。とかく義ばかりこそおもからめ、その外は皆ふびんの心のみおこりて、おほくはうちはづす事、敵も味方もひとし」〔『塵塚物語』巻四〔『日本随筆全集』第十七巻、国民図書、一九二八年、五八五―五八六頁〕〕

その意味で、封建道徳とか主従道徳とかいっても、この武士台頭期から鎌倉時代にかけての武士意識には、儒教道徳の影響はさほど大きくなく、世界観的の影響ということをいうならば、むしろ仏教の方が大きかったといっていい〔編者注。この一節は自筆ノート上にあるが、五九年度講義用に追記されたようである〕。

御家人意識の変化*6

〔編者注。自筆ノート上ではこの項目は、主に断片的なメモと史料の引用とからなり、まとまった文章は少ない。また五九年度講義用に追記された部分も多い。そこで五六年度講義を復元するため、以下ではその年度の学生の受講ノートと丸山の自筆メモ類とを合成して講義を復元し、全体を〈　〉で括る。本書一二六頁一四行までの部分である〕。

〈こうした初期の軍記物にあらわれた鎌倉武士の習俗や御家人意識は、封建制の発展とともに変化してゆく。*7

まず主従関係と権力規模の拡大。最初のうちは平家の所領を没収して御家人にあてがっていたが、次第に土地が減少する。また元寇の外患による御家人の負担が大きく、彼らは窮乏化する。他方で御家人の土地に対する欲求が熾烈になる。元来恩賞（宛行）と奉公とは相関関係にある。御家人としては恩賞を得るために奉公するとは言いにくいが、恩賞の裏づけが薄弱になると、露骨に土地と恩賞をめざす意識が彼らのなかで強くなる。これが建武中興から足利氏の制覇にかけて表面化した動きである。

尊氏は恩賞政策が巧妙だった（日常はつつましやかで惜しみなく与えた）のに対して、公卿側は私的奢侈に耽って武士への恩賞を忘れた。当時の文献にも「香餌の下には懸魚有、重賞の処には勇士あり」とある（『梅松論』〔『群書類従』巻第三七一〕）。これに対して北畠親房が「凡そ王土に生れて忠を致し命を捨つるは人臣の道なり。必ずこれを身の高名と思ふべきに有らず」（『神皇正統記』〔一四八―一四九頁、「後醍醐天皇」の段〕）といかに叱咤しても、あまりに非現実的で、当時の武士の熾烈な土地と恩賞への欲望を鎮静させるべくもなかった。こうして建武中興政権は武士を満足させることができずに破綻した。

建武から室町時代は封建制の過渡的段階をなし、意識の面でもそうである。赤裸々な実力闘争の面が強くなる下克上の時代。この過程をへて御家人のなかから守護大名が成長し、社会的基盤が荘園を基礎とした領主封建制から領家分国制へと変化する。こうした大きな過渡期のなかで、あらゆる伝統的権威への挑戦が出てくる。その反面で自我意識が成長し、赤裸々な自己の実力の誇示が前面にでる（武士の太陽族・カミナリ族化！）。

南北朝末期の対皇室権威意識の希薄化。源平時代はもとより鎌倉北条期にも、武士は皇室の権威に対して崇敬の念をもっていた。北条義時や泰時には、公家勢力に弓をひいた場合でも伝統権威に対する畏れがあった。ところが足利幕府初期の土岐頼遠（よりとお）という領主（尊氏・直義の重臣）は、足利氏が擁立した持明院統の光厳（こうごん）上皇の還幸に出会した折に下馬せずに、「何、院といふか、犬といふか。犬ならば射て落さん」〔『校訂太平記』六八九頁〕と放言し、行列に暴行した。さすがに足利直義は、夢窻国師の助命嘆願を斥けて頼遠を処刑したが、「道を過ぐる田舎人ども、是を聞きて、抑院にだに馬より下りんには、将軍に参り会ひては土を匐ふべきかとぞ欺きける」と『太平記』（巻二十三｛同上、六九一頁｝）は誌している。

また高師直・師泰兄弟の言として『太平記』（巻二十六）は「都に王といふ人のまし〳〵て、若干の所領をふさげ、内裏、院、御所といふ所のありて、馬より下るむづかしさよ。若し王なくて叶ふまじき道理あらば、木を以て造るか、金を以て鋳るかして、生きたる院、国王をば、何方へも皆流し捨て奉らばや」｛同上、七八一頁｝を伝える。むろん『太平記』のバイアスもあるが、こういう思想が当時あったことは推察される。

土岐、高による伝統権威への挑戦には、新興武士の赤裸々な自我意識が露骨に現われている。こうした意識が守護大名制の成立による封建制自体の編成替えが進むにつれて、新たな規範意識へと変化してゆく。*8

個人的戦闘様式より組織的＝集団的戦闘への変化（室町以後、とくに応仁の乱以後）→それの規範意識への反映。*9 元寇の役で蒙古軍は騎兵で集団的組織的に戦ったが、日本側はバラバラで陸上の戦闘では負けつづけた。だが守護大名の成長と戦闘規模の拡大のなかで戦闘様式がかわり、武士は守護の下に組織化された。戦国時代にはこの過程がますます進む。生産力や武器の発展、鉄砲の輸入もこれを促した。こうした戦闘様式の個人的から集団的への変化は新たな規範意識をうむ。

鎌倉時代には、宇治川の戦における佐々木と梶原の先陣争いのように、個人的功名のために抜駆けが必要だった。しかし戦闘が組織的になると、隊列を乱して一人で飛び出しては効果があがらない。家康の軍法（天正一八年小田原役）には「先手を差越え高名せしむと云へども、軍法に背くの上は、妻子以下悉く成敗すべき事」とある｛河野省三『日本精神発達史』大岡山書店、一九三六年、九七頁、番号 0197635｝。

こうして武者の習いとよばれたもの（そこでは非常事態の行動様式がそのまま日常のそれだった）は、次第に分裂してゆく。

(a)一方での日常的徳目や礼法、ないし治世の心得

(b)他方での戦場の心得、および戦術、戦闘の技術的研究

戦国時代には両者はまだ混沌としているが、次第にaが儒教思想によって浸透されてゆくにつれて、bは別個に兵学や軍学として発達していった。

この分化がほぼ完全になるのは、城下町が成長して武士が集住し、彼らが日常に戦闘することのない文治官僚化し、同時に家産官僚組織が完成してゆく徳川時代である。それは儒教が体制原理となってゆくプロセスでもあった。戦国時代における武士道は、bすなわち兵法の極致において技術をこえた規範——したがって一般的規範——として構想された。「兵法仁は武士道にいたれば、太刀つかはぬ人にもあるげに候」（「石水寺物語」〔『甲陽軍鑑』〕品四十）。

aの例。伊達稙宗『塵芥集』、「早雲寺殿廿一箇条」「長宗我部元親百箇条」「朝倉敏景十七箇条」。bの例。『越後流兵法』（謙信）、『甲州流兵法』（信玄）（『武家名目鈔』〔軍陣部〕、『類聚名物考』〔武備部〕参照）。『甲陽軍鑑』はa、bの両方にまたがる〉。*[10、11]

〔編者注。以下の部分では、自筆ノートのほか、資料番号312-1・746・511-1の自筆原稿が用いられている。しかし全体としてひとつながりの文章になっていないので、自筆ノート・原稿と受講ノートを合成して講義を復元し、全体を〈 〉で括る。本書一三六頁六行までの部分である〕。

〈たとえば徳川時代における武道をといた大道寺友山の『武道初心集』三巻では、本来の武士道と儒教との交錯・妥協が典型的に示されている。武士道に「二法四段の子細有之候」〔『武道初心集』岩波文庫、一九四三年、四一頁〕。具体的には

常法　士法　行住坐臥の行儀作法、礼服の規定、尊卑の礼儀
　　　兵法　武芸の稽古
変法　軍法　戦場で一般に敵に進撃する仕方……戦術的〈純技術的な tactics〉
　　　戦法　戦場での敵味方の兵備の配置〈や人の扱い方、人間関係〉……戦略的〈strategy にあたる〉。

注目すべきは、原初的武士の習いでは統一していたものが、ここで常法と変法とに分離されたこと。日常的規範と非日常的規範との分裂を意味する。

またこの本では武士道の基本的エレメントを忠と義と勇にわける。義と不義とを区別することを強調し、勇気と卑怯との区別は平時ではつけにくいようだがそうではないという。主と親に忠孝をはげみ、万事堪え忍ぶのが本当の勇だという。儒教倫理が浸透している。他方で武士は一年中死を心にとめていることが必要ともいう。このように両方の交錯がある。

儒教が一般的な徳川時代の観念形態になると、一方で儒教によって武士道を基礎づける試みが生れてくる。中江藤樹の『文武問答』、山鹿素行の『武教小学』「士道」、貝原益軒の「武訓」、斎藤拙堂の『士道要論』など。大道寺の『初心集』はこれらほど儒教的ではない。他方では両者のあいだにギャップが残り、儒教的な立場に純粋に徹すると武士道を批判する考えが出てくる（比較的少ない）。荻生徂徠『太平策』、堀景山『不尽言』は武士道を戦国時代の悪習として一蹴している珍しい例である。[*12]

こうした儒教側からの武士道批判の裏側として、徳川時代の武士の行動様式から遠ざかってゆく伝統的武士道を観念的に純粋化しようとする動きが出てくる。*13 そのもっとも有名なのが『葉隠』である。宝永七年（一七一〇）に佐賀藩の山本常朝の口述したもの。皮肉なことにこの頃には、伝統的武士道は現実の武士を律する規範としてほとんど力を失い、夢物語になっている。そうした時代に、戦国武士道へのノスタルジアを語る。『葉隠』は殉死が禁じられたことを嘆いている。そこでこの本には、本来の武士の行動規範や様式と儒教的規範との対比が鮮やかに出ている。「観念的」というのは、儒教系統の武士道論が儒教範疇を使って武士道を観念的に合理化したのとは意味がちがい、戦国武士の現実の実践を観念的に昇華したという意味である。極端な形だが、伝統的な武士階級の行動様式を純粋に表している。〈徳川時代には武士道を論じたものが多いが、それらは例えば山鹿素行「士道」にみられるように、武士道を儒教によって体系化理論化し、観念化するものであり、現実の武士の経験を規範化したものではない。これに対して『葉隠』はドグマからの演繹ではなく、一々実例に即して武士の生活態度を説こうとする。――五九年度講義〉。

全体を貫くのは狂熱的なまでの「死の日常化」である。「武士道といふは、死ぬ事と見付けたり」（岩波文庫版『葉隠』上巻、二三頁。以下同じ）。もともと死の生に対する価値的な優位、死の崇拝は武士の習俗にあった。「弓馬の家に生れたる者は、名をこそおしめ、命をば惜まぬものを」（『太平記』）、また加藤清正の「家訓」第七条を見よ（「（前略）武士之家に生れてよりは、太刀刀を取て死る道本意也。常々武士道吟味せされば、いさきよき死は仕にくきものにて候間。能々心を武士にきさむ事肝要候事」『清正記』巻三、『続群書類従』第二十三輯上、続群書類従完成会、一九二四年、三九一頁）。ただ死の崇拝といっても、一般的にはそれは、物理的な死ではなく意味を伴った死である。意味を伴わない死は「犬死」とされる（主君の生前の許可なき殉死――徳川時代）。しかし主君への没我的献身、名誉感、屈辱感が亢進すると、非常もしくは極限状況では、恥・屈辱をうけるよりは「犬死」を選ぶ事態が生ずる。信玄による喧嘩両成敗の掟に対する内藤修理らの反対（『甲陽軍鑑』）もこれを示す。喧嘩両成敗はもともと些細な原因による武士の犬死を避けるのが趣旨だが、内藤はそれが武士の屈辱感をにぶらすとして反対した。

『葉隠』ではこうした屈辱感、名誉感の亢進が極端に表われ、死の絶対化が「犬死」の危険を賭してまで強く説かれる。「我人、生きる方がすきなり。多分すきの方に理が付くべし。若し図にはづれて生きたらば、腰抜けなり。この境危ふきなり。図にはづれて死にたらば、犬死気違なり。恥にはならず。これが武道に丈夫なり」（二三頁）。自分の目的を実現しないで死ぬのが犬死。誰でも死ぬよりは生きたい。だが図にはずれて生きれば恥となるが、死ねば犬死になるまでで恥にはならぬといって死を選ぶ。狂熱的に死を日常化する。そこで行動様式としては、極限状況を設定し、それに対して覚悟しておくことが肝要とされる。最悪事態が常に予想されていれば、それへの覚悟がおのずから生まれるという。「死の道も、平生死習うては、心安く死ぬべき事なり。……奉公人の打留めは浪人切腹に極りたると、兼て覚悟すべきなり」（五九頁）。

ここから覚・不覚の観念が生ずる。「覚の士といふは……万事前方に極め置くが覚の士なり。不覚の士といふは、その時に至つては、たとへ間に合はせても、これは時の仕合せなり。前方の僉鑿せぬは、不覚の士と申すなり」（三二頁）。つまり何とかその場を切り抜けても、それは幸運なだけで、予め吟味していないのは不覚をとることである。とはいえこれは起りうる全ての事態を前もって見通せというのではない。武士にとって大事はそうない。二、三しかない大事の時の心構えを予めしておけば、その時に狼狽しないというのである（「直茂公の御壁書に、「大事の思案は軽くすべし。」とあり。……大事と云ふは、二三箇条ならではあるまじく候。これは平生に僉議して見れば知れてゐるなり。これを前廉に思案し置きて、大事の時取り出して軽くする事と思はるゝなり」〔四一頁〕。こうしてつねに最悪事態を予想することが日常的な行動様式となる。〈予測性に基づいて行動することは近代的人間のすることだが、ここでは最悪の予測性だから多くあるわけでなく、その点で近代人の場合とちがう。——五九年度講義〉。五〇年前の武士は毎朝行水して身だしなみに気をつけた。死んだ時に嗜みが悪ければ不覚になるからである。

「五六十年以前迄の士は、毎朝、行水、月代（さかやき）、髪に香をとめ、手足の爪を切つて軽石にて摺り、こがね草にて磨き、懈怠なく身元を嗜み、尤も武具一通りは錆をつけず、埃を払ひ、磨き立て召し置き候。身元を別けて嗜み候事、伊達のやうに候へども、風流の儀にてこれなく候。今日討死〳〵と必死の覚悟を極め、若し無嗜みにて討死いたし候へば、兼ての不覚悟もあらはれ、敵に見限られ、きたなまれ候故に、老若ともに身元を嗜み申したる事に候」〔五〇頁〕

覚・不覚の観念は対人的な恥辱感（名誉感）と密接に結びついている。死にざまの悪いこと、死を覚悟していなかったことは恥とされる。この考え方が一歩堕落すると、外形や体裁をつくろうことが最大の関心事となり、世間体を恥じる態度が現われる。ルース・ベネディクト（R. Benedict）が「罪の文化」culture of sin に対して「恥の文化」culture of shame と呼んだのはこれである（『菊と刀』）。罪の文化は絶対者と個人との縦の関係からなり、そこでは道徳は内面化される。しかし恥の文化では「世の中」「後世の人」から笑われないようにという横の関係が問題であり、道徳は集合道徳 collective moral になる。他人の期待に応えることが重要とされ、そこから陰口の犠牲になることも生ずる。

森鷗外は徳川時代に殉死がまだ禁じられず、他方で戦国時代の武士道が失われようとしている時を設定し、細川忠利に殉死した内藤長十郎について観察して『阿部一族』の悲劇を描いた。

「細かに此男の心中に立ち入つて見ると、自分の発意で殉死しなくてはならぬと云ふ心持の旁、人が自分を殉死する筈のものだと思つてゐるに違ひないから、自分は殉死を余儀なくせられてゐると、人にすがつて死の方向へ進んで行くやうな心持が、殆んど同じ強さに存在してゐた。反面から云ふと、若し自分が殉死せずにゐたら、恐ろしい屈辱を受けるに違ひないと心配してゐたのである」〔『阿部一族』岩波文庫、一九三八年、一三頁〕

こうした対世間的考慮が「恥」を成立させている。

『葉隠』に戻ると、躊躇して後れをとることも不覚であり恥である。そこで後れをとらぬように、瞬時の決断が要求される。どんな時でも前へ前へと捨身でぶつかることが必要である。「武道は卒忽なれば無二無三然るべきなり」（一九〇段）〔八四頁〕。〈この観点から常朝は、赤穂浪士の計画的復讐を非難し、直ちに決行しなかったことを遺憾とする。その間に敵が死んでしまったら何にもならぬ〔四五頁〕。——五九年度プリント〉。ここから敵に自分の首を打ち落とさせても一働きするという逆説が生まれてくる（「首打ち落させてより、一働きはしかとするものと覚えたり」〔六六頁〕）。

ところで目標や規範が複数であれば、どうしても選択が必要になる。しかしその考慮は迷いをうみ、迷いは躊躇をうみ、機会を失わせ、死の覚悟をにぶらせる。そこで単一の目標を設定して、脇目もふらずに遮二無二に突進することが必要になる。こうして目標や規範が多元的であることを嫌い、事態を単純化して「武道専一」が強調される。

「物が二つになるが悪しきなり。武士道一つにて、他に求むることあるべからず。道の字は同じき事なり。然るに、儒道仏道を聞きて〔修行して〕武士道などと云ふは、道に叶はぬところなり。かくの如く心得て諸道を聞きては、いよ〳〵道に叶ふべし」（七二頁）。つまり武道専一に行なえば他の道は自ら習得される。同様に行動も忠孝の規範に従うのではなく、死狂いに行動すればそこに忠孝が現われる。〈非常事態を設定しているところから、コモンセンス、日常的感覚の軽視が生まれる。――五九年度講義〉。「武道に於て分別出来れば、はやおくるゝなり。忠も孝も入らず、武士道に於ては死狂ひなり。この内に忠孝はおのづから籠るべし」（六五頁）。〈モラルにおける非日常性が日常性を規定する。そして無理な主人であるほど奉公人の忠がよく現われるという逆説が成立する。「忠孝と云ふは、無理なる主人・無理なる親にてなくば、知れまじきなり」（七九頁）――五九年度講義〉。

こうした単一目的への死狂いの要求は反知性主義、知性の軽蔑と盲目的・非合理的な行動の礼賛となる。「奉公人は、心入れ一つにてすむことなり。分別・芸能にわたれば事むつかしく、心落ち着かぬものなり」（一一二頁）。少し智恵が出ると災いのもと。理屈好きになる。「理非邪正のあたりに心の付くがいやなり。無理無体に奉公に好き、無二無三に主人を大切に思へば、それにて済むことなり。……忠の義のと言ふ、立ち上りたる理屈が返す〴〵いやなり」（八六―八七頁）。即自的に合一しているものを二つに分けるのが嫌なのである。Urteil（判断）はヘーゲルがいうようにUr-teil、つまり根本的には主客未分のものを主体と客体に分離することである（『精神現象学』）。『葉隠』はそれを否定して未分化的合一の立場をとる。[*14]

主君への献身も分別を排した即自的人間感情であり、それを規範化し普遍化しない。どこまでも具体的人格に対する絶対的忠誠であり、「義」のような客観的規範として分離しない。だから『葉隠』は君臣関係を恋愛と同一視する。「恋の心入れの様なる事なり。情なくつらきほど、思ひを増すなり。偶にも逢ふ時は、命も捨つる心になる、忍恋などこそよき手本なれ。一生言ひ出す事もなく、思ひ死する心入れは深き事なり。又自然偽に逢ひても、当座は一入悦び、偽の顕はるれば、猶深く思ひ入るなり。君臣の間斯くの如くなるべし」〔聞書第二、一一三頁〕。

片思いが純粋の恋愛だ。反対給付の期待がないから。嘘がばれても恋心がつのる。儒教のいう「君臣の義」という規範ではなく、直接的情緒的な結合。したがって主従関係は従者の心がけ次第で、相手はどうでもよいことになる。「我は殿の一人被官なり、御懇ろにあらうも、御情なくあらうも、御存じなさるまいも、それには曽て構はず、常住御恩の忝なき事を骨髄に徹し、涙を流して大切に存じ奉るまでなり」〔聞書第二、一一二頁〕。

そこで「国を治める」上でどのように主君に諫言するかの方法も従者の立場から説かれる。同じく支配者倫理ながら、支配者の心掛けをも少なからず説く儒教（士大夫の立場）と異なり、献身の道徳の本質をよく示している。悪い主人ほどよいという逆説的表現からもわかるように、上級者の恣意はなんら直接の批判の対象とはならない。むしろ前提されている。そして「誠意、天に通ず」という精神主義があるとともに、いかにして相手の気にさからわずに効果的に諫言するかというタクティック論がある。ある場合にはマキャベリスティックになることもある。それとひたすらなる誠意献身が相克する。非常事態の行動様式からはどうしてもそうなる。

不断の潜在的戦闘状態が対人関係でも設定される。非常事態の行動様式が日常化される。純粋無雑と権謀術数とが共存している。*15

中江兆民は権謀を事に施すのと人に施すのとに区別している〔『一年有半』「権略は悪字面に非ず」〕。大石内蔵助がまず城を枕に討死するといい、ついで殉死するといい、最後に仇討ちするというようにして藩士を篩いにかけたのは権謀を事に施した例で正しいという。これに対して権謀を人に施すのは、敵と和平を結ぶふりをし、ご馳走して殺すような例で堕落だと批判する。『葉隠』は戦闘だけが目的で対人関係のみが問題。その点で権謀を人に施すことになり、純粋な人間心情と権謀術数とが、必然のコロラリーとして裏腹になっている。

（一月二十一日）

『葉隠』に見られるように、〔武士道の〕基礎に流れているのは、倫理的規範的なものより感情的情緒的なものである。徳川時代に入って儒教思想の浸透とともに武士道と儒教とが交錯し、武士道は儒教によって合理化される反面で、軍法・兵法に分化してゆく。しかも本来の武士道は戦闘を前提しており、長く続いた太平の時代に武士の行動様式が戦国時代と異なってゆくのは当然である。徳川時代の後半期になると、武士の行動様式は変質し、『葉隠』の武士道からみれば堕落した様相を呈する。杉田玄白は『野叟独語』で次のように当時の武士の有様を批判している。

「武道は衰へ……何ぞ事あらん時、御用に立べき第一の御旗本・御家人等も、十に七八は其状は婦人の如く、其志の卑劣なる事は商〔賈〕の如くにして、士風廉恥の道は絶たる様なり、其中にて能き分の武芸を嗜といふ人、弓馬鎗剣は心掛れども、是を以て立身出精、御番入の元手にする了簡から、物の師匠に阿り諛ひ、頭前を拵へ、見分の節に到り、仕合能く尺二の的を射はづさず……地道を恙なく仕おふすれば、其功にて御番入立身し、其後は何もかも棚へ上置、見向もせず、世話になりたる師家へも不沙汰し、薄情の至極いふべからざる徒のみ多し。其専ら志す所の実心は、数代奢に長じすり切たる身代を、御役料や御番料の御影を以て、取直さんと思ふ計の事のみなり」〔『日本経済大典』第二十九巻、啓明社、一九二九年、九頁〕

ともかく二百年も太平が続けば、現実の行動様式が違ってくるのは当然である。ここから分かるように、封建時代の末期まで、鎌倉あるいは戦国時代に作られた武士道が現実の規範意識の中にそのまま保存されていたと考えるのは間違いである。武士の存在形態が違っているのに応じて、意識が違ってくるのも当然である。

武士道が明治に入って消滅したといわれるのもそれ自体一種のイデオロギーであり、現に幕末から明治にかけて生きた徳川末期の武士の規範意識を体験した人々は、主従道徳ないし名分論が大部分外面化し、偽善的になっていたのを知っていた。福沢諭吉の『学問のすゝめ』第十一編。

「封建の世に大名の家来は表向皆忠臣の積りにて、其形を見れば君臣上下の名分を正だし、……すはと云はゞ今にも討死せん勢にて、一通りの者はこれに欺かる可き有様なれども、窃に一方より窺へば果して例の偽君子なり。大名の家来によき役儀を勤る者あれば其家に銭の出来るは何故ぞ。定たる家禄と定たる役料にて一銭の余財も入る可き理なし。然るに出入差引して余あるは甚だ怪む可し。所謂役徳にもせよ、賄賂にもせよ、旦那の物をせしめたるに相違はあらず、其最も著しきものを挙て云へば、普請奉行が大工に割前を促し、会計の役人が出入の町人より付届を取るが如きは、三百諸侯の家に殆ど定式の法の如し」（岩波文庫版、一九四二年、一一四頁）

リベートを取るのが常識になっており、現実の武士を見てそれを痛感している。われわれは武士の規範意識が歴史的に変化していることを知り、また彼らにおける建前と現実の規範意識とを区別しなければならない。

明治の日清・日露戦争期にかけてナショナリズムが昂揚すると、日本の軍人精神が武士道の延長だとか、武士の発生当時から一つの固定した規範体系が脈々とあったかの如くに説かれた。武士道に関する研究をみると、明治三四、五年ごろから著作が出ている。これは決して偶然ではなく、武士道がイデオロギーとして昂揚されたのがこの時代に当たる。ただ新渡戸稲造の『武士道』は英文で書かれ、日本の武士の規範意識を外国人に理解させるためで、国内イデオロギーの意味はない。〔明治〕三二年に公刊され、三八年に増補版。しかしそれ以外の著作は国内のイデオロギー編成の意味を帯びて作られた。井上哲次郎の『武士道』明治三四年、山岡鉄舟の『武士道』明治三五年、同じ年に佐藤巌英の『武士道　精神講話』。その他諸々の武士道を書いた本が、明治三七、八年から四二、三年にかけて輩出しており、時期が集中している。

以上述べたことのまとめ。実際の武士道は神道、仏教、儒教と入りまじっているが、それらを排除して武士の規範意識を理念型として抽出することを試みた。理念型自身が歴史的に変遷している。とくに近世において武士の規範意識として圧倒的意味をもったのは儒教であった〉。〔以上、五六年度講義、第三章〕

五九年度講義、第三章関係の補記

〔編者注。五六年度講義で話された武士道と儒教との対立点等に関する主題は、五八年度講義「第一章　徳川幕藩体制の機構と精神」「第三節　諸々の観念形態」「A　武士道から士道へ」において、より詳しく論じられている。さらにその分析をふまえて五九年度には、整理と分節化が一層進められる。この点を考慮して、以下に本書第三章に関連する五九年度講義での展開部分を補記するが、その中には五八年度講義ですでに指摘されている点もあることをお断りしておく〕。

＊1．五九年度講義では本章のタイトルは「武士的エートスの発展」とされ、自筆ノートに「エートス」に関して以下の注記がある。「行動様式を内面的に規制して、ある方向性を与えるところの〝気質〟。ｉ　社会性をもつこと。極度に個人的な気質はエートスでない。ii　必ずしも理性的なものでないが、全く無意識的なTrieb〔衝動〕でもなく、その中間地帯にある。〈一方の端に倫理思想的モラルをおき、他端に感情、情操等のエモーショナルなものをおくとすれば、その中間に位する〉」。

＊2．五九年度講義プリントでは次のように展開される。〈荘官は荘園の領主から名田を宛行われて、いわゆる名田の所有者になり名主に転化してゆく。この転化の過程が領主的土地支配をなし、その基盤の上に武士集団が発生する。すなわち武士は律令制の胎内から発生してくる。最初はきわめて規模の小さい家の子郎党を中心とする戦闘集団で、その紐帯は二つの要素の結合からなる。一方では古代社会関係の伝統である氏族制に基づく氏の本家分家の関係、他方では御恩と奉公に基づく主従関係である。前者は伝統的パターンだが、全体として武士集団の発生は、思想史上、画期的な意義をもった。その内部構造をみると、本家または嫡家があり、それに各々接続する分家があり、そこに服従関係がある。こうした血縁関係に基づくものが家の子であり、直接的な血縁関係はないが服従している家集団が郎党である。これら全体が党と呼ばれ、本家が統率した。濃厚に家門隷属的な色彩をもち、氏上―氏人の伝統的パターンがみられる。さらに細かくいえば、各分家の長が輩でその下に家の子がおり、そこにも主従関係があって系列的な主従関係をなしている。こうした伝統的なパターンを継承していることが日本の封建制の一特色である。前述のように武士は律令制の内部から発生したが、室町時代になると嫡子単独相続制となり、家々の同族団的な結合ではなく、地域的封建制（守護大名）へと転化する〉。

＊3．五九年度講義における対応箇所は次の通り。〈没収された平家の所領は御家人の財源とされた。とくに承久の乱ののち、京都側の公卿・武士の所領を没収し、戦功のあった武士をその地頭に補し、これを頼朝以来の本補地頭よりも優遇した。このいわゆる新補地頭は北条氏の御家人ともいうべきもので、それだけ北条氏の勢力は強固になった。ここには二重体制があり、幕府自身が大きな荘園を所有する。それゆえ荘園制の崩壊には非常に長い歴史的過程を要した〉。

＊4．五九年度講義では、承久の乱への対処につき、幕府上層部と一般御家人との間に違いのあったことが強

調されている。自筆原稿（資料番号312-2）とプリント類を合成して以下に復元する。

「承久の乱（一二二一年）は、伝統的な皇室中心意識に大きな旋回を与えた歴史的事件であるが、鎌倉側が殆ど一致して抵抗をrationalizeしえた思想的根拠は、トップレヴェルと一般御家人との間ではデリケートなちがいがある。北条義時らは明確に儒教的な仁政・安民の原理によって院を弾劾した。『明恵上人伝』（渋柿）〔『群書類従』巻第四七五〕。

泰時が、京都側にも過失があるが「一天悉是王土にあらずといふ事なし。一朝にはらまるゝ者、宜君の御心に任せらるべし。さればたゝかひ申さん事、理にそむけり。不如（しかず）首をたれ手をつかねて、各降人に参てうれへ申すべし。此上に猶首をはねられれば、命は義に依てかろし、何のいなむ処かあらん。無力事なり。若又芳免をかうぶらば可然事也。いかなる山林にも住て、残年をも送給べきか」と諫めたのに対し、義時は、「尤此事さる事にてあれども、それは君王の政たゞしく、国家治る時の事也。今此君の御代と成て、国々乱れ所々不安、上下万民愁を抱かずといふ事なし。然に関東進退の分国計、聊此横難に不及して、万民安楽のおもひをなせり。若御一統あらば、禍四海にみち、わずらひ一天に普くして安事なく、人民大に愁べし。……是先蹤なきにあらず。周武王、漢高祖、既に此義に及歟。其は猶自天下を取て王位に居せり。是は関東若運をひらくといふとも、此御位を改て、別の君を以御位に即申べし。天照太神、正八幡宮も何の御とがめ有べき」と答えたので、泰時も「これ又一義なきにあらざる上は、父の命依難背なびき随き」〔以上の文章の余白に丸山は「普天率土思想と結合した承詔必謹思想にたいする自覚的なchallenge!」、「血縁原理と妥協した徳治主義」と書きこんでいる〕。

もちろんこの通りの問答があったかどうかは問題でなく、そこにひそむロジックが問題なのである。それは『愚管抄』や『神皇正統記』に共通しており、儒教的有徳者君主思想が教養ある上層部のGemeingut〔共有財〕

になりつゝあったことを物語っている。しかし、下の方の一般武士は何もこうしたrationalizationに基いて行動したわけではない。〈尼将軍といわれた北条政子のアジテーションにみられるように、彼らの間ではあくまでも私的な情誼が行動の基礎になっている。そして鎌倉側の武士でありながら京都に味方した者は乱後に処分された〉」。

＊5．五九年度講義では以下のように敷衍される。〈これもやはり情緒に基づく名誉感情であり、一条兼良の『玉葉』などにその事例をみることができる。この名誉感は恥を根底とし、世間から笑われないようにという観念からくる。ルース・ベネディクトは文化を「罪の文化」（絶対者と自己との直面）と「恥の文化」（集団的モラル）に分けているが、これは後者の範疇に属する。以上のように坂東武者のモーレスは「主君に対する没我的献身」と「恥辱よりは死を選ぶ態度」がその中核をなしている〉。

＊6．五九年度講義ではこの項目に関して分節化が進む。「第二節　エートスの変容と分化」という新しい題名が付され、変容をもたらす五つの契機が挙げられてゆく。＊8以下を参照。

＊7．この部分に関する説明が五九年度講義では詳しくなる。〈こうした鎌倉御家人の意識は、鎌倉末期以降の社会的基盤の大きな変化によって変容してゆく。前述のように荘園は守護職と地頭職とによって蚕食されていたが、地頭はやがて権限を乱用して本所領主の年貢を横領するようになる。これが一般化すると、その防御手段として下地中分などの方法がとられたが、依然として地頭による土地の一円支配化が進んだ。鎌倉末期→南北朝→足利・室町の時代は、一方では地頭が合法・非合法的に一円知行を押し進め、他方では守護が国司の権限を冒してその国を自己の領国とし、地頭を被官化して、いわゆる守護大名の分国制を形成してゆく過程であった（そこにはもはや血縁関係はない。これが徳川封建制の前提となる）。その基底に中世のいわゆる郷村が生まれて近

世村落の前提となる。こうした日本史上かつてなかった変動が南北朝内乱の社会的背景である。

この過程を通じて主従関係が私的・人格的関係から次第に制度的性格を備え、他方、御家人の中に土地に対する熾烈な欲求が増大してくる。こうして御家人意識の変化は、まず利益化として現われる〈名と利のうち利をとるようになる〉。足利尊氏が建武中興に反対した一要因は、武士達への論功行賞の不公平に対する不満にあった。

主従の契について学説は、御恩と結びついた奉公という双務性（恩賞目当てという功利的動機）を強調するか、主君への無条件的献身の契機を強調するかでわかれるが（前者は津田左右吉、家永三郎。後者は和辻哲郎）、元来結びついていた両者が、南北朝から室町にかけて、しだいに前者の契機が前面に出てくるのである。「うまい餌の下に魚が集まり、よい恩賞の下に勇者がいる」と諷された〔『梅松論』〕が、『太平記』は恩賞のゆえに主君を裏切った事例を挙げる。こうした要素は契約としてではないが当初からあり、「只一人敵の中へ打入りたりとも、証人なき所にて死したらはなにともなき徒事、犬死とは左様の事なり」〔『源平盛衰記』巻三十七〔『校訂源平盛衰記』博文館、一八九三年、九六九頁、番号0185050〕〕、「一身の武勇を望むには、場所を知が肝要也。人も見ぬ所にていけながげをはたらき討死するは犬死なり。……ほまれ有人の見る所ならば、万人にゐきんで武勇をはげますべし」とされた〔『北条五代記』巻五〔『校訂後太平記　校訂北条五代記』博文館、一八九九年、九八七頁〕〕。この要素が肥大化してくるのである〉。

＊8．五九年度講義では、ここまで論じられてきた武士的エートスの変容論が、プリントへの後筆で「第一　利益化」、「第二　伝統的権威の分裂と弛緩」（自筆ノートでは「ii　宗教意識のキハク化」）と見出しを付して分節化され、続いて五六年度になかった契機が「第三　流動性にともなう個人的独立性」として付加される。以下に起こす。

〈変容の第三の契機は、戦国武士における意思の独立の気概である。ある意味における擬似個人主義といってよい。南北朝時代以後たんに利益化が進んだだけでなく、とくに戦国時代になると、自意識、個人意識の独立化という現象が生じる。主従的結合は依然としてモラルであるが、一般的には「下克上」といわれる時代を通過した主従道徳は、もはやかつてのような情緒的結合ではなく、一個の独立した武人としての意識と名誉感に支えられたものになった。室町末期の応仁の乱のころから、従来の守護大名が没落して新しく農民の中から武士が起こると、特権的なフィクションによって権力の座に安住している時代は過ぎさり、忠誠対象の選択が可能になった。これもまた独立感と解放感を高めた。日本的ないわゆる「英雄豪傑」はこの時代に出現する。武士という身分を前提とした対等感、名誉意識から「尊敬すべき敵」という観念が生まれる。例えば『甲陽軍鑑』〔口書〕には「敵をそしるは必ず弓矢ちと弱き家にての作法也」とある。こうしてとくに戦国武士の間に擬似個人主義の観念が強くなってくる。近代的な意味ではいわゆる「功」である。こうした乱世における個人主義は徳川時代における武士の家産官僚化によって一度抑圧される。しかしやがて幕藩体制の解体により、幕末から明治維新にかけての時期に志士意識が生まれ、それは明治期に入っても存続する。これは一種の個人主義で、武士独立という近代意識に刺激された故もあって、かつての戦国時代の意識が復活してきたものである。なお徳川時代に「武士気質」といわれたものの中には、家産官僚的なものが混在している〉。

＊9．五九年度講義では、この前の部分が第三の契機とされたのをうけて、戦闘様式の変化に関わるこの部分は武士の規範意識を変容させる「第四」の契機として位置づけられる。

＊10．a、bに関する記述は五六年度受講ノートにはなく、五九年度講義プリントに以下のような対応箇所がある。〈戦国時代の「長宗我部元親百箇条」「早雲寺殿廿一箇条」などの家訓は、いずれも礼法を修める心掛けな

どが定められている。もちろん実際には両者が混在しているものが多い。後者の著名なものとしては上杉謙信の越後流兵法、武田信玄の甲州流兵法などがあり、『甲陽軍鑑』はおそらく「武士道」のコトバが登場するもっとも早い例である。当時の武士道は武事にヨリ多くの重点を置いているが、兵法の技術を超えた戦場における行動の一般的規範化という意味をもつものであった〉。

＊11．五九年度講義では、以上の四契機をうけて最後の契機が以下のように説かれる。〈第五の変容は、徳川時代における武士道の規範化、「聖人の道」との結合である。これは戦国時代における「礼」が肥大化したもので、「武士道」から「士道」へという変化をとげる。家産官僚組織の肥大、城下町の生長を背景に、武士が家産官僚化し、儒教が体制原理になってゆく。もちろんそこに急激な転換があるわけではない〉。

＊12．五九年度講義では以下のように敷衍される（自筆原稿は資料番号312-4）。〈しかし儒教が体制道徳化してくるに従って「武士道」という言葉は用いられず、むしろ武士道そのものが儒者によって批判されるようになる。たとえば荻生徂徠によって「武士道と云は、大方は戦国の風俗」{『太平策』（『日本経済大典』第九巻、史誌出版社、一九二八年、二〇一頁）}で、よい点もあるが「戦国以来の悪習」がある（『徂徠先生答問書』下 {『日本倫理彙編巻之六　古学派の部下』一八五頁}）とされ、中国古代の聖人が制作した「聖人の道」から区別される。また天保八年の斎藤拙堂『士道要論』は、武士道を必ずしも否定しないが自然発生的な習俗であるとし、聖人の道によって洗練醇化すべきを説く。でないと「きりとり強盗は武士のならひ」ということになる {『士道要論』（『国民思想叢書　士道篇』大東出版社、一九三一年、二〇四頁、番号0183484）}。追腹（殉死）や亡命者をかばうなどは私心偏見とされる。貝原益軒の『武訓』では「日本の武道は儒者のごとく、仁義忠信の道を用ふ可らず。偽りたばからざれば、勝利を得がたし」、「兵は詭道なり。時の勢によりては、わが身方に対してもいつはりて表裏を行ひ、人の

功をうばひ、或国をみだして逆にしてとるも、兵術においては害なし。是日本の武道也」〔『益軒全集』巻之三、益軒全集刊行部、一九一一年、三七一―三七二頁〕として、戦国武士道のマキャベリズム性を指摘している。これらが当を得たものであるか否かは別として、とにかく戦国時代から徳川時代にかけて、「武士道」といわれていた行動規範の内容が大きな変容を遂げていったことは否定できない〉。

＊13．五九年度講義では「第三節　葉隠武士道」として新しく節が立てられる。

＊14．五九年度講義では次のように敷衍される。〈常朝は道と武道との背反を指摘する。「道と云ふは、我が非を知る事なり。念々に非を知つて一生打ち置かざるを道と云ふなり。聖の字をヒジリと訓むは、非を知り給ふ故にて候。……然れども武篇は別筋なり。大高慢にて、吾は日本無双の勇士と思はねば、武勇をあらはすことはなりがたし」〔聞書第一、四二頁〕。つまり「道」を知るためには自己の非を知る謙抑が必要だが、武道ではその逆に過度の誇りが必要というのである。

また「少し智恵ある者は、当代を諷するものなり。災の基なり」〔七〇頁〕、「学問はよき事なれども、多分失出来るものなり。……大方見解が高くなり、理ずきになるなり」〔五四頁〕。これらにみられる知性に対する蔑視、また「主従の契より外には、何もいらぬことなり。この事はまだなりとて、釈迦・孔子・天照大神の御出現にて御勧めにても、ぎすともすることにてなし。地獄にも落ちよ、神罰にもあたれ、此方は主人に志立つるより外はいらぬなり」〔二一四頁〕にみられるような、なにもかも打ち捨ててひたすら奉公せよという単一目標への純粋な傾倒という点で、前述した親鸞の反合理主義、弥陀への純粋な傾倒に一脈通ずるものがある。たとえ地獄に落ちても主従の契さえ全うすればよいという。ここから常朝は主従関係について「君臣の義」という規範性を斥け、それを恋愛感情と同一視する〉。

＊15．五九年度講義の対応箇所を自筆原稿（資料番号312-1）と受講ノート類を組み合わせて以下に復元する。

「〈横の〉対人関係もまた、不断の潜在的戦闘状態の想定の下にある。不断に自他の言動に注意し、警戒心を怠らぬこと（消極的！）。

「決定覚悟薄き時は、人に転ばせらるゝ事あり。又集会咄の時分、気ぬけて居る故に、我が覚悟ならぬ事を人の申しかけ咄などするに、うかと移りてそれと同意に心得、挨拶もいかにもと云ふ事あり、脇より見ては同意の人の様に思はるゝなり。それに付、人に出会ひては片時も気のぬけぬ様にあるべき事なり。その上、咄又は物を申しかけられ候時は、転ばせられまじきと思ひ、我が胸にあはぬ事ならばその趣申すべしと思ひ、その事の越度を申すべしと思ひて取り合ふべし。差したる事にてなくても、少しの事に違却出来るものなり。心を付くべし。又兼ていかゞと思ふ人には副ひ寄らぬがよし。何としても転ばせられ引き入れらるゝものなり。爰の慥かになる事は積まねばならぬ事なり」（聞書第一〔五七頁〕）

非日常性から来る〝自覚〟と〝自主〟。人を説得する方向より、人にうっかり説きふせられぬよう〔に〕という消極的方向に働く。〈極限状況に規定された個人主義。しかしもっとも注意すべきは、この全く非合理的な無二無三の盲目的な忠誠から、逆説的に一種の自主意識と能動的個人主義、平等意識が生まれることである〉。『葉隠』的なロジックにひそむダイナミズムは幕末に顕在化する〈爆発する〉。『葉隠』においても主人への奉公の本質は、価値判断や利害考慮をトータルに主人にあずける没我的献身にある。「主君の味方をして、善悪共に打ち任せ、身を擲つて居る御家来は他事なきものなり」（聞書第一〔三六頁〕）。その点原始的武者の習の伝統をひいている。しかも小集団の私的結合でなく、厖大な家臣団の形成という新しい現実のなかでこれが復活するとどういう意味をもつか。主君へのトータルな帰依という一点への凝集においては、家臣の階層的系列は第二義的となる。「上下の差別あるべき様なし」（三六頁）。ヒエラルヒーの静態的な維持に奉仕する体制イデオロギーとはずれてくる。〈「分限の論理」は否定され〉逆説的に平等意識が出てくる。

またこうした無条件的な献身は、まさに無条件的であることによって、〈「恥の道徳」という制約内ではもっとも〉純粋に inner-directed な、周囲の動向によって左右されない首尾一貫した心性と行動を要求する。

「主家が景気・羽振りのよい時には、智恵や分別や芸能で御用を懸命につとめようとするが、主人が隠居したり、死んでしまったりすると、忽ち背を向けて、「出る日の方へ」つまり他に景気のよい方に取り入ろうとする者が世間に多い」「はいまわり、御もっともとばかり申す」〔以上は『葉隠』上巻、二六頁および下巻（岩波文庫、一九四一年、二一八頁、番号 0197542）の丸山による要旨の訳文である〕

こういう無節操な出世主義者、大勢順応主義者、卑屈な権威への叩頭に対して、『葉隠』の著者は「思ひ出してもきたなきなり」と吐き出すように軽蔑の言葉を投げつける。「大高慢」「御家を一人して荷ひ申す」〔上巻、二〇頁〕inner-directedness〈内面指向性〉から生まれる行動の原理性が、反学問主義・反悟性主義といわば逆説的に結びついている点は、Calvinism を想起させるほどである。この点でも、社会（世間）への適応と教養主義に立つ儒教的倫理（体制イデオロギーとしての）とはむしろ正反対である。

一君万民の平等意識。没我的献身と強い自我の自主独立意識の逆説的結合、絶対的帰依恭順と能動性＝「御家を一人して荷ひ申す」の逆説的結合。〔忠義の〕逆焔。↓幕末。忠の対象の転移。吉田松陰の天皇絶対主義、ダイナミックな実践行動と原理性、強い自主意識。

〈幕藩体制はダイナミックな戦国状態をそのまま静止させたものであるが、幕末になるとまたそれが緩んでくる。そこには厖大な家臣団が存在するが、藩はすでに primary relations ではなくなっている。そうしたなかで主君への絶対的忠誠を強調する葉隠的論理が説かれると、その忠誠対象は、非人格化された藩の藩主から天皇という人格へと上昇転移する。そして一君万民思想からして、君への忠誠においては上下の差別はないという壮烈な行動のエネルギーが生まれてくる。こうして日本のナショナリズムのエネルギーが生成する。それは非常に閉鎖的であるが、他方で猛烈な能動性を有し、ウルトラ・ナショナリズムに傾きやすい。このようにして戦国武士の行動様式は一旦崩壊して幕末維新期にふたたび復活するのである〉」。〔以上、五九年度講義、第三章補記〕

第四章　徳川封建体制と儒教思想

日本儒教の由来

四世紀頃、百済を通じて『論語』などの経典が入り（応神天皇一六年、王仁）、欽明天皇（六世紀）の頃には、五経博士が渡来したところから知られるように、儒教思想摂取の歴史も殆ど仏教と同様に古い。

聖徳太子〔の十七条〕憲法。〈太子はまぎれもない仏教信者だが〉第一六条、君臣の名分、安民の理念等に儒学の影響が見られ、経典の字句が往々そのまま採用されている。「以和為貴」―『礼記』「儒行」、「使㆑民以㆑時」―『論語』「学而」など。

大化改新以後律令体制において、教育とくに官吏養成は中国にならって儒学を基礎とし、『周易』『尚書』『周礼』『〔春秋〕左伝』等々が教科書に用いられた。しかし平安時代に入ると、仏教思想に圧倒されて「漢学」〈と呼ばれた儒教〉も文学・歴史を主とする〈貴族の〉単なる教養的色彩を濃く〈退化〉していった。律令時代に設けられた大学はますます形骸化し、鎌倉時代には、中原・清原家（明経道）、大江・菅原家（紀伝道）といった博士家の私的な家学のようなものとなった。この間入宋した禅僧によって新興儒学たる宋学（朱子学）が輸入され、朝廷の講書でも朱註が採用されるようになった（後醍醐天皇と僧玄恵）。建武中興の政治理念には、北畠親房の神道と並んで、この宋学の名分論、正名論が少からず影響している。しかし当時はまだ専門の儒学者というものはなく、殆ど経学は禅僧によって維持され、また講読されていた。〈断片的な形では武家の式目にも入っている〉。

儒教が単に断片的な道徳的教説にとどまらず、いわば体制そのものの論理にまで一般化し、とくに政治思想として殆ど思想界に独占的地位を占めるに至ったのは、江戸時代に入ってからであった。こうして近世において儒学のブリューテツァイト〔Bluetezeit〕全盛期をもった事は、ほぼ三つの契機によって裏づけられていた。

一、江戸幕府及び各藩によって、正統的教学としての地位を公的に保証されたこと。

二、儒教自体の思想内容の全一性（インテグリティー）と体系性が、宋学以後飛躍的に増大したこと。統一的な世界像にまで拡大されたことによって、この時代の全体的視座構造〈マンハイムのいうAspektstruktur〉をなした。

三、儒者という形で、そのイデオロギーの専門的研究者及び教育者が出現し、彼等によるさまざまの「学派」が形成されたこと。

以下この三者の契機について略説する。

〔以上の部分の自筆原稿は資料番号509〕

一　封建権力の教学としての儒教の確立

〈徳川幕府の家康は儒教に早くから関心をもち、権力をとる以前から藤原惺窩を江戸に引見し〔文禄二年〔一五九三〕〕、『貞観政要』を講義させた。惺窩と林羅山はいずれも僧侶から還俗して儒者になった。このことは思想的な指導権が仏教から儒教へ移ったことを象徴する。羅山は惺窩の弟子で、京都で博士家のアカデミーに対して民間の在野的立場で朱子の注釈によって『論語』を講義し、博士家の忌諱にふれて訴えられた。このとき家康が羅山を擁護して関係ができた。慶長一二年（一六〇七）、家康は羅山を政治的秘書とし、以後、林家が世襲して幕府の教学を担った。家康個人が儒教を庇護した個人的な動機よりも、儒教が幕府・各藩の正統的な教学、イデオロギーとなったことがより重要である。

儒教は中国では士大夫階級、読書人階級（Literatenstand）のイデオロギーであり、本来は人文主義的な文人官僚のイデオロギーだった。したがって武士を支配者とする準戦時体制にある封建社会とは適合しないものを多く含んでいた。たとえば武に対する文の優位は儒教に一貫している。また死後の世界に対する無関心や徹底した現世主義もそうである（怪力乱神を語らず）。これらは明日をも知れず命がけで戦場を馳駆する武士の倫理として適当ではなかった。鎌倉武士が禅などを好んだのは当然である。坂東武者の習から戦国時代に形成された武士道は色々な点で儒教との相違を示している。

しかしまさにこうした人文主義的な文人官僚のイデオロギーがもつ特質が、幕藩体制が確立するにつれて儒教を重視させる理由になった。戦国の殺伐とした雰囲気に育ち、非常事態の行動様式を身につけた武士に対し、平和と安定の時代に文官の任務を課し、しかも再編成された封建社会における武士の新たな存在理由を求めることが、封建権力の当面した最大の問題だったからである。これに成功しなければ、全国的統一も精神的紐帯がゆるむことになる（馬上で得た天下は馬上で治めることはできない〔『史記』「陸賈伝」〕）。

もちろん幕府成立当初は辺地の大名を統制下においてはいないので、こうした文教重視政策を直ちに貫くことは出来なかった。江戸幕府の政治組織をみると、根本的には一朝事ある時に行政組織がそのまま軍隊組織に転化する構成をとっている。武家諸法度もこうした状況を反映して、慶長二〇年（一六一五）のそれには「法はこれ礼節の本なり。法を以て理を破るも、理を以て法を破らざれ」とある（『御触書寛保集成』岩波書店、一九三四年、一頁）。これは法家の立場であって儒家の立場ではない。しかし幕府は客観情勢が許すかぎり、武断主義を緩和していった。幕府の一般政策でみると、武士階級を統制するための基本法令が整備されるなかで、浪人の発生を防ぐため、慶安四年（一六五一）には末期養子の条件が緩和された。殉死も寛永三年（一六二六）に禁止された。もちろん戦国時代の雰囲気はすぐに消滅するものではなかったが、三代将軍家光から五代将軍綱吉にかけて、こうした政策転換がほぼ完了したといってよい。綱吉の武家諸法度をみると、最初の言葉が「文武忠孝を励し、礼儀を正しくすべきの事」と改められている（同上、八頁）。戦国時代からのイデオロギー的転換がこうした点に現われている。

そして戦国時代以来の検地・刀狩りという過程を経て兵農分離が完成し、武士が職業的官僚層として組織化され、城下町に集住する。こうした武士の存在形態の質的変化が儒教の登場を必然とする客観的地盤をなした。戦国時代には、戦闘様式は組織化されたが兵農分離は完全でなく、日常的に主君の下で集団的生活を営むことはなかった。しかしいまや武士は中国の士大夫層と同じく、農工商の上に徒食して自らは生産しない寄生階級になった。こうした状況の下で戦争がなければ、武士の社会的存在理由が失われる。ここに支配的立場にある知識人として人民を教化するという理由付けが求められ、それには教育と政治支配とが不可分にからみあっている儒教が適していた。

儒教の前提によれば、人民は倫理外的存在であり（反倫理的ではない）、智者の徳による政治によって倫理的秩序に組み入れられるとされた。『孟子』に「心を労する者は人を治め、力を労する者は人に治めらる。人に治めらるる者は人を食ひ（やしな）、人を治むる者は人に食はるるは、天下の通義なり」とある（「滕文公上」）。一方の極における真理と道徳、他方の極における無知と官能的欲望。この両極の対立を前提として、はじめて民に真理と道徳を教える治者の存在が必要となる。武士を行政官僚に転化する必要が生じただけでなく、そうした点以外に武士の存在理由がなくなったことが、封建支配者をして儒教のイデオロギー的役割に期待させた。

また従来の伝統的武士道は非常事態のモラルであり、具体的な人間関係から離れた普遍的な道徳としては組織できない。この点でもヒエラルヒーに編成されたメンバーの倫理としては適しない。つまり行政官僚として組織化された武士層には役割に応じた内部の統制倫理が必要で、客観的な倫理が要求される。この点でも儒教が適格視されてくる。儒教の母国である中国の周代の封建制と徳川時代の封建制とは、実態的には非常に違っている。にもかかわらず、階層倫理としての類型性において儒教倫理は意味をもち、アナロジー（類比）が用いられた。

天子—諸侯—卿大夫—士—庶人

将軍—大名—家老—藩士—庶民

アナロジーで当てはめると、儒教倫理は形式的な類似性で安定する。ヒエラルヒーが厖大で細分化されるほど、礼による規律が要請されてきた。

以上は権力の立場からみて、儒教を採りいれる必要性があったことの説明である〉。

｛以上の部分の自筆原稿は資料番号509｝

二　封建制の視座構造としての儒教の世界像

〈マックス・ウェーバーは儒教を、「世界に対する分裂を、世界の宗教的蔑視という意味においても、世界の実践的排斥という意味でも、絶対的なミニマムに縮小した合理的倫理」と呼んでいる{*Konfuzianismus und Taoismus.* Resultat}。つまり世界と自分との分裂を埋める倫理。世界を変革する意識はその世界に対する緊張関係から出てくるが、儒教はその緊張を最小限度に縮小する倫理だというのである。現実世界の肯定の極限。儒教倫理はこれを、対象的経験的世界に倫理的な本質を有する理性を内在させることによって体系化した。ここに、善＝道＝自然秩序＝社会秩序という公式が成立する。儒教には「根本悪」{das Radikalböse、カント}という観念は初めから欠如している。秩序への背反がすなわち悪である。「其の人となりや孝悌にして、上を犯すを好む者は鮮(すくな)し。上を犯すを好まずして、乱を作すを好む者は、未だこれ有らざるなり」（『論語』「学而」）。

社会秩序の中に存在する理性と個人に内在する理性とは同じで、それは自然界を貫通する理性、法則となる。理＝道。

五倫（君臣・父子・夫婦・兄弟・朋友）を規律する根本規範は、自然秩序を律する法則と同じである。具体的社会関係が自然秩序に基礎づけられ、逆に自然秩序は最初から倫理性をもっていて、社会秩序に基礎づけられている。循環論であり、これが儒教的世界像本来の特色である。したがってここでは、いかなる個物もその中に普遍的価値が内在することによって意味づけられる。たんに抽象的に個物が個物としてあるのではなく、普遍的価値との有機的関連において、普遍的秩序の中で一定の地位を有することによって価値を分有する。個物は宇宙秩序の中で地位を比定され、その地位との関連で考えられる。地位との関連を失えば個物は意味を失う。これは階層的ヒエラルヒーにおける個物の空間的位置づけである。

このことが封建秩序の中にいる人間にとって、儒教的世界像をナチュラルな視座構造たらしめる。封建社会に生きる人間が儒教的範疇をめがねとして世界をみると、それを合理的に解釈するのに都合がよい。徳川時代に儒教が浸透し、広く庶民層までも捉えたのには、こうした内面的要素も存在した。たんに支配層が上から押しつけたイデオロギーとはいえないものがある。それは封建社会の構造とも照応している。

徳川時代の封建社会における法的規制をみると、身分の固定化が最大の眼目となっている。しかもそれは垂直的だけでなく平面的にも現われる。上下の移動が禁圧される。同じ身分内の職業の移動も許されない。身分間の差別を象徴するために衣食住の上下が煩瑣に区別され、武士と庶民は居住地を離すことにより、生活様式が互いに浸透することが防止される。農民が土地から離れることを禁止されるのは、武士の経済的収入が減るという根本的な動機以外に、空間的に隔離することにイデオロギー的な意味がある。

権威は空間の隔離を伴う。身分をできるかぎり空間的に表示しようとする。その結果、局地解決主義が特色になる。上にも横にも問題を広めない。各人がみだりにその場を動いてはならない。借金相対済令も、問題を空間的に局限しようとする傾向を示す。それが時間的に表示されると祖法墨守、新儀停止となって現われる。

こうした生活の雰囲気の中にいれば、自分と生活圏とが密着するから生活圏は自然必然的な所与と感じられる。また身分、格式、煩瑣な例、これらの客観的に自分を縛る機構（カ）は、それなしには自分も存在しない自然必然的な所与と感じられる。こうして自然秩序と社会秩序を連続させる思考様式が、この社会の視座構造になる。それが特殊的な思惟として強調されれば、儒教的自然法の特色となって現われる〉。

（一月二十三日）

〈封建社会に生きる人間にとって、自分の住む環境は固定していて運命的なものと観念される。生活圏の範囲が狭く、コミュニケーションが限定される。こうした中で身分的秩序が固定化すると、身分はますます自然的なものと表象される。具体的にみると、君臣、父子、夫婦、兄弟、朋友の五倫のうち、近世日本で君臣、父子と言われたものの実態は、原始儒教ないしその後の中国で儒教が想定していたものと同じではない。しかし五倫の名において封建社会の根本規範が措定される。このうち朋友をのぞけば、他の四倫は君臣関係と家族関係に関わる。つまり君臣関係と家族関係が人倫関係の大部分を占めている。こういう基本範疇を封建社会に当てはめると、適合性が出てくる。

とくに封建制の支配階級である武士をとると、その生活規範は君臣関係と家族関係に帰着し、それ以外の人間関係は問題にならなくなる。封建制が体制として安定すると、目にみえる人倫関係はこの二つにほとんど吸収される。近代的市民的なコミュニケーションが欠落し、横のパブリックな関係がなくなる。朋友だけが他人関係であるが、朋友以外の赤の他人との関係を律する倫理的な規範はない。

いかに横のパブリックな関係の思想が欠如していたか。君臣、父子、夫婦、兄弟は縦の関係で、朋友だけが横の関係である。だがこれが具体的に表象される場合は、他の四倫になぞらえて理解される。だから「朋友の序」というのはないが、実際にはそうした縦の関係に引きつけて表象される。人と人との平等な者同士のパブリックな関係がない。封建制が進むと、こうした発想がナチュラルになり、これが社会秩序と自然秩序を類比する考えと結びつく。自然秩序は天地として表象され、天地がすべての社会関係を基礎づける根本となる。天地はいうまでもなく上下の関係である（夫は天、婦は地のごとし）。

こうした考えがいかに深く封建制の確立期に人々の先験的な物の見方として浸透していったかを前提しないと、儒教思想の浸潤は理解できない。キリシタンが近世初期に入ってきた時、新興の宋学のイデオロギーとキリスト教の世界観とが真っ向から対立した。巴鼻庵（ハビアン）の『妙貞問答』は、当時の知識人がいかにキリスト教の世界像を理解したかのよい例だが、彼が林羅山と論争した。禅僧からキリシタンに転向した巴鼻庵と新興の朱子学を代表する羅山との一騎打ち。形而上学から道徳論に及び、次第に感情的になる。巴鼻庵が地動説によって儒教の宇宙像を覆そうとする。地球儀を示して、地の下にまた天ありという。これに対して羅山は、万物みな上下あり、豈に天地のみ上下なからんやという。循環論法である。上下関係が視座構造に食い入っているからこういうことになる。羅山は苦戦するが、後にキリスト教について、理論として大したものではないが、一夫一婦制を説く彼らは婦女を惑わし、大害をもたらすとした。

「世の匹婦と雖も妬忌最も多し。耶蘇女を誑し、以て男の妾を蓄えず強姦せず和姦せざるを教ふ。故に凡婦女悦んで之を信奉す。彼の邪学、諸方の室家を誘勧するも亦之の如しとしか云ふ」（「示石川丈山書」〔甲午年季春下浣〕『羅山林先生文集』巻七〔『羅山先生文集』巻一、平安考古学会、一九一八年、九五頁〕）

〔編者注。論争全体については『講義録』第六冊、八八―九一頁に紹介がある〕。

天地上下をすべての社会関係にあてはめて理解する。上から下へのヒエラルヒーが安定してゆくにつれて、天地上下が必然的な表象になっていった。だから封建社会に住む人間にとって、階層秩序は、自然界の目にみえない秩序が目にみえる社会関係として顕現したものと考えられる。各自は秩序のなかで与えられた地位と職分を自然的なものとして受け取り、それを運命的に遂行することにより、全体の社会秩序の有機的統一が自ら確保されることになる。

宋学の世界観を詳しく話すのは略すが、宇宙の究極的な実在として太極があり、これが一方では五倫五常の関係秩序、他方では人間性の先天的本性である本然の性を根拠づけている。理一分殊ともいう。本然の性はすべての人間に宿るが、後天的な気質が先天的な本然の性を覆う。気質の厚薄により聖賢痴愚のヒエラルヒーが生まれる。同様に宇宙の一木一草に天理が宿るが、その具体的機能は後天的な気の働きによって価値的な上下が生ずる。自然秩序の中で人間は万物の霊長として上にある。他の動物に比して気が理を覆うことが少ないからである。この関係が人間の内部にも妥当して、聖人と庶人の差が生まれる。万物にそった形で存在しているので分殊という。こうした整然とした宇宙秩序像が、封建制の上下階層的な秩序に見合っている。以上が江戸時代に入って、なぜ儒教が時代の全体的な視座構造になったかの説明である〉。

三　儒者の出現

〈第三の契機として、イデオロギーの専門的教育者が出現して学派が作られたこと。近代社会では、世界の根拠や解釈について、色々な立場からの自由競争が当然とされる。真理が予め定まっているのではなく、競争により相対的な真理を通ってそれに接近する。したがって知識人は特定の社会層に属さず、特権をもたない。「自由」は思考の自由と身分的自由の二つを意味する。ところが前近代社会では、ある特権的な身分層が自由な思惟によらずに定めた教説が、上から真理として配給される。したがって教―学が学問の前提となる。それは政治の世界の統治―服従と照応する。治者が真理を決定して下に配給する。したがって政教一致になる。

徳川時代の儒者は、封建的な学問のあり方から近代的な学問のあり方への過渡的段階を占める。インドのカースト社会では学問する階級が固定され、その階級が、独占的に民衆に真理を配給する役割が保障されている。そうした所では、オーソドックスな正統な真理は一つしかなく、学派の形成される余地がない。徳川時代における儒者と学派は、近代の自由な知識人が生誕する過渡的段階を占めており、カースト社会ほどの身分的特権はもたない。儒者は大部分封建権力に抱えられていたが、身分的に自由な者もいた。また前述したように、林家の朱子学が幕府のオーソドキシーを独占していたが、やがて多様な学派が形成された。林家の制度的地位は最後まで続いたが、学派の成立を妨害する力は持たなかった。

しかし徳川時代に形成された学派は近代的なシューレと同じではない。芸術における家元と同じで、学派の祖が真理を独占しているからである。美という価値が家元の個人的人格と結合しているように、真理がすでに確立した既成の権威と合一している。そこで徳川時代の学派は強い排他性をもつ。真理性を独占しようとする競争はあるが、学派同士の論争や競争を通じて真理を追求するのではない。だから師に対して異説を唱えれば破門され、破門された者は別の学派の祖になる。林家や朱子学の正統性は、結局は貫かれなかった。権力が朱子学の正統性を確立しようとする試みはあったが、成功した度合いは中国に比してはるかに低かった。こうして近代的な意味のシューレではないが多様な学派がうまれ、その中から儒教思想そのものを否定しようとする思想も生れてきた。

朱子学には二大学統がある。1．京都に発生した京師朱子学。2．土佐に発生した海南朱子学。

1．京師朱子学は藤原惺窩にはじまり、林羅山がその系統として出て幕府の朱子学の正統となる。

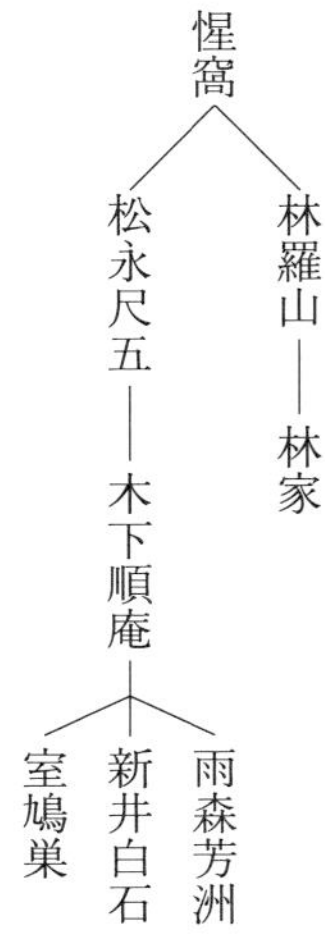

惺窩
- 林羅山──林家
- 松永尺五──木下順庵
  - 雨森芳洲
  - 新井白石
  - 室鳩巣

2. 南学

南村梅軒——谷時中
- 山崎闇斎（垂加神道）
  - 浅見絅斎……水戸学
  - 佐藤直方
  - 三宅尚斎（以上が崎門三傑）
- 野中兼山
- 小倉三省

崎門三傑は垂加神道に反対し、そのうち浅見・佐藤は闇斎から破門された。闇斎は極めて厳格で、彼の講席から出るときは「虎口を脱する」思いがしたという。

中期以後になると、大坂に懐徳堂系統の朱子学が出る。これはまた別の系統である。

中井竹山——中井履軒
- 山片蟠桃（唯物論的立場）
- 富永仲基（排仏論で有名）

大坂朱子学は近代的・合理主義的な考えに近く、学問に対する態度がトレラントだった。朱子学がある程度オリジナルだったのは懐徳堂までで、後期になると思想家は朱子学から出ていない。

陽明学は朱子学と違って学統をもたず断片的で、一貫した流れをたどることは難しい。中江藤樹は生涯の大部分は朱子学者で、晩年に陽明学に近づいた。弟子の熊沢蕃山も同じで、よくいえば自由だが、悪くいえば折衷的である。後期になると、佐藤一斎、大塩中斎という陽明学者がでるが、はっきり陽明学者といわれるのは少ない。〈大塩が乱を起こした行動と陽明学との繋がりは明瞭ではない。むしろ正統朱子学に陽明学的着色を帯びさせたという面での影響が重要である。——この一文は五九年度講義〉。

これに対して第三の古学ははっきりしており、宋明の新しい儒学を排して原始儒教に帰ることを主張した。思想的にはもっとも独創的な思索が古学派の系統から生れた。伊藤仁斎、山鹿素行の二人は同時に、無関係に出てきた。学派を作ったのは仁斎で、堀河学派という。仁斎の息子の東涯が跡を継いでいる。この学統から出て、別の学派を作ったのが荻生徂徠である。*蘐園学派。ここから第一級の学者が出ている。太宰春台、服部南郭。この系統は水戸学にも流れこむ。中期以後の儒学はすべて徂徠学に対する反発、批判として発生している。しかし朱子学も衰えるので、それに帰依しない折衷学派が現われる。井上金峨、片山兼山、太田錦城、山本北山など。また孤立した朱子学者として九州の貝原益軒がいる。これは朱子学者だが、最晩年にいたって朱子学に疑問をもった。

〔*編者注。*について五九年度講義には以下のようにある〕。〈徂徠の学派は蘐園学派と呼ばれた。江戸において非常に大きい勢力を得、むしろ正統な教学の本家たる林家を圧倒した。あまり大きな力を得たので、これに対する批判も起こる。この学派から俊秀が輩出した。太宰春台と山県周南は徂徠の経世の学、ポリティクスの面を継承し、服部南郭、平野金華は文芸の面を継承した。南郭は賀茂真淵と親交があった。徂徠の下に集まった人材には多様性があった。一面で朱子学から自由な立場をとるが、他面でいかがわしい人間も受入れる面があった。そこで寛政異学の禁なども起こってくる。徂徠は非常にウィットのある人物だったという。ある人が老子の前に孔子がひれ伏している図を見せたところ、老子虚無を語り、孔子伏して笑うと言ったという〔『蘐園雑話』に似た逸話がのっている〕。この学派は一方で水戸学へゆくが、他方で明治の最初の西洋文化の輸入者だった西周はこの影響を受けており、福沢諭吉もこれに属する。以上のような諸学派は幕末においてさまざまの方向に発展してゆく（この他にどの学派にも属さない折衷学派もあったが省略する）〉。

これらの学派は政治思想として大きな部分をなさないので、一々細かく取りあげない。その代わりに徳川初期に支配的となり、徳川時代を通じて最もオーソドックスな観念をなした政治思想を抽出して一括して論ずる。どのような問題が契機となって、それが変化し崩れていったか。

〈前述したように儒教的世界観の根本観念は、宇宙的秩序と社会的秩序と人間性の連続した相関関係で、それはもっとも大規模な自然法思想といえる。個物が全体的秩序から指定される地位を遵守し、その職分を守ることによって、全体秩序が円滑に進行するという考え。これが身分社会では二つに分岐する。相対的統治者の規範としての仁政と、相対的被治者の義務としての分限である。これらは同じことの二つの現われであり、両者は職分思想において統一される〉。

仁政

〈自然法からくる為政者の仁政がまず問題となる。ヒエラルヒーが被治者までもとらえると、それを律する規範に儒教思想が浸透する。君臣関係をモデルにして考えると、ヒエラルヒーの頂点と最低点を除けば、すべての人が治者と被治者の二重性格をもつ。したがって、職分の観念からくる統治者の性格と被治者の性格が内面的に関連してくる。この仁政という為政者の職分も、宇宙的秩序における万物の生育を政治的秩序に移したものとして観念される。つまり、天地がものをはぐくみ育てる精神を統治に移したのが仁政である。天地がものをはぐくむように民をはぐくむのである。

これは、二つの形で具体化される。①人民に対する過度の搾取の否定。②為政者自身の私的享楽の抑制。これが徳川時代において一貫して強調された政治思想のモメントになっている。それは単にイデオロギー的欺瞞とはいえない。もっと本質的な社会的契機がある。というのは、一方では「農は納なり」という悪い意味でのリアリズムが言われていたが、支配階級の立場からも、農民の労働力の再生産を不可能にするほど搾取を進めれば、長期的には支配層の基盤をゆるめてマイナスになる。実際、徳川封建社会が進むにつれ、農民がいろいろな形で抵抗してくる。間引とか逃散があると農業労働力が急速に衰え、封建支配者にはマイナスになる。本百姓の維持が封建的支配関係を安定させる基礎であるが、そのためには再生産を不可能にするほど農業の生産性を抑えないことが要求される。

支配層の享楽の抑制も同じことである。もちろん、被支配層に対しては奢侈を厳重に禁ずる。徳川中期以後になると商品流通が激しくなり、武士階級の生活費が騰貴する傾向が見られるようになるが、武士階級の再生産は単純再生産に限定されているので、ひたすら浪費を抑制する以外にない。だから①も②も当時の社会関係、生産様式に根ざしたイデオロギーであったことが分かる。そしてこういう仁政主義が天理に基礎づけられた支配者の義務になる。この論理をおしすすめれば、[カ]古代の有徳者君主思想、ひいては禅譲放伐に必然的に導かれる〉。

〔編者注。以上の「仁政論」は四八年度講義とほぼ重複するが、それをうけた以下の有徳者君主思想・易姓革命論は、五六年度講義で詳説され、五七年度には一層整理された形をとる〕。

（一月二十八日）

〈儒教の職分論が治者に適用されると「仁政」となる。それは天に基礎づけられた支配者の義務である。この論理を突きつめれば、古典儒教の大きなファクターである有徳者君主思想、易姓革命論につながる。

有徳者君主思想は、①君主の地位は世襲でなく徳のある者に譲るべきだとする禅譲と、②暴君は、天命を受けてこれを放伐するという二つを含む。儒教の革命思想は日本の神国思想の箇所でも少し論じたが〔本書五二頁〕、もとは『易』から出ている。『易』の卦が六四、その中に「革」の卦があり、それに関する「彖伝」に次のようにある。

「天地革而四時成、湯武革レ命、順二乎天一而応二乎人一、革之時大矣哉」
（天地革まりて四時なる、湯武命を革め、天に順って人に応ず、革の時大なるかな）

「革命」という言葉はここから出ている。殷の湯王が桀を、周の武王が紂を伐ったことを『書経』で正当化したことからこの思想が発展した。天命が民の動向に現われ、人民が政治に離反するのは天命の現われだという考え方である。『書経』「泰誓」に「天視自我民視、天聴自我民聴」（天の視るはわが民の視るよりし、天の聴くはわが民の聴くよりする）とあるが、この思想を定式化したのが孟子である。

斉の宣王が湯武の放伐についてたずねた時、孟子は「仁をそこなう者これを賊といい、義をそこなう者これを残という。残賊の人これを一夫という。一夫の紂を誅することは聞けり。未だ君を弑するを聞かざるなり」と答えた（『孟子』「梁恵王下」）。すなわち仁義という儒教の客観的規範を無視して民を虐げる君主は、一人の人間、独夫にすぎず、彼を殺したのは民衆から浮き上がった者を殺したので、君主を弑したのではないと言うのである。このように孟子においては、自然法思想の中にある君臣の義務の相互性がかなりはっきり確認されている。「君の臣をみること犬馬の如くなれば、則ち臣の君をみること国人（他人）の如し。君の臣をみること土芥の如くなれば、則ち臣の君をみること寇讐のごとし」（「離婁下」）。これは自然法理念を突きつめれば、当然出てくる考え方である。

こうした易姓革命の理念は儒教的自然法に由来し、政治は秩序に内在する理性を現わすという立場に立っている。したがって易姓革命は、秩序に内在する理性・根本規範を侵犯した具体的な君主、すなわち権力に対する伝統的制限を無視した君主に対する反抗である。具体的な王朝に対する革命であり、伝統に内在する秩序の回復をめざす。そこでウェーバーはこれを「伝統主義的革命」と名づけた。ここでは、統治体系や社会の全体制が変革されるような「革命」の理念は内在的には出てこない。

純思想史的にいって、ウェーバーがいう「予言者」がいない。予言者はカリスマの担い手として、一切の伝統的価値を否定して未来に向かって新しい価値体系の創造をめざす。これがトータルな革命の思想的原型になる。それに対して儒教では、つねに伝統的規範が支配している。それを蔑視した君主に対して伝統的規範の名において革命を起こす。したがって革命の主体は支配層の諸侯、豪族〈有力な家産官僚——五九年度講義〉であり、民衆ではない。民衆の向背は重大な意味をもつが、それは天命を知るための規準としてであり、統治が天命にかなっているか否かを測定する素材にすぎない。天変地異もやはり君主の不徳ゆえに起こるとされており、それと同じ次元で民衆の向背がみられる。

歴史的にみると易姓革命論は、革命を起こすことの合理化よりは、旧王朝から政権を奪取した新王朝が自己を正当化する論理として、既に起こった事実をジャスティファイするために用いられた。そもそも殷の諸侯だった周が権力を奪ったのが殷周革命で、その時からそうだったといえる〉。

〈革命理論としてはこうした制約があるが、自然法思想から論理的に由来するものであり、血統に根拠をおく日本の伝統的な神国思想〈神勅による受権と血統的連続性が正統化の重要な基礎——五九年度講義〉とは当然に衝突する。儒教がオーソドックスな政治思想とされ、さらに社会全体の視座構造に拡大した徳川時代には、この問題をどう処理するかが大きな問題となった。この問題に対する儒者、さらには儒者以外の徳川時代の学者、思想家のとった態度をみると、ほぼ四つの類型がある。

第一　放任的態度

論理的に突きつめずに、のんきに放っておく態度。たんにのんきなのではなく、儒教思想のうち革命思想のファクターを回避する場合もある。いずれにしても、これが非常に多い。

第二　修正主義

これにも色々あるが、一番大きなものとして、君主が天命を受けているという考えを日本にあてはめて、天を天皇へ、君主を幕府・大名へと一つずつずらしてゆく修正主義がある。〈徳川時代には権威と権力の分業があったので、天皇による権力の委任は、現実の権力をもたない天が地上の支配者に命を降すという関係に類比されやすかった。――五九年度講義〉。そして武家政治における、源氏→北条→足利→織田→豊臣→徳川という変遷過程を天皇の命を失ったからという理由で説明する。

山崎闇斎の尊王思想の継承者の一人である玉木正英は次のように言っている。

「異国には大君の上に天帝あり。勅命の上に上天之命あり。吾国の大君は、所謂天帝也。勅命は所謂天命と心得べし。仮令へば天災ありて、大風洪水或は時疫流行して人民多く死亡に到ると雖も、一人も天を怨むる者はなく、下民罪ある故に、天此災を降せりとして、反て身を省る。是常に天帝の清明なるを仰ぎ尊む故なり」（『藻塩草』〔村岡典嗣「垂加神道の根本義と本居への関係」（『増訂日本思想史研究』岩波書店、一九四〇年、二五〇頁、番号0192573）〕）

初期の惺窩や羅山はおおむね湯武放伐を素朴に肯定している〔四八年度講義録、一〇八―一〇九頁に引用がある〕。突きつめて考えていないという面もあるが、豊臣から政権を奪った徳川を正当化するという要素も働いている。家康は湯武放伐について羅山に尋ね、自分の政権の正当化の根拠をそこに見いだして喜んでいる〔「対幕府問」五条のうち最後の一条を参照、『羅山林先生文集』巻三十一（『羅山先生文集』巻第一、三四二―三四三頁）。

原始儒教の中にある革命の論理を、現実の如何を問わず、どこまでも突きつめてゆく型。室鳩巣、荻生徂徠、佐藤直方、三宅尚斎。これは比較的少ない。日本の思想史にみられる妥協的傾向がここに現われている。

第三　公式主義

山崎闇斎は朱子学一辺倒だったが、のちに神道に傾倒した。そこで二つの流れが出て、いずれもファナティックなものが出てくる。

室鳩巣は湯武放伐を絶対的に肯定した。「主君もと不貴、民位に依て貴なり」「天下といひ国家と云、征伐して得たるも、封ぜられて得たるも、皆一様に我が有にはあらず。悉く其民の有なり」（『不亡鈔』巻之三（『日本経済大典』第六巻、史誌出版社、一九二八年、六七、六九頁））。このように孟子の中にある民本主義思想を最も大胆に全面的に出している。

佐藤直方は有徳者君主思想に基づき、血統主義を全く否定した。

「天地開闢天下を取初めた人の子孫かいつまでもつゝく筈て、それが正道じやと云は心得へぬこと也。天下の主となるは有徳の人のはつなり。無徳の人か天下の主になる筈はなし。聖賢の論明詳なり。有徳の君の子孫に至極無徳の桀紂如きあつて天下の人にうとまるゝ時は、有徳の人あつて天命を受て其悪主を討て天下を治るを天吏権道と云て大賢以上の人のすること也。天命と云からは、これには正統不正統の論は入る事に非す。堯舜の禅授、湯武放伐これ也。……正統は絶ても姓のかわらさるを以て万々世正統かわらす、万国にすくれたると云は俗ろん也。さて日本ては神武以来、聖賢の徳あつて湯武天吏の任に当る人はなし。日本て天子の御筋目を立てをくは、国風の律義なる也。徳からしたことても神代の光と云ことてもなし。その風俗なりに従ふたと云もの也」（「中国論集」『韞蔵録巻

十四』(『佐藤直方全集』日本古典学会、一九四一年、二六九頁、番号 0193435)}

三宅尚斎もある意味でもっと徹底させている。[†]

第四　絶対的否認

儒者のなかで湯武放伐を絶対的に否認しているのは少ない。多くは修正したり回避したりしている。後に垂加神道をたてたが山崎闇斎はこの否認派であった。そして国学者は、まさにこの点を捉えて最も鋭く儒教を攻撃した。どちらかといえば儒教思想の影響をうけながら、幕末に勤王思想が株をあげてくると、易姓革命論は激しく否定される。「天下は天下の天下なり、一人の天下に非ず」{『六韜』「文韜」} というのは有徳者君主思想のコロラリーで、儒教的自然法の一面をよく示している。幕末の吉田松陰はこの言葉を真っ向から否定した。幕府の正統性を否認するために、彼は「天下は一人の天下」と言い切っている {「斎藤生の文を評す」『丙辰幽室文稿』(『吉田松陰全集』第四巻、岩波書店、一九三八年、一四一頁、番号 0193629)}。こうした命題によって、絶対主義的な政治的集中の理念が提出されたわけである〉。

〈このように儒教的自然法が自然法的規範に対してアプリオリな優位性を置くとすれば、それは治者と被治者をともに拘束するはずであり、そうした客観的規範による治者・被治者の拘束という論理からは、当然に君民契約説が生れるはずである。これは丁度ヨーロッパ中世の自然法思想が、君民契約説を生んだ論理に対応する。ところが儒教思想では、がんらい規範そのものが伝統と密着しており、伝統的既成秩序に内在している。そのため規範が家父長的に解釈され、上級の人格者と規範が合一して、君民契約説はヨーロッパ中世ほど前面には出なかった。

君子・小人の対立が治者・被治者の対立になる。また真理と正義を教えることに武士階級のレゾンデートルがおかれた。こうして真理と正義とが支配層に集中し、それを民衆に配給することになる。その場合でも、五倫五常は一応具体的人格を離れた自然法ではあるが、それが秩序に内在しているという考えが強く、それを支配者が独占して民に配給するという考えと合一して家父長的思考が入りこむ。こうして本来客観的規範であるべき自然法が具体的人格と結合して下級者に対する教えになる。だから君民契約説は論理的には出てくるが、その契機は強くない。ヨーロッパの自然法は、それ自身が神法に拘束されているので、君民双方を拘束する。治者をも拘束するので近代立憲主義の起源になる。

こうした中で、ある場合には論理的に突きつめてゆく人も現われた。室鳩巣は自然法のアプリオリな優位を強調した。

「近代民の為に制禁有もの希なり。詞は民の為にして、心は皆己が為にす。若誠に民の為にせば自制禁にあたるべし。天下を制禁の内におゐて、君ひとり制禁の外に有こと心得がたし。若天下制禁の内に居て益あらば、君もまた制禁の内に居て益可ㇾ有。君制禁の内に居て損あらば、天下も又制禁の内に居て損可ㇾ有。天下を制禁の内に置て、君ひとり制禁の外に有ば、制禁皆己が為にして民の為にあらざること明なり」(『不亡抄』巻三〔『日本経済大典』第六巻、八四―八五頁〕)

もし天下がすべて法の中にあって益があるなら、君も益を受けるはずである。天下がすべて法の外にあって害になるなら、君にも害になるはずである。こういう考え方からさらに室は、君民契約の理念を提示している。

「民と我ともと独夫なり。民来て我に労を求む、我労せん事を約す、是を以て民拝して我を君とす。我君となつて民の為に労するは、約を行ふなり。労して為ㇾ功は工匠為ㇾ人に器物を制してあたひを得て後に猶功と成がごとし」

（『不亡抄』巻三〔同上、六七頁〕）

このようにはっきり言っているのは非常に少ない。幕末に近くなって海保青陵は、君臣関係は売買契約と同じだと明言している〔『稽古談』〕が、こうした例は比較的少ない。ただこの場合の君臣契約説にしても、封建的規範やモラルの絶対性を前提しており、近代市民社会の政治的武器（カ）である社会契約説とは論理的構造が全く異なる。

ギールケが『ヨハンネス・アルトジウス』で支配契約（Herrschaftsvertrag）と社会契約（Gesellschaftsvertrag）とを区別している。社会契約説の場合は、原子的な個人が集まって来るのだから、それは無から社会を創るのであり、その個人を拘束するものは一切ない。君民契約説の場合は、トータルな変革は出てこない。伝統的革命にすぎない。原子的な個人が集まって社会を創ったということの歴史的な意味は、いかなる伝統や因襲によっても拘束されない個人を設定することにより、全く新しい価値体系を生みだすエネルギーを生んだ点にある。

ヨーロッパ中世の自然法は、封建的・身分的特権を合理化する作用をもち、絶対君主の支配によって封建的身分関係が打破される過程で、この自然法も否定される。絶対君主はあらゆる伝統的規範から解放され、自由に新しい秩序を創ってゆく。この表象が絶対君主だけでなく人間一般にあてはめられると、それが社会契約説である。日本では徳川時代の儒教思想において比較的に君民契約説が論理的に表面に出なかったために、そのアンチテーゼとしての、人間が自由意思で規範を創ってゆくという表象も一般に根づかなかった。社会契約説は明治以後になっても純粋な形では登場してこない。福沢が『学問のすゝめ』の中で人間の平等を説き、その後で政府と人民の関係について

「抑も政府と人民との間柄は前にも云へる如く唯強弱の有様を異にするのみにして権理の異同あるの理なし百姓は

米を作て人を養ひ町人は物を売買して世の便利を達す是即ち百姓町人の商売なり政府は法令を設けて悪人を制し善人を保護す是即ち政府の商売なりこの商売を為すには莫大の費なれども政府には米もなく金もなきゆゑ百姓町人より年貢運上を出して政府の勝手方を賄はんと双方一致の上相談を取極めたり是即ち政府と人民との約束なり故に百姓町人は年貢運上を出して固く国法を守れば其職分を尽したりと云ふ可し政府は年貢運上を取て正しく其使払を立て人民を保護すれば其職分を尽したりと云ふ可し双方既其職分を尽して約束を違ふることなき上は更に何等の申分もある可らず各其権理通義を逞ふして少しも妨を為すの理なし」〔二篇（『福沢撰集』岩波文庫、一九二八年、八一頁、番号0199089）〕

と述べている。これは依然として支配契約の思想だが、人間の平等に基づく相互性から家父長的慈恵性が否定されている。それまでは家父長思想が結びついていた。

以上で自然法思想が治者に適用されると仁政思想になることを述べた。他面、自然法に基づく職分の思想が被治者の職分として言われる時には分限の思想になって現われる〉。

分限思想

〈分を知る、分限を知るということは、論理的には治者が自分の分を知れば仁政となるが、現実には、上級者に服従するように、被治者に対して分を知れと言われる。ヒエラルヒッシュな秩序を維持するため、分限が下級者向けの倫理として大規模に普及し、さらにそれが天命思想で合理化されると、人間がもって生まれた職業や地位に甘んぜよといわれ、ヒエラルヒーを固定化するのに好都合な思想となった。

「官禄は我より下なる人を見て、わが身をやすんじ楽しむべし。上なる人をうらやむべからず。官禄の富貴と貧賤

とは、天命にて生れ付たる分限あり」（貝原益軒『初学訓』巻之四〔『益軒全集』巻之三、三五頁〕）

「耕作の時いたり、田に稲をうへ畠に菽をうへて、天時地利みなよくかなひ候ても、他人の田畠にうへつけぬれば我用にたゝぬうへに、かへつてぬす人のとがめあるべし。これは時もところもよけれども、わがくらゐの分際にきことをするゆへなり」〔中江藤樹『翁問答』岩波文庫、一九三六年、一一四頁、番号0197536〕

「分をやすんじて分外をうらやみねがふべからず。……世にはさいはひわれほどもなき人多し。われより下なる人を見て足る事をしり、分をやすんじ、外をねがはざればうれひなく、楽多くしてわざはひなし。又極めて貧しき人も、人各生れ付たる分ある事をしりて、分をやすんじて天をうらみ、人をとがむべからず」（貝原益軒『楽訓』巻之上〔『益軒全集』巻之三、六一二頁〕）

これが身分的秩序の固定化を意図する封建権力の政策にいかに合致したかは、言うまでもないことである。家康が言ったという「うへをみな、みのほどをしれ」という五字七字の教えは、この分限思想をよく示した言葉であろう。

分限の哲学的基礎づけとなると、人によって必ずしも同一ではない。たとえば中江藤樹によれば、

「太虚のうち、かたちあるほどのものに精粗のわかちなきものはなし。日と月と星は天の精なり、辰は天の粗なり。物を生ずる山と田畠は地の精なり、峻と不毛の野原は地の粗なり。……さていづれのものもその物のうちにて精なるものはその物のかなめとなり主たり。粗はその精にしたがふものなり。しかるによつてにんげんの精をうけたる聖賢君子は愚痴不肖の主君として、愚不精をおさめて教給ふ。粗をうけたる愚不肖は聖賢君子の臣下として聖賢の下知にしたがふ天命の本然なり」（『翁問答』上巻之末〔一二二―一二三頁〕）

理は万人に等しく内在しているとするのであり、これだけであれば人間平等の思想が出てくる。特に朱子学などで本然の性を強調したのは、悉有仏性という大乗仏教の影響を受けている面があり、そこには宗教的平等の理

念がある。理という契機からは平等が出てくる一方、現実の不平等を合理化するために気の精粗厚薄を持ち出してくる。粗は精に従うので、自然法によって指定された宇宙的秩序、社会的秩序の中の自分の位置を守るのが大事なのだ、という基礎づけがなされる。またこの他に、たとえば宋学の中の理一分殊で差別を基礎づける場合もあり、林羅山がそうである〉。〔編者注。分限思想に関する以上の議論は四八年度講義とほぼ重複する。これに対して以下は五六年度講義で付加された部分である〕。

〈いずれにせよこのように、職分の思想を支配層から相対的被治者層に及ぼしたとき、分限思想が出てくる。したがって儒教が全体の視座構造にまでなると庶民の間に浸透してゆく。徳川時代の中期以後になると心学が盛んになるが、それは支配階級から下降してきた分限思想を強調している。柴田鳩翁の『続々鳩翁道話』にも「此怠り（家業の怠り）の起る所は、身の分限を弁へませぬによつてじや。分とは、士農工商それ〳〵の分ち、限とは町人は是だけ、百姓はこれだけ、職人はこれ丈と、みな夫ぞれに、住居、衣類、食物は、申すにおよばず、身分だけの限りがござります。是を分限と申すのじや。その分限を過す所から、物入がつようなり……金まうけが足らぬやうになりまする。ソコデ家業のこしがぬけておのづから精出して勤めることがならぬ故、トウ〳〵先祖から仕来りの家業を取替るやうになります。こはい事じや」〔二の上（『心学道話全集』第一巻、忠誠堂、一九二八年、二一〇頁、番号 0193302)〕
と説いている。徳川時代の社会思想、倫理思想を通じて最もリフレインされたのが、この分限思想、知足安分である。明治初期の啓蒙思想家がヨーロッパから自由思想が入ったとき、自由と勝手気ままの違いを説明するのに、分限という言葉に引照している。自由は義務を伴うことを言うのに、自由は分限をわきまえることが必要と言わざるをえなかった。それほどにこの思想は広く国民に浸透した〉。

〔編者注。この末尾部分は五七年度講義で展開され、五九年度には以下のように語られる〕。〈明治になって近代ヨーロッパのカテゴリーである「自由」が採り入れられた時、これが恣意ではなく責任を伴うものだということを説明するために「分限」という伝統的カテゴリーを用いざるをえなかった〔福沢諭吉『学問のすゝめ』初編〕。この「分限」思想は支配階級対被支配階級の次元だけでなく、あらゆるものに適用される。そこで支配階級もある規範に拘束されているとされる。だからこれは決して専制 despotism の論理ではなく、封建社会の職業倫理になってゆく。

こうした分限思想ないし職分倫理は Beruf (Calling) の観念としてカルビニズムにもあるが、その内容において本質的な差異がある。儒教的職分倫理は社会的いわば空間的に指定された地位を天命として守るということで、Sache に仕えるのではない。近代的な Beruf の倫理は地位ではなく、何をもって世界に貢献するかという「本職」であり、しかも Sache に仕えるのである。しかるに職分は封建的なステータス（身分）と不可分で、それに強く定着したものである。そこで明治以後になってステータスが破れると、職業（家職）倫理も崩壊する。プロテスタンティズムにみられるような禁欲的・動的な職業倫理、Beruf の観念は生れにくい。ステータスの打破は、自由競争をほとんど無拘束なものとしてイメージさせる。明治以後の自由競争のイメージをみると、そこにはルールも何もなく、「立身出世」は排他的に自分がのしあがってゆくことを意味する。ステータスが秩序と結びついているために、ステータスが無くなると秩序がなくなり、文字通り阿修羅の巷を現出することになる。そこから疎外感が生まれ、共同体シンボルに絡みとられ、再びステータスに回帰する傾向をもつ。日本ほど自由競争のイメージが無秩序である所はないと言ってよい〉。

（一月三十日）

〈徳川時代における儒者・学者の位置。儒者・学者も君主に仕えている以上、分限を守ることが要請される。ところが儒教は本来治国平天下の思想であり、政治論は本質的な要素をなすから、儒者が分を守ることと政治論との間にデリケートな関係が生ずる。一般的には「その位に在らざれば、その政を謀らず」（『論語』「泰伯」）という原則が立てられる。為政者の位にない者が政治を議することは分限を守らないことになる。そこで徳川時代の儒者が現実政治を論ずるときは、「本来そうしたことはすべきではないのだが」という断りを付する。しかし徳川時代の末期にはその原則が守られなくなった。体制からの離反はつねにインテリゲンチャの離反から始まる。本来オーソドックスな世界観を配給することを仕事とした儒者が、自由な（身分に拘束されないという意味で）インテリゲンチャに変貌し、自由に批判するようになる。幕末の文久年間に龍温（東本願寺の学頭）が

「夫に就て儒者といへども詩文を作り、句読を授け、記誦詞章を業とするものと思ひしに、この頃の儒者は不爾。身野にありて猥りに国政を議す、是れ其位に非ずして其政を謀る不遜の罪を犯す事なれども、其咎めはなく、却つて其言を用ひらるゝに似たり。凡そ本朝の王法は専ら儒を以て立ち給ふに非ず。然るに野儒盛んに国事を議す、時なる哉。これ又大息すべきことなり」（香山院龍温著『闢謗概譚』文久三年〔『続真宗大系』第十七巻、真宗典籍刊行会、一九三九年、四―五頁〕）

と書いている。体制の末期的症状を示すといえる。もちろん封建社会の根本的な批判は徳川時代には出ず、あくまで時政の非難に止まる。これは分限思想が学者の自由な思考を阻んだことによる。

時政について分を守らない場合には「処士横議」といわれ、ほとんどアナーキーと同義語に解された。こうした観念がいかに盤石のように人を支配していたかは、福沢が二度目の洋行（文久三年）の折にイギリスについて持った印象を語った文章からもわかる。

「党派には保守党と自由党と徒党のやうな者があつて、双方負けず劣らず鎬を削て争ふて居ると云ふ。何の事だ、太平無事の天下に政治上の喧嘩をして居ると云ふ。サア分らない、コリヤ大変なことだ、何をして居るのか知らん、少しも考の付かう筈がない。彼の人と此の人とは敵だなんと云ふて、同じテーブルで酒を飲で、飯を喰て居る、少しも分らない」（『福翁自伝』〔『福沢全集』第七巻、国民図書、一九二六年、四二六―四二七頁〕）

議会を見学してびっくりした。白昼天下の政治を議して政権を争いながら、反対党の敵同士が食堂で一緒に座って談笑している。処士横議を許しながら、天下の秩序が保たれているように映り、とても理解できなかった。分限意識がいかに深く時代の価値体系に浸潤していたかを示している。村垣淡路守も同じ趣旨のことを言っている〉。

〈各自が与えられた分を守ってこそ、全体秩序の円滑な運行を期待できる。それは職分を守る位階制から当然に生まれてくる思考様式だった。こうして儒教は徳川時代を通じて時代の視座構造に一般化することにより、もっとも強固な体制のイデオロギーになった。けれどもその中には、徳川の封建体制に対して否定的な役割をはたした契機、明治の新体制へと橋渡しする論理が含まれていなかったわけではない。政治権力がいかにイデオロギーを利用しても、イデオロギー自身が自己運動して反逆することがある。それは思想史の通例である。以下そうした契機について述べる〉。

〈(1)　名分論と正統論が幕末の尊王論の政治的支柱をなした。

名分論や正統論、あるいはそれらと結合した尊王論も、それ自身としては反体制的思想運動でも反幕府的イデオロギーでもない。むしろ徳川時代全体を通じたイデオロギー的役割をみれば、封建的ヒエラルヒーを基礎づける役割をはたした面の方がはるかに大きい。原始儒教における君臣関係の原型は周の封建制におけるそれであり、周王室と、王室から各地に封ぜられた諸侯との関係である。それは絶対君主と一般国民との関係に直ちには比定できない。「臣民」という言葉は明治時代になって出来たものである。†

徳川時代の尊王論は直接の政治的結論としては、封建的ヒエラルヒーにおける一つ一つの君臣関係の要を順次に強固にしてゆくことを主張している。幕府が王室を尊べば、諸侯は自ら幕府を尊ぶようになる。以下同様に、卿大夫は諸侯を、士は卿大夫を、庶民は士を尊ぶとしてヒエラルヒーを固めてゆく。このヒエラルヒーを、近代的で平等な市民と統一的な権力という二つの方向にむけて打倒しようとする思想は、幕末に至っても少ない。たとえば後期水戸学は藤田幽谷、藤田東湖、会沢正志斎らが中心で、幕末の志士に愛好されたが、ヒエラルヒッシュな尊王論を一歩も出ていない。

他方、抽象的な尊王論は徳川時代の儒者が初期から説いていた。たとえば徳川時代の朱子学の興隆を基礎づけた林羅山は『本朝通鑑』を編纂し、皇室の歴代系図を説明して神武以来の皇統連綿は中華にもないと賛美している。武家政治になり王政が衰えたことは遺憾だと言っている。それは彼が現実的所与としての江戸幕府に仕えていたことと少しも矛盾しなかった。そして徳川時代を通じて尊王論は（後期水戸学までは）、林羅山的な尊王論をほとんど脱していないといって過言でない。

正統論にしても、幕府の政治的正統性は、朝廷から征夷大将軍に任じられ、それによって朝廷から政権を委任されたことに求められている。国学者もそうだが、儒者の場合には一層そうである。このように尊王論は反幕でも反封建的でもなかった。むしろ幕末の逼迫した政治情勢が尊王論を反幕的イデオロギーに転化させた。ただその際、幕末にラジカルになった尊王論、吉田松陰その他の激派といわれた志士たちの尊王論の思想的淵源をたどると、大義名分論にゆきあたる。とくに激派の尊王論に影響した二、三の学者がいる。たとえば浅見絅斎の『靖献遺言』は幕末志士に愛読された。

徳川時代の幕府の正統的教学は朱子学だが、それは大義名分を強調した。古来正統論は、中国の春秋時代における周王室の正統性を強調する考えと、孟子による王道と覇道の区別をふまえた王道の強調とが、宋学で合流したものである。もっともこの二つは違う。孟子の王道は周の正統性を説くためではなく、有力な諸侯にその実践を説いたものである。仁政を行うのが王道で、力を以て仁を仮るのが覇道である（権力を拡大する道具として仁を行う）。こうした区別と周王室の正統性の考えとが合一して名分論となった。大体大義名分論は朱子学から出ている。

『靖献遺言』は中国の忠臣義士から八名を選び、その言行を収録したものである（屈原、諸葛孔明など）。ここで強調されている正統論は朱子の『通鑑綱目』の論を祖述している。宋明時代には、漢後の三国（魏・呉・蜀）のうち、どれが漢の正統かに関する名分論がやかましく論じられた。司馬温公（光）の『資治通鑑』は魏を正統としているが、『通鑑綱目』はこれを排して魏は権力を簒奪したとした。そして蜀は小国だが、いかに現実の権力は衰えても、事実的力と正統性の問題は別として、蜀の正統性を主張した。絅斎はこれに従って天皇を尊び、湯武の放伐を排撃し、反面で周の武王を諫めた伯夷叔斉を称揚した。あくまで正統と信ずる君主に仕え、その国が亡べば二君に仕えないという「処士」の役割を述べた。絅斎自身、いかなる大名にも仕えようとしなかった。

彼の尊王論は影響を与えたが、彼がどこまで反幕だったかは『靖献遺言』だけからではわからない。絅斎は足、関東の地を踏まずという本（湯浅常山『文会雑記』）もあるが、そこまで言えるかは疑問である。ただ尊王斥覇の立場から、覇府としての幕府に批判的だったのは事実で、それが幕末に愛読される根拠になった。水戸学の会沢正志斎や藤田東湖の大義名分論も愛読されたが、これは幕末の政治情勢における水戸藩の役割と関連しており、思想的な影響としては絅斎のそれが大きい。

絅斎と並んで幕末尊王論に大きな影響を与えたのは頼山陽（襄）である。『日本外史』と『日本政記』がある。前者は松平定信の求めに応じて献上した。後者は神武以来の通史を書いたものである。とくに『日本外史』は当時のベストセラーとなった。大義名分の立場から個々の人物について理非曲直をはっきりさせた。『外史』はもっぱら武家政治の歴史を書いているが、巻頭に史論があり、大権が武士に帰する前の文武一途、国民皆兵だった時代をたたえ、逆に武士が政権をとって大権が墜ちたことを嘆いている。本文では源氏、北条、足利を猛烈に攻撃しているが、徳川にはふれない。†文章が雄健で情熱的なので、扇情的な効果があった。歴史として実証的ではない。こうしたものが、幕末に幕府の権威が衰え、反幕的勢力が胚胎してきたとき、大義名分論のイデオロギー的役割を転換させた。しかしせいぜい反幕論であり、反封建的なものではなかった。

幕府は天皇から政権を委任されたのでその統治は正統であるという立場は、大権を委任した天皇はそれを取り戻せるという立場を含意する。どちらが強くなるかは、基底にある社会的歴史的状況による。幕府の力が衰えたとき、皮肉にも朱子学の大義名分論が反幕イデオロギーとして作用したことは否定できない〉。

〈(2) 思弁的な面で朱子哲学の中にある「窮理」が思想的役割をはたした。

窮理は天理を窮めることだが、朱子学では本然の性＝五倫五常＝天理という等式が成立している。そこで五倫五常を明らかにすることは、一方では自分の内面的本性を明らかにすることになり、そこから持敬という個人的修養の方法がうまれる。他方、宇宙万物、一木一草にも内在する理を窮めることが道徳的修養の意味をもつ。したがって窮理は、それ自身けっして近代的探究でも実証的研究でもなく、根本的に道学的制約を帯びている。近代的実証的立場がこの窮理を否定する古学派から生まれるのは、窮理が自然と規範とを無媒介に繫げているからである。

しかし窮理は、不徹底だが実証的自然科学的研究に刺激を与えた。貝原益軒の本草学がそうであり、新井白石の場合は、古代神話に対する合理的批判の土壌になっている。このように、まったく前近代的な意味で終始したわけではない。こうした背景の下に窮理の精神は、幕末から明治にかけてのヨーロッパ文化の流入に際して媒介的な役割をはたした。当時、物理学は窮理学と呼ばれた。ただこれも朱子学から内在的に出てくるわけではない。思考範疇はうけつぎながら、状況の変化によって意味変化が起こったのである。新しい思想をいきなり受入れることはできない。従来の思考を手がかりにして新しい思想が入る。その意味で窮理はヨーロッパ思想流入の踏み台となった〉。

〈(3) 儒教の道の普遍妥当性が国際社会の普遍規範である国際法を承認する媒介となった。

日本が、国家を等しく拘束する上級の規範の存在を比較的スムースに承認できたことには、儒教の道の観念が大きな役割をはたした。[*] 個別的具体的な国家の上にたち、国家を拘束する規範は「天地の公道」あるいは「天道」とよばれた。これが当時入ってきたグロチウスの万国公法を承認させた。グロチウスの国際法は、自然法との間に明確な区別がついていない。実際に国際法の実定性は最近まで疑われており、国際法=自然法と考えられていた。それだけに朱子学の天理や天道は、国際法の意味を理解する媒介項になった。

ではなぜ中国では、同じ道の観念が国際社会の一員としての自国の承認に導かなかったのか。そこには思想的要因として、中華思想の存在を考えねばならない。この観念によれば、中国は中華であり、世界の中心である。中華＝世界＝中国だとすれば、ここでは道は中国という特殊な国家と合一し、中国と外の夷狄とが等しく同じ規範に服することは考えられない。しかし日本では、普遍妥当的な道が中国から来たことは事実であり、そこから中国に対する劣等感は生れても、日本＝世界という思想は生れない。日本を中華と呼ぶべきだという主張は山鹿素行や水戸学などにあるが、それは中国人が自国を中華と呼ぶように、日本人は日本を中華と呼んでよいという考えである。だが中国の中華思想によれば、日本は東夷であって中華と呼んではいけないことになる。

要するに日本では、国内秩序の面では、儒教規範は上級の人格者と合一する傾向性が強いが、対外関係の面では、道の普遍妥当性の観念が具体的国家と道との合一化を拒むのである。狂熱的な日本主義者が儒教を排したのは、それが国家の行動を規制するヨリ上級の規範の承認へと導くからである。会沢正志斎は本居宣長を反駁して、道（君臣父子）は我が国に限られたものではないとし、日本の優秀性をより高い普遍的な道から証明しようとする（『読直毘霊』）。この点は藤田東湖も同じである。頼山陽の『日本外史』も、君臣父子夫婦の三綱の普遍妥当性を強調し、日本だけのものではないとして国学者に反対した。

こうした論理によれば、普遍妥当的な道が（内容は儒教的だが）個別国家の上に存在する。したがって歴史状況によってヨーロッパの思想学問を輸入する必要が生じたとき、その思想的根拠として、儒教は中国に発生したが普遍的な教えだから採用したのであり、同様に普遍的な洋学を採用してよいと主張されるのは当然であった。佐久間象山の詩に、「漢土与二欧羅一、於レ我倶殊レ域、皇国崇二神教一、取レ善自補翊（ほよく）、彼美固可レ参、其瑕何須レ匿、王道無二偏党一、平々帰二有極一、咄哉陋儒子、無三乃懐二大惑一」として固陋な儒者を攻撃している（「読洋書」『象山先生詩鈔』巻之上〔『象山全集』上巻、尚文館、一九一三年、八七三頁〕）。漢土、西洋ともに日本からみれば外国である。漢土の儒教を日本が採り入れたとき、論理的には、同時に国家を超える普遍妥当的なものを承認したことになる。これに対して国学は、日本の道が世界的に妥当するのだと言って汎日本主義を主張した。これは徳川時代に主流を占めた儒教に対する反撃であり、かえって主流である儒教の中から内在的に、国家を上から規律する規範の観念が出てきたのである。

このように天道は国際法承認の媒介になったが、他方で儒教には夷狄思想に基づく狂熱的な排外主義もあり、国際法承認は必ずしもスムースに進んだわけではなかった。つまり儒教には、国際規範の承認にゆく方向と攘夷論の二つが生れる可能性があり、どちらがどう現われるかは、具体的な状況や人によった。たとえば横井小楠は「天地の公道」という立場に基づいて、儒教の形はとらないにしても外国にも儒教と同じ自然法があると主張した（彼は攘夷派に殺された）。だが他方で水戸学のファナティックな攘夷論も生れた。

攘夷論と朱子学が結びつくと、朱子学は動機論を強調するから、極端な精神主義になって現われる。水戸学は朱子学それ自身ではないが、主調は朱子学である。水戸斉昭は精神（気）と器物（器）を比べると、精神の重みは七、器物のそれは三だと言っている。

「もと神州は義勇に長じて、気をもて勝れる国なれば、奇功を主とせる戎器などに、決して敬服はせぬ筈なれども、……嘗て気と器とを較量するに、気の斤両は七にして、器の斤両は三のもの也」（『闢邪小言』〔巻一（『明治文化全集第十五巻思想篇』日本評論社、一九二九年、七四―七五頁）〕）

具体的な攘夷策としては、全くの竹槍主義で玉砕論に帰結する。

儒教的夷狄論からくる攘夷論の代表は大橋訥庵である。彼の『闢邪小言』は、朱子学の立場からする夷狄論の代表である。当時、佐久間象山や橋本左内は儒教的自然法の普遍妥当性を信じたが、西欧技術の優秀さは認めざるをえず、精神は日本から、技術は西洋からという折衷論を主張した〈象山「東洋道徳、西洋芸術」、左内「器械芸術彼に取り、仁義忠孝は我に存す」〉。しかし訥庵はこれを否定し、精神と技術は切り離せないとした。川上に毒があれば支流にも毒がまわる。西洋の技術はその根本にあるキリシタンの邪教と結びついている。ヨーロッパに対抗するためにその技術を採らねばならないとすれば、犬と闘うのに咬むのを学ばねばならないというのかと訥庵は指摘している〈『闢邪小言』巻一。正確には訥庵の友人の言〉。水戸学にもこうした精神主義は非常に強い。たとえば蘭学者は外国の戦艦銃砲に日本の槍刀は太刀打ちできないというが、それは間違いで、接近戦では槍刀は有効だという〈徳川斉昭が幕府に上申した攘夷策にこうした主張がある。本『講義録』別冊二、二〇三頁参照〉。

〈朱子学の窮理の普遍性が、普遍的真理・道理の観念に結びついたことは、四面楚歌の中で、新しい考えが出ていることを示す。朱子学の窮理や天理の思想は、日本がヨーロッパ思想を採用する媒介として、その土壌の役割をはたしたのである。こうした一、二の例からも、人間は、いかに自分が育ってきた視座構造・価値体系から逃れることが困難かを推察できる。その意味で儒教は、徳川時代の視座構造に深く結びついていた。

サンソムは、*The Western World and Japan*（American edition, New York, Knopf, 1950）の中で、吉田松陰が死刑になった理由を列挙しているが、その一つ一つは何でもない普通のことであり、アイロニカルであると述べている。しかし、判決文の文体と、そこに込められている価値体系から見ると、ロジックがあり、そこでは当然のように思えてくる。そこが思想の面白いところである〉。

{以上の部分の自筆原稿は資料番号 509・499・502・511-2・675-5・507-2・396-2-5・507-2}

〔＊編者注。＊箇所（本書一七八頁）に関連して五九年度講義では、儒教の天道観念が国際法受容の媒介になったという議論とともに、幕末の国際的危機に際して幕府の失政を批判する有力な根拠として天道が機能したともいう。すなわち天道が幕藩体制から剝離されて機能転換し、対外的には国際法理解のテコとなり、対内的には天賦人権論にみられるように、天が立憲思想、公議輿論思想の根拠となるというのである。また五九年度には、この契機とともに、幕藩体制から剝離された天を天皇へと読みかえて、天皇への恭順を説く尊王論が出てきたとし、それが幕末の混乱の中で幕藩体制への批判になってゆくという。〈かくして幕藩体制の崩壊期にあっては、（1）儒教からは天の思想、（2）国学からの儒教倫理批判と政治的な現実服従主義という両方から、幕藩体制への批判原理が出てくる〉というのが丸山の結論である。同年度には、そのあと学派別学者の簡単な紹介があり、末尾で、後に紹介するような自然法思想の三つの変容論（本書一八九頁以下）を論じて節を終える〕。

（二月九日）

〔編者注。この日の講義は四八年度講義録の四三―五二頁とほぼ重複する〕。

〈封建社会の精神構造がどういう政治的ダイナミックスをもって近代社会のそれに変容していくかを話すつもりだが、時間がないのでメルクマールだけ述べる。

封建社会といわず、一般に身分社会におけるイデオロギー的編成を特徴づけるものは、第一に、その社会の身分的編成であり、下に向かって階層別に編成されていく。身分社会で典型的な身分とされているのは支配層、貴族である。徳川封建制では武士が真の身分であった。したがって、あらゆる文化形態、観念形態には、真の身分である武士の理想像というものが打ち出され、それが漸次下層に浸透していく。つまり、支配層の価値意識が下級の身分に下降し、その全体をとらえたときに封建社会は安定する。単なる経済的な搾取では下層を把握できず、支配層の価値体系を被支配層に浸透させることによって安定するのである。そこで身分社会の成立の前提として、兵農分離がなされ、イデオロギー的にも真理や道徳の価値の支配層による独占が現実となる。そういう前提の下で、真理や道徳を武士が庶民に教える。利を知って義を知らない庶民に、真理や道徳を上から配給することにより統治が合理化されるのである。と同時に、身分社会の発展とともに支配層の価値体系の下降現象が起こる。ヒエラルヒーの道徳が、本来は武士相互間の御恩と奉公であったものが、漸次下に行き庶民の間に受容される。これは庶民の身分的な階層化が進行するのと関連する。農村では名主、庄屋、組頭、百姓代―長百姓、中百姓、平百姓、小百姓、水呑百姓という階層が作られる。商家では主人、番頭、手代、丁稚という身分をそれぞれ作る。大家、店子もそうである。こうして士（真理と道徳の配給者）と庶民の典型的関係が維持される。(カ)

また、空間的な固定性が身分社会を特徴づける。空間的な固定化も庶民にまで及ぼされる。それぞれの位置で封鎖的な特権体を形づくるのは商業組織にもあり、ギルド、問屋による特権の独占は、庶民の間の自由競争を禁止する。分限とか名とかいう道徳が封建制の安定化とともに町人道徳化していく。「町人の名が立たぬ」という台詞があるが、町人道徳は武士階級から下降したものが多い。

これを典型的な近代市民社会と比べると、ちょうど歴史的なダイナミックスが逆になることが分かる。前近代的身分社会では、真の身分は支配層である。ところが、近代市民社会では典型的階層はプロレタリアートである。身分意識は武士の身分意識が典型で、それが下に下降するのに対し、階級意識はプロレタリアートにおいて形成され、そこから上に上昇する。だから身分的な支配層はみずから社会の一部分であることを意識し、身分的閉鎖性を守ることに誇りをもつ。貴族はそうであり、社会の他の部分から自分を隔離する。自分が社会の一部分であることを誇りにするのである。だが近代社会の支配層たるブルジョアジーは、自分を常に国民として意識し、階級として意識しない。ブルジョアジーの階級意識は、プロレタリアートの階級意識の成熟によって嫌々押しつけられたものである。つまり、身分的支配層が隔離に対して熱意をもっているとすれば、近代的支配層は国民と同一化（identification）することに熱意をもつ。

これは社会的結合形態でも同じで、労働階級の組織化が常に先行する。近代社会の文化流行は、下から出発して逆に上昇するmass cultureである。流行は庶民から起こり、上流階級がそれに倣う。身分社会とは逆になる。市民社会から大衆社会になるとその傾向は激しくなり、マスの行動様式が支配層をも広くとらえるようになる。G・ワシントンはロックの『人間悟性論』を読んでいたが、アイゼンハワーは□□□の探偵小説の愛読者だという。マスというのは、近代社会では決して支配層が規定するのではなく、支配層がマス化するのである。

理念型的に大ざっぱに言うと、身分社会から近代社会への歴史的推移、解体過程もまた、市民社会のそれといわば逆の現象が起こる。近代市民社会では、プロレタリアートが単なる抽象的国民の規定に甘んぜず、階級として自己を意識し、一切の文化に階級的刻印を押すとき、市民社会の上昇期は終わる。身分社会では逆に、被支配層が指定された分限に甘んぜず、国民全体であると意識するとき、身分社会の動揺が深まる。「昨日まではrien何ものでもなかった。今日はquelque chose何ものかである。明日はtousすべてである」（アベ・シェイエース『第三階級とは何か』）。第三階級がすべてたろうとするときは、身分社会の没落である。その社会の意識・観念において、庶民が規範の上からの下降に甘んじているか、それとも上からの下降を拒んでみずからの規範を創造するようになっているか、また庶民がその社会の最下層を占める部分であることに甘んぜず、国民的全体性の自覚をどの程度もつようになったかが、身分社会の近代化を測定する一つのメルクマールである。

以上は身分的エトスの下降という観点から見たわけであるが、その他にもいろいろな観点から見ることができる。たとえば第二に、政治的支配におけるメカニズムと人間との関係からも思想的近代化は測定される。現実には両者の関係にいろいろな類型があるが、一つの Idealtypus を構成し、身分社会と近代社会を理念的にとらえれば、その間のものを測定する規準となる。このメカニズムと人格の関係という第二の見地から見ると、近代国家においては、国家機能の合理的な予測性（Berechenbarkeit）、見通しのきくことが市民的自由と安全の見地から要請される。そこでは、機械のように正確な法的機構を作ることにより、個別的人間の恣意が介入することをできるだけ排除する。個別的決定をできるだけ抽象的一般的規範に従属させようとする（rule of law、罪刑法定主義、近代法における手続法の重視）。商法の手形の厳格性はいっそうはっきりしている。そこで、近代社会形成期の政治思想、法思想の中で機構論が中心的課題となるのは当然である。

これに対して前近代的な身分社会では、政治的支配はどこまでも具体的感覚的である。封建制における政治は個別的決断の無数の堆積から成っており、支配が機構を媒介とする必然性がない。つまり、支配関係は媒介的でなく、直接的になる。そこでは機構論は独自の意味をもたず、具体的人格の決断の仕方が重要になる。たとえば、諸子百家の時代に徳治主義と法治主義の対立があったが、これは同じ人間支配の仕方をめぐる徳治と法治の対立である。だから近代政治思想の中心課題は、たとえ個人的素質として悪い政治家が出ても、個人的恣意による支配とならないメカニズムを作っておくことである。これと理念的に対比しようとすれば、たとえ悪い制度の下でも立派に統治する政治家を作ることが近代社会以前の政治思想で大きな意味をもつ。なぜこうなるかということは厄介な問題で、東洋と西洋では異なる。さしあたり徳川封建制の政治思想を観察するときにこういう典型の対立を念頭に置くと、ある程度有効ではないかということである。

こういうわけで、近代国家の法機構では形式的な一定性、持続性、固定性が要請されるが、内容的には不断に変わる社会で絶えず新たに立法がなされる。つまり、形式的一定性の要請と内容的可変性が結合している。政治過程でも総じて内容が可変的であり、状況が不断に変わり、推移が激しいから、ルールを固定することが必要になる（スポーツでも同じ）。個人的創造性の重視と抽象的法の支配は矛盾せず、前提しあっている。

ところが徳川社会のような身分社会では、政治過程は具体的感覚的人間の個別的決断から成っており、形式的には可測性と固定性がなく、内容的には驚くべき凝固性と停滞性を示している。具体的個別的決断はするものの、選択の幅は非常に狭く、新儀停止、祖法墨守、万事権現様のお定め通りということが枕詞のように言われる。幕末にアーネスト・サトウが日本を見て、「政治的な停滞が安定と見まちがえられている」と述べている（『一外交官の見た明治維新』岩波文庫、上巻、四四頁）。安定は政治的停滞としか考えられず、動的な安定は考えられなかった。走っている自転車の安定性は考えられなかった。だから、近代から見ると停滞と見えるのである。個別的決断の重視は決して個人的イニシアティヴの重視ではなく、むしろ祖法と先例によるその抑制であり、抽象的規範とは別の「法の支配」——見えない慣習の支配がなされた。個別的決断は、十重二十重に個人をとりまく伝統や風習に支えられた秩序を実現するという意味をもっていた。だからここでは、政治的人格の重視と非人格的慣習法の支配が補いあっていた。近代国家では個人的イニシアティヴの重視と抽象的法の支配が補いあっているように、徳の重視と慣習法の重視が補いあっていたのである。

こういう見地から身分社会のイデオロギーの変貌過程を見ると、パラドキシカルだが二つの交錯した過程をとっている。

一、為政者の徳の問題を中心とする考えから、制度論や機構論の思想に転換する（人格から非人格への過程)。

二、法の中に置かれた人格から、法を作る人格への変貌(非人格から人格への過程)。慣習法の中に置かれた人間から、実定法を作る人間へ。

為政者の個人的資質の重視から機構論への発展(カ)がどうなされたかをみると、道というものを個人的徳性から定義する考えから礼楽制度の重視(古学)へ転換し、さらに制度的改革論が登場する。徳川後期には封建制全体の変革論は少ししかないが、佐藤信淵、本多利明によって、絶対主義的マーカンティリズム的制度の樹立が構想された。制度の建て直しの主張である。二の、慣習法の中に置かれた人間から実定法を作る人間への過程は、ヨーロッパでは、もっとも徹底すれば社会契約説として登場するが、日本では登場していない。ただ、制度的改革論とパラレルに伝統的儒教思想の内部で、制度や法は人間が作ったもの、人間が改変しうるものであるという意識がある程度芽生えてくる。

もう一つ、第三のアスペクトとして、公共的なもの、公共的精神の分散性に対する集中性という観点を考えてみることもできるのではないか。封建制を例にとると、ここでは土地領有を基礎として政治的支配関係が横に地域的に分散し、同時に縦に身分的に分散している。そして、公的支配関係と私的土地領有関係が各段階で結びついている。典型的封建制では、支配と特権性の結合があらゆる段階で見られるのである。したがって、行政官吏が行政手段を私的に所有しているわけで、行政手段と行政官吏の結合が階層的に分散している。近代国家では役所のペン一つ個人的に私有されていないが、封建制が高度化した徳川時代でも、行政手段と行政官吏の私的結合が行われた。いったん緩急あるときの奉公の軍馬や武具は、武士が私的に所有していた。大名の城は私的住居であると同時に行政官庁だった。公共精神は封建社会にちりばめられた形で存在し、それぞれの閉鎖的な社会にのみ公共精神がある。

そこでは、公私が分離していないと言われる。たとえば、支配者の家計と政治的費用が混淆している。庶民に対する斬捨御免、親の懲戒権、姦通した妻に対する夫の即時殺害権など、公的な秩序を維持するために私的な制裁が利用される。法体系の核心たる刑罰権が個人の手にあるのである。

また、紛争の局地解決主義も関連する。一定の場所で起こったことはできるだけその場で解決する。

「若非常の変有之時は、其所在ニ随ひて、或は宅地或は領地、其所を守りて妄りに動かす、速に其事を注進すへし、……殿中におひて急変出来らは、同席の輩これをとりはかるへし、其余は各其所を守りて妄りに動くへからす」(宝永七年武家諸法度〔『御触書寛保集成』一〇頁〕)

直訴が厳刑に処され、越訴が厳禁される。

近代国家は、このように閉鎖的社会圏に内在している政治的精神を国家主権の下に集中し、支配の間接性を打破して、国家主権を平均化された公民に直接対立させるところに成りたつ。広範に分散された物的行政手段はことごとく中央に集中され、立法権・裁判権が全国的に統一される。その反面、私的な領域が解放され、いわゆる私的自治の原則が貫徹される。マルクスが『ユダヤ人問題によせて』の中で言っているように、ブルジョア革命は「いわば封建社会の袋小路のなかに分裂、散在、分解していた」政治的精神を、こうした分散から凝集し、「それを市民生活との混淆から解放し、市民生活の特殊的諸要素から観念的に独立した形において……allgemeine Volksangelegenheit として構成した」(*Zur Judenfrage*. S. 421-2, Nachlass I)。それを思想的に表現したのがルソーの一般意志と個別意志の対立であり、それを意識したところに社会契約説の意義がある。市民社会の活動は個人の生活に純化し、純粋な私事になる。これは、国家の抽象化が完成する過程と並行している。したがって、こういう観点から封建制のイデオロギー的発展を見て、政治的精神の凝集がどの程度進行しているか、他方私的領域の解放がどの程度思想の中に見られるか。公的精神の集中と私的生活の解放を見定めることにより、イデオロギー的近代化を測定できる。

アーネスト・サトウが言うように、徳川社会は全体としては停滞性が支配していたが、徳川初期と後期とでは思想的様相は異なっている。それを測る尺度にはいろいろあるが、そういう尺度を投入すると、徳川の政治的ダイナミックスをある程度つかまえることができるのではないか〉。

〔以上の部分では、自筆ノートに加えて、資料番号505・500-3の自筆原稿が用いられている〕

〔編者注。以下は五九年度講義の「第五章　儒教的世界像の社会的定着」「第二節　儒教的自然法の構造と機能」の末尾部分である。歴年講義でみると五七年度に初めて論じられたが、五九年度にも同じ内容が語られているので、ここでも取りあげることにした。徳川時代を通じた儒教的政治思想における三つの変容を論じ、第三点の最後で、閉じた社会や視野の拡大にふれて次の国学論につなげている。この見方は五七、五八年度の考察をうけて初めて可能になったもので、五六年度には見られない〕。

〈さてこのような儒教の発展について、全般的な方向ではなく、政治思想の面でいうと、以下のような三つの自然法思想の変容過程がみられる。①根本規範の外面化の傾向、②制度・機構の独自な意義に対する理解が前面に出る、③政治状況における非合理的契機の認識、この三つのトレンドがある。

①根本規範の外面化の傾向について

朱子学の自然法では、人間の内面的な本性（本然の性）と社会の根本規範と宇宙の理が完全に等しいとされる。社会規範を中心にみると、それは一方では人間のアプリオリな本性に基礎づけられ、他方では宇宙の根本たる自然秩序に連なっている。ここではidealなものが最もrealなものである。人間の感性の面は仮象に過ぎず、しかもそこには気質の性が作用する。感性面である人欲を道の習得によって洗練させて天理にかえす、つまり人間に自己の本性を自覚させる点に「修学」の目的がある。この修学の過程を通じて社会に自然法が実現されてゆく。「修身斉家治国平天下」の思想がそこから出てくる。ここでは私的内面的な道徳の実現が、公的外面的な秩序の実現と一致する。

規範の外面化とは、こうした内的なものと外的なものとが分離してゆくことをいう。道は人間のアプリオリな本性の現われというより、客観的な規範性としての礼が強調されてくる。逆にいえば、人間の感性的な欲望を滅し抑圧することは無意味とされ、ただそれが客観的規範に一致すればよいとされる。一方では道を客観化し、他方で人欲の存在理由を容認する。こうした傾向が古学派にみられ、とくに蘐園学派はこうした理論を論理的におし進めた。徂徠によれば、儒学の目的はもっぱら治国平天下にあり、修身斉家はその手段に過ぎない。したがって君主は治国平天下のためには道にはずれたことでもなしうるという。これは政治目的のためには個人的道徳をふみにじってもよいという一種のマキャベリズムである。こうなると原始儒教をこえた要素をもつ。

この傾向を極端に押し進めたのが弟子の春台で、彼は「聖人の教へは外より入る術である」（『聖学問答』上巻）とし、行動が規範に適合しているか否かが問題で、内心の如何は問わないとした。美女をみて色情を起こすのは聖人も然らざる者も同じで、ただ違うのは、それを行動に移すか否かという外面的な点にすぎないとさえ言う。

「聖人の道には、心中に悪念起りても、能礼法を守て其悪念をそだてず身に不善を行はざれば、君子と申候。心中に悪念の起るをば罪とせず候。若其悪念に因て礼法を犯て身に不善をなす者を小人と申候。たとへば美女を見て其色を心に愛するは人情にて候。此情に任て礼法を犯て、妄に他の婦女に戯るゝ者は小人にて候。礼法を守り情を抑て、我が妻妾にあらざる他の婦女に戯をもいはざるは君子にて候。是罪の有無は戯るゝと戯れざるとの上にて定り候。情の起る処をば咎めず候」〔『弁道書』(『日本倫理彙編巻之六　古学派の部下』二二〇頁)〕

これはバイブルの戒めと全く逆で、内面性と外面性とが完全に分裂するにいたる。ここに初めて国学が、儒教の世界像に対する全面的なチャレンジとして登場する地盤ができてゆく。

②制度の意義に対する理解という契機について

以上の過程と関連する第二の傾向は、客観的な制度が認識の対象として浮かびあがってくることである。朱子学のように、私的なものと公的なものとが連続している思想では、為政者が立派な人格者になることが第一義的であり、制度の変革は第二義的になる。しかるに規範の外面性が説かれるようになると、それと並行して制度への関心が高まり、また制度は歴史的・地域的に制約されたものだという考えが出てくる。

発想面からいうと「道」と「法」とが区別され、自然法の妥当領域に一定の制限をおくようになる。一方で「道」は永遠、普遍妥当とされつつ、他方で「法」は歴史的地域的制約があるとされる。そしてこれまでオーソドックスな「道」の中に含まれていた礼制や経済制度(たとえば理想化されてきた周の井田法)が、歴史的地域的に相対的なものとなり、「道」それ自体から剝離される。熊沢蕃山は「法は中国の聖人といへども代々に替り候。……法は聖人時処位に応じて、事の宜きを制作し給へり。……今の学者の道とし行ふは多は法なり」という〔『集義外書』巻三(『蕃山全集』第二冊、蕃山全集刊行会、一九四一年、六三―六四頁)〕。つまり法が時処位によって異

なるという規範の相対化である。貝原益軒は朱子学者だが、やはり

「夫の礼法制度の若きは古今宜を異にし、……時に随ひ処に随ひて相同じからざる者あるは自然の理なり。……苟くも時俗土地の宜とする所を測らず、妄に中華の古礼を執て之を本邦の今世に行はんと欲するは……固陋の甚しきなり」(『慎思録』巻之三〔『近世社会経済学説大系　貝原益軒集』誠文堂新光社、一九三六年、二二八頁、番号 0193551〕)

として、時と処を無視して聖人の礼楽制度を押しつけるのは固陋も甚だしいとする。

徳川中期以降における制度論は、こうした前提があって初めて現われる。その意味でも徂徠や春台は、封建制のアナトミーを通して制度論を展開する端緒になったといえる。制度改革は、制度が人によって作られるものと考えて初めて行えるからである。自然法にも、実定法との緊張という点で実定法を変革する要素はある。しかし儒教的な自然法では制度そのものが道を実現していると考えるから、為政者がそれを正しく行わねばならないとして、矛先は人に向かう。しかし徳川中期以後は自然法と制度の一致が崩れたので、制度改革論が現われるわけである。

③政治状況における非合理的契機の認識について

具体的には二つの形をとる。第一は人情の重視で、抽象的規範だけでは人間を動かすことはできないという主張である。朱子学では私的な道徳と公的規範が一致しているから、公的規範の否定は私的規範の否定に連なるが、ここでは、例えば酒や煙草を嗜むのは人情であるというように、道学的な合理主義に対するアンチテーゼが現われてくる。

第二は状況的な変化、客観的な状況の動きが重視される。前述のように制度論は時処位論と結びついていたが、

とくにここでは「いきおい」が語られ「時の勢」に合致することが重視される。例えば山鹿素行にも、現実を可能性の束として考える点に現われている。ある状況に内在する可能性の契機も「時」が熟さぬと実現されないとする。

「事物の生成には必ず時あり、勢あり。……凡そ卵仁は既に時夜棟梁の機（明け方になると屋根に上り時をつげる契機）を備ふ。而して卵仁に向つてこれを求むるの太だ早計なるものは、時勢の然ればなり……然らば乃ち太上は素樸以て称ふ。若し修飾を求めば、太だ早計のみ」（『中朝事実』附録「或疑」（『山鹿素行全集　思想篇』岩波書店、一九四〇年、二一三―二一四頁、番号019362３））

客観状況の中の顕在的契機と潜在的契機とを弁別する感覚が政治的指導者に必要だといわれる。こうした思考法は、王道と覇道の区別論にもみられる。素行によれば、道に王覇はなく、ただ時に王覇の別がある（『山鹿随筆』）。状況に応じて、ある時は王道を、ある時は覇道を用いなければならない。王道を実現するために覇道を用いねばならぬことがある。暴君放伐革命はこれである。

以上のような制度の歴史的地域的相対性の観念がどんな政治的帰結をもたらすかは単一ではなかった。例えば江戸時代の日本主義の有力な根拠はこの地域的相対主義にある。「中国は中国、日本は日本」というわけである。と同時にこの相対性の認識は、視座を世界的方向に拡大することに力があった。制度が歴史的地域的に制約され多元的だということになれば、閉じた社会 closed society の完結性が当然疑われてくる。ここにヨーロッパ文明輸入の契機がうまれる。古来摂取された中国の制度文物が相対化されているから、（日本の主体性が保持されているならば）中国のそれを入れたと同様にヨーロッパのそれを入れてよいことになるからである。江戸後期の自由思想家の海保青陵は、オランダでは国王が商売をすると言って人は笑うが、武士が俸禄を売って生活するのも同じことだと主張している〔『稽古談』巻之一〕。このように相対化の契機と視圏の拡大とが並行して生まれてゆくのである。

ところで歴史的相対性の認識はつねに地域的相対性（水土や風土など）の認識を媒介として現われた。これは日本が古来、文化をほとんどインドや中国から得たこと、また急激な歴史的変化・時代区分がなく、連続性の契機が強いことによる。国学は中国に対する地域的相対性を極端におし進め、儒教の相対性を主張したが、それは歴史的相対主義の一つの極点でもあった。だから国学は一般に復古主義といわれるが、本居宣長はたんなる復古には反対した。昔は昔、今は今であり、各時代にはその特色があるということである。これが歴史的個体性の主張となって鮮明に現われてくるのである〉。〔以上、五九年度講義、第五章末尾〕

第五章　町人道と「心学」の発展

〈徳川封建制を特徴づけるのは、武士が兵農分離で城下町に集中して、生産手段との直接の結びつきを失い、大規模に商品貨幣経済の中にまきこまれ、その反面、流通過程に寄生する膨大な町人階級が発生したことである。特に全国の諸大名は、参勤交代と、妻子を江戸に人質としておく必要から、莫大な財力を浪費した。そのため藩の米を大坂に廻し、金にかえて費用を調達した。また、参勤交代では江戸に来る。こうして将軍のお膝元の江戸と、天下の台所としての大坂が急激に発展した。四、五〇年のうちに数十万あるいは百万の人口をもつ都市となった。当時の江戸・大坂の人口は、世界の大都市でも稀な位だった。もちろん、各大名の城下町も商品貨幣経済とともに発展した。町人階級は、したがって大坂町人と江戸町人として typical にあらわれる。

しかし特に徳川時代を通じて画期をなしたのは、五代将軍綱吉のときである。いわゆる元禄時代は、町人が巨大な富を蓄積し、その上にはなやかな文化を開花させた時代として有名である。このとき綱吉は放漫な財政を行い、それが全体の時代の風潮となる。その財源は、戦国時代から蓄積してきた徳川歴代の金銀の放出と、荻原重秀による悪貨鋳造であり、それらは町人の手に流れこんだ。

こういう経済的大変動に応じて、大商人が輩出する（紀伊国屋文左衛門、奈良屋茂左衛門、淀屋辰五郎）。彼らはおおむね、経済的な投機を通して巨万の富を獲得した。さもなくば大名・旗本に対する高利貸資本で、いずれにしても流通過程に寄生している。それはどこまでも寄生的存在だから、あまりに振る舞いが目にあまると取り潰しにあう。

幕府は、農民に対しては煩瑣な統制をしたが、町人に対しては、特に徳川中期までは比較的放任の態度をとった。ただ、あまりに驕奢な生活が目にあまると個別的に取り締まる。これは根本的には、前述した儒教の商人に対する蔑視（商人を倫理外的存在とする観念）から出ている。〔士農工商という〕ヒエラルヒーの最下位を指定されているので、それに対して規範的統制は加えられないのである。

それと照応して、新しい大町人の方でも武士的規範秩序の承認の上に立ち、「利を知って義を知らず」といわれた賤民的地位の上に甘んじ、むしろその地位にあぐらをかいて一切の倫理的社会的束縛からの解放感にひたった。しかし、ノーマルな生活秩序では勝手気儘な行動にも限界があり、そこでおのずから町人が自由な魂を羽ばたかせたのが遊里や劇場で、これをみずから悪所といって承認している。元禄文化はここを場として花が咲く。ここではノーマルな生活秩序のヒエラルヒーはものいわず、もっぱら金力だけがものをいうので、武士より町人の方がもてた（武士は軍人なので帰営時間があり、ソワソワしていたせいもある）。しかも、廓の世界では整然たる位階制があり、太夫、天神、囲、端女郎という階層があった。町人はノーマルな世界では最下位だが、ヒエラルヒーの頂点に立つ太夫を金力で自由にすることにより、日常生活における窮屈さの精神的補償を見出していた。西鶴が述べているように、遊ぶことが町人の理想だった。武家に生まれることは可哀想だといっている。

元禄時代には、町人の方がやかましい規範に縛られず気楽だと考え、町人の生活を謳歌することが蔓延した。しかしこれは町人の積極的自己主張にまで行っていない。武士に指定された支配秩序の上に安住して自由を享受している態度である。もちろんそこに規範意識はなく、あらゆる倫理的拘束からの野放しの解放があるのみである。

「侍の子は、侍の親が育てゝ武士の道を教ゆるゆへに武士と成、町人の子は、町人の親が育てゝ商売の道を教ゆるゆへに商人と成。侍は利徳を捨て名をもとめ、町人は名を捨て利徳を取り金銀をためる」（近松門左衛門『寿の門松（ねびき）』〔『近松浄瑠璃集』下巻、有朋堂文庫、一九一四年、二一一頁〕）

これは、武士的規範の町人への波及を拒んでいる限りで町人の自己主張であるが、ここでいう町人の「道」は、みずからの倫理性を述べているのではない。道とは、ここでは自分の生き方であり、倫理性の自覚はない。その限りで山鹿素行の「士は義を以て立ち農工商は利を以て立つ」という考え方を裏返しにして、町人の立場で継承しているだけである。

ただ、経済的実力でははるかに武士を凌いでいたから、悪所の世界などでは、町人は武士に対してそれなりのプライドを保持することができた。近松の中にそういう表現が見られる。「此方は町人、刀指いた事はなけれど、己が所に沢山な新銀の光には、少々の刀も捻曲めうと思ふもの」（『心中天の網島』〔『曾我会稽山　心中天の網島　紙屋治兵衛紀の国屋小春』岩波文庫、一九二七年、七〇頁、番号 0189277〕）。「刀指すか指さぬか、侍も町人も客は客。なんぼ指いても五本六本は指すまいし、よう指いて刀脇指たつた二本」（同上〔六九―七〇頁〕）。

しかし、こういう啖呵がいつでも悪所で言われていることに注目しなければならぬ。だから、こういう文句をもってきて町人の階級意識の自覚というという人があるが、そういうものではない〉。〔編者注。以上は四八年度講義とほぼ重複する。以下の部分が五六年度における新たな展開である〕。

〈もちろんこの中期には、町人の経済的実力を背景に一種の平等意識も生まれている。西川如見は『町人囊』で「畢竟人間は根本の所に尊卑有べき理なし。ただ生立によると知べし。……人間本心の上におゐて、何ぞ貴賤の差別あらん。いかなる賤がふせやに居ても、心は万人の上に延んものなり」〔『町人囊・百姓囊・長崎夜話草』岩波文庫、一九四二年、七九頁〕と述べ、近松の『夕霧阿波鳴門』にも、「侍とても貴からず、町人とても卑しからず。

尊い物は此胸一つ」〔『近松浄瑠璃集』中巻、有朋堂文庫、一九一三年、四〇六頁〕とある。しかしこれらは儒教で、本然の性はすべての人にあるが気質の性に厚薄があるために階級に差別があるという平等観と変っていない。つまり現実には□□□の差別を百パーセント承認しながら、心には差別がないというにすぎない。現実の社会秩序のヒエラルヒーはそのまま承認している。だから同じ『町人嚢』は

「いにしへは百姓より町人は下座なりといへども、いつ頃よりか天下金銀づかひとなりて、天下の金銀財宝みな町人の方に主(つかさ)どれる事にて、貴人の御前へも召出さるゝ事もあれば、いつとなく其品百姓の上にあるに似たり。……水は万物の下にありて、万物をうるほし養へり。町人は四民の下に位して、上五等の人倫に用あり。かゝる世に生れ、かゝる品に生れ相ぬるは、まことに身の幸にあらずや」〔一四頁〕

といっている。ここでは社会的平等意識は全くみられない。賤民意識を根本的に脱していないわけである〉。

（二月十一日）

〈こういう元禄の町人の行動様式は、元禄文学をもっとも代表している西鶴の文学によく表現されている。西鶴の作品中の人間像は、たいてい官能的欲望にほとんど宿命的な強さをもってつながれている人間である。「はいいかいかい、かなれかたき物は色欲に極まり申候」〔『万の文反古』巻之五（『校訂西鶴全集』下巻、博文館、一八九四年、五二一頁、番号 0193678）〕。人欲がいささかの観念的昇化も経ず、荒々しい生のままで描かれている。たからたとえば、

「富貴は悪をかくし貧は恥をあらはすなり、身体時めく人のいへる事は横に車ものいて通し、世を暮しかぬるものゝいふ事は人のためになりても是をよしとは聞ず。何に付ても金銀なくては世にすめる甲斐なき事は今更いふまでもなし」〔『西鶴織留本朝町人鑑』巻之一（『日本名著全集江戸文芸之部第二巻　西鶴名作集下』日本名著全集刊行会、一九二九年、七

四二頁〕）

こういう場合、経済力が正邪善悪を定めるという積極的な主張ではなく、金力の前に世間の通念がいかに無力かをリアルに描いたにすぎない。町人の楽天性はここから出てくる。

「生あれば食(じき)あり。世に住からは何事も案(アン)したるがそんなり。毎年世間がつまり我人迷惑するといへど、それ〳〵の正月仕舞餅突ぬ宿もなく数子買ぬ人もなし」（『日本永代蔵』巻四「伊勢ゑびの高買」〔同上、一四八頁〕）

積極的な価値の提示より事実の上に安住する生活態度。いかなる説教も規範も、色欲という事実の前には無力だという考え。こういう人欲、とくに食欲、性欲に人間の本質を求めるなら、社会の一切の価値秩序はこの本質の前には外在的なものと観念され、そこに一種の人間平等観がはぐくまれる。こういう官能的平等観は、仏教や、儒教の本然の性というアプリオリな本性に基づく平等観とうらはらをなし、その両方が徳川期の平等学説をなす。如見は本然の性的な平等観を導きだしたが、一般的な意識は、官能的生理的意識としての人間平等観の方に近い。いずれにしても、人間生活が営まれる社会的次元に媒介されることがない点は同じである。アプリオリな平等観も現実の価値秩序についてはそれを肯定する。官能的な平等観も、社会生活の場で具体的に生きてゆく思想的な力はもっていない。

元禄俳人の其角が

「我々の腹の中に、屎と欲との外の物なし。五輪五体は人の体、何にへだてのあるべきやと、彼の傀儡にうたひけん。公卿、大夫、士、庶人、土民、百姓、工商乃至三界、万霊等、この屎慾を掩はんとて、冠を正し太刀をはき、上下を着て、馬にめす。法衣、法服の其の品まち〳〵なりといへども、生前の蝸名蠅利なり」

と述べている（『類柑文集』〔『名家俳文集』博文館、一九一四年、一七一頁〕）。またずっと後の、町人的意識で洋学を学んだ司馬江漢にも、こうした考え方が流れこんでいる。「人は天より見ときは、一物と雖、君臣上下をなし、上を貴しとす、下を卑とす。……天より是を定むれは同し人なり。禽獣魚虫に非す」(『和蘭天説』〔『司馬江漢』アトリヱ社、一九四二年、五〇頁、番号 0193669〕)、「上、天子、将軍より、下、士農工商、非人乞食に至るまで、皆以て人間なり」(『春波楼筆記』〔『名家随筆集』下巻、有朋堂文庫、一九一四年、四五九頁〕)。ただそれは「喰ふてひり、つるんで迷ふ世界虫、上天子より下庶人まで」(『天地理談』〔『天地理談』岡書院、一九三〇年、七六頁〕とあるように、人間存在の最低の線まで引き下げて、あれもこれも同じという主張である。人間官能の即自的肯定であり価値的肯定ではない。そこからは規範意識は生れてこない。

しかしこういう赤裸々で奔放な官能性の肯定だけが町人の全てではなかった。とくに上方町人の場合は、相対的に江戸町人と比して堅実な生活態度がみられた。また江戸町人にしても、元禄時代の経済的大変動の波がおさまり、八代将軍吉宗による享保の治で一種のデフレ的政治が行われると、投機的・奸商的なやり方で巨富をえる可能性は急激に狭められた。また幕府や諸藩でも、町人に対する従来の放任的態度を一歩進めて、放埒な町人に対して取締るようになる。それも法的な取締りだけでなく、封建社会の倫理秩序へと彼らを積極的に取りこむようになった。こうしたなかで、上から指定されたヒエラルヒーの地位に安住して奔放な快楽にふけっていた商人にも変化がうまれ、自分の社会的機能を自覚して、それを規範化しようとする動きが出てきた。

しかも中期頃になると、皮肉にも支配層である武士階級も都市の消費生活になれ、武士の伝統的規範意識を忘れつつあった。他方、オーソドックスな倫理規範としての儒教思想も、この頃には一世を風靡した徂徠学に典型的にみられるように、治国平天下の政治性を強調した反面で、人間の内面性への繫がりを喪失してきた。弟子の太宰春台になると道の外面化が極端になる。彼は

「凡聖人ノ道ニハ、人ノ心底ノ善悪ヲ論ズルコト、決シテ無キ事ナリ。聖人ノ教ハ、外ヨリ入ル術ナリ。身ヲ行フニ先王ノ礼ヲ守リ、事ニ処スルニ先王ノ義ヲ用ヒ、外面ニ君子ノ容儀ヲ具タル者ヲ、君子トス。其人ノ内面ハ如何ニト問ハズ」（『聖学問答』巻之上〔『日本倫理彙編巻之六　古学派之部下』育成会、一九〇二年、二六五頁、番号 0193459〕）

と主張している。天理を存して人欲を滅することを道とした朱子学と正反対に、外面の行動に現われなければ内面の心情はどうでもよいことになる。こういう立場から太宰は宋儒の態度を嘲笑した。

こうした儒教思想内部の動きと並行して、現実の武士の行動様式においても、武士的規範の外面化、人為性が意識される。それは自然と反しているという感覚で、近松の浄瑠璃によく現われている。「浮世の中に武士程。義理の悲しき物はなし。云たさ。泣たさ。こらゆる辛さ。なぜに二人は兄弟の。佐官や大工に生れなんだ。職人の身ならばなァ。斯うした事は有るまい物」（『壇浦兜軍記』〔『校訂浄瑠璃名作集』博文館、一八九七年、八五六頁、番号 0191389〕）。平賀源内も「神や仏も恨めしい。いか成ル人トが武士の忠義と言物拵へて、かゝるうきめを見するぞと、訳ヶも涙に取リ乱し」云々と書き（『霊験宮戸川』〔『平賀源内全集』下巻、一九三四年、一二八二頁〕）、武士の忠義は人為的で自然性に基づくものではないと言っている。

封建社会が安定すると支配的規範の下降現象が起こるが、社会が安定した元禄時代に規範は支配層にとって外面化した。では町人の意識には、思想的にどのような類型があったのだろうか。官能性の即自的肯定は支配的規範を消極的に是認しているもので、この中には入らない。三つの類型が考えられる。

①町人の立場から、町人道を支配的規範と同じ「道」として、支配階級と同じ次元で町人の生活を秩序づけようとするもの。おおむね「心学」の立場である。

②倫理自身の多元性を承認してゆく方向。身分の多元性に応じて、生活規範や倫理も多元的だという考えで、

一種の相対主義 relativism となる。当時の商人道徳を説いたものに、こうした考え方がみえる。

「陰陽既に象をなしては其理一にあらず。其理一にあらざれば、其道亦一にとどまらず。百家職を分つ時は、其職業に因て其志す所異なり。……武門は武家者の流を専とし、……出家は偏に極楽浄土に生れん事を専として願べし。儒家は仁義の教を守り、孝悌忠信を表とすべし」

しかし町人は「仕馴たる己が職業を油断なく務行て」利得をはかるべきである（河田正矩『家業道徳論』〔家永三郎『日本道徳思想史』岩波全書、一九五四年、一四九頁、番号0188998〕）。

儒教では道が一つというが、現実には plural であり、もし世人が道を一つだけ守り、猟師が仏の教えを守って殺生しなかったらどうなるか。多様な職業にはそれぞれ固有の倫理があるという立場から、儒教は儒学者だけの倫理に限定されてしまう。分限による職分関係は、背後にある本然の性という究極的理によって統一されていたが、そうした規範の統一性が失われると、それぞれの分限が絶対化され、士農工商各自の道があって、相互の有機的統一性がなくなる。各分限が絶対化されて一種の身分的相対主義となる。

『商人黄金袋』は

「交易の道は利倍を以て身をたて、妻子従類をすごす者なれば、法に背かず、悪を行ずして、定りたる売買を為んに、誰を恐るべきや。士農工商の四民は聖人の制にして、いづれを善いづれを悪とも定めがたし。貪悪虚妄を論ぜば、士農工のうちにも商賈におとれる人も有ぬべし」〔『通俗経済文庫』第一巻、日本経済叢書刊行会、一九一六年、七二頁、番号0193522〕

と主張する。このように身分の社会的分化が倫理的に相対化される。

③儒教規範から疎外された人間性の領域に、むしろ本来の道を見いだしてゆく行き方がある。「人欲も即チ天理

ならずや」と言った宣長は、こういう方向を学問的に最も鮮明にしたものである〔本書二一五頁参照〕。しかし学問的領域でなくとも、一般的に儒教規範から疎外された情の世界が町人の意識によって非常に重視され、それを倫理的に規範化するよりも美的に規範化することが行われた。これが江戸時代の絢爛たる町人芸術を発酵させる地盤になる。

これにも色々の類型があるが、こういう美的規範化はとくに人間の官能を象徴化することで成立つ。官能化を通じた規範化である。これは西鶴の描いた町人の赤裸々な欲望の即自的肯定ではなく、欲望を情の世界に洗練するところに成立つ。欲はそのまま情ではない（宣長）。この情の次元で町人の芸術は成立つ。その意味では文学の問題だが、徳川時代の浮世絵や浮世草紙、人情本の美の世界に独特なものと言われるのはこういう点である。

官能的欲望を恋愛に昇華するというような倫理化は行われない。恋愛の精神的意味は徳川芸術にはほとんど感じることはできない。それは直接的感覚的欲望につねに基礎づけられている。しかし欲をそのまま描くのではなく、官能自身を象徴化し美化してゆく。末梢的なまでの形式美の追求がなされる。形態的優美と、形態から立ちのぼるほのかな雰囲気の醸成がある。純粋な猥本と芸術との区別がはっきりしない。浮世絵はその典型で、人情本も同じである。とくに町人にとって自由な天地だった悪所、遊里の世界で、美的洗練が極端な点まで追求された。

畠山箕山の『色道大鏡』は遊里の世界を体系的に規範化したものである。美的価値意識からその世界のあらゆる言動の規範化が行われる。「色の道」というのも世界に類がない。色をプラトニックにも生理的にも扱わず、色そのものを規範化する。例えば女郎の行動様式を細かく規定している。蚊帳への入り方にもうるさい。

「蚊帳うつりの事、……かいつくまひて、蚊をはらひ、さしうつぶきて入事風流ならず。又蚊帳のすそにて蚊をはらひ入は猶々見ぐるし。是よき女郎のせぬ事也。附物の女郎か禿にても、蚊をよくはらはせて、そのはらふ内に立ながら、蚊屋をはるかに揚て、かしらをすこしかたぶけて入をよしとす」〔『続燕石十種』第二、国書刊行会、一九〇九年、五〇二頁。『講義録』第六冊、一七五―一七六頁参照〕

形態美を尊重し、そこにほのかな雰囲気が漂うのが、倫理的にはともかく、美的に「正しい」行動様式である。このように情的生活をそのまま規範化しようとしたのが第三の類型である。この類型は芸術的な面では大きな成果をうんだが、それを直接思想化したものはない。比較的にいえば、国学思想が情の世界に人間本来の生き方を認識した点でこの類型に近い。ただ国学は階級意識を超えたものなので、それを町人の道とはいえない〉。

〔以上の部分の自筆原稿は資料番号745・506・511-1〕

心学〔編者注。この部分は四八年度講義とほぼ重複する〕

〈だいたい、徳川時代における圧倒的な思想の流れは、武士階級を担い手とし、また対象としていた。つまり、支配層に向かっての、支配層のためのドクトリンであることが、特に儒教の場合には第一の特質である。ところが、元禄から享保にかけての都市町人の急激な勃興により、初めて主として都市の町人を担い手とし、また主として庶民を対象とする思想系統が発生した。この庶民による庶民のための教説として興ってきたのが石門心学であり、石田梅岩がその祖である（心学という名は後でつけたものである）。

梅岩は、京都に講席を開いて、広くあらゆる階級に門戸を開放し、誰でも入って聞いてよいという気易い形の講義をした。テキストは四書五経だけでなく、『老子』『荘子』も用い、平易な言葉で人生哲学を述べた。聴講者のもっとも多くを占めたのは、近畿地方の商人であった。

梅岩の哲学は、神道を中心に儒・仏を加えた三教一致の折衷的方法で、哲学面でのオリジナリティはない。

「儒道、仏道、老子、荘子に至るまで、尽く此国の相とするやうに、用ゐることを思ふべし。日本の宗廟天照皇大神宮を宗源と貴び奉り、皇大神宮御宝勅に任せ、万、くだ〳〵しきを払ひ捨てゝ、一心の定まれる法を尋ねて、天の神の命に合ふ惟一を相くるに、儒仏の法を執り用ゐるべし。こゝを以て、一法を捨てず、一法に泥まず、天地に逆はざるを要とす」(『都鄙問答』〈『心学道話全集』第五巻、忠誠堂、一九二八年、一〇四頁、番号0193306〉)

しかし、もっとも基本的な考え方をなしたのは、朱子学の思想である。天地を支配する理が小天地としての人間をも支配するという基本的な立場に立ち、性善を説き、放心を戒め、天地との合一に人間の究極の境地を求めた(もっとも儒教的世界観の影響を受けている)。

しかし、石門心学のもっとも重要な社会的使命は、その対象が商人にあった所から、商人の、商人としての社会的自覚を促すことにあった。「我教ふる所は、商人に商人の道あることを教ふるなり。全く士農工のことを教ふるにあらず」〈六五頁〉。「商人は、左の物を右へ取り渡しても、直に利を取るなり。……商人は、直に利を取るに由つて立つ。直に利を取るは、商人の正直なり。利を取らざるは、商人の道にあらず」〈六三頁〉。商品の移転による商業利潤の獲得が商人の道であり、「商人の売利は、士の禄に同じ」〈六〇頁〉、「士の道も、君より禄を受けずしては勉まらず。君より禄を受くるを、欲心と云ひて、道にあらずと云はゞ、孔子、孟子を始として」〈六五頁〉みな禄を受けた。それだけでなく、商業利潤の正常化をはかり、不正手段による利潤獲得を戒め、等価交換の商業道徳を天理によって基礎づけようとした。

かくて彼の教えは、元禄期に発展した町人が、今までの投機的利潤追求から、落ち着いた正常な生活態度へ転回しようとしていたとき、自己の生活を規範化しようとしていた商人の要求に適合した。正常な利潤で生きていく要請にせまられたとき、商業利潤の正常化を説いたのである。

「売物は、時の相場により、百目に買ひたる物、九十目ならでは、売れざることあり、是にては、元銀に損あり。因つて、百目の物、百二三十目にも売ることもあり。相場の高（アガ）る時は、強気になり、下る時は、弱気になる。是は、天のなす所、商人の私にあらず。天下の御定めの物の外は、時々にくるひあり。狂あるは常なり。……其公を缺きて、私の成るべきことにあらず。それに、一人、天下の商人に背き、元銀は是、利は是とは、分けがたきことなり」（六三—六四頁）

利潤は時の相場により高低がある。それは、商品流通が一般化して個々の商人ではどうにもならない状態を認識し、それを天理として表現したもので、経済社会がそれなりに成熟していることがうかがわれる。こういうふうにして彼は商人の利潤を擁護して、「商は利を知って義を知らず」という観念に激しく抗議した。

「士農工商は、天下の治まる相（たすけ）となる。四民かけては、助け無かるべし。四民を治め玉ふは、君の職なり。君を相くるは、四民の職分なり。士は、元来、位ある臣なり。農人は、草莽の臣なり。商工は、市井の臣なり。臣として君を相くるは、臣の道なり。商人の売買するは、天下の相なり。……天下万民、産業なくして、何を以て立つべきや。商人の買利も、天下御免しの禄なり。夫を、汝、独り売買の利ばかりを、慾心にて道なしと云ひ、商人を悪んで、断絶せんとす。何以て商人計りを賤め嫌ふことぞや」（六四—六五頁）

こういうところに、確立された基礎の上での自信と、商人の職分に対するひそやかな誇りを、彼が代表していたことが看取される。

しかも興味あることは、町人階級が朱子学の天理により商業利潤を合理化しようとしていたとき、儒教のオーソドックスでは、朱子学はかつての権威を失っていたことである。春台の説で、それが武士階級にとって人為的＝外面的なものとして意識されていたとき、町人は自分の活動地盤に自然的秩序（天理）の存在を見出した（「価格法則は天理なり」）。〔春台らによる〕朱子学批判においては、士農工商は〔聖人の作為とされ〕自然的秩序としては規定されない。しかし、商人は自分の活動地盤を自然的秩序としたのであり、その代表が梅岩であった。しかし、梅岩の先進的要素、町人のプライドの高揚は、他方で当時の封建道徳への卑屈なまでの服従を説くことと矛盾しなかった。彼がひたすら倹約を説いたのも、商業の内面的根拠からばかりでなく、知足安分という経済外的要請としての意味をももっていた。政治的秩序に対する梅岩の思想をみると、経済社会の自立性に対する認識と全くうらはらに、オーソドックスな考え方を継承しており、儒教倫理の分限思想を一歩も出ていない。それは、「貧福ともに天命なれば、此身このまゝにて足ることの教」〔『斉家論』〕(『心学道話全集』第五巻、二〇頁)〕である。心学の中には、庶民の対自的（für sich）な意識、自分自身の社会的地位の自覚と、支配的倫理を通俗化するという両面が内在していた。梅岩没後の石門心学の巨大な発展は、後の面の成長としてあらわれ、庶民の対自的意識は背景に退いてしまう〉。

（二月十三日）

〈梅岩の死後の心学の発展は、庶民の対自的な自覚という面が背面に退き、支配倫理を通俗化する面が主流をなした。手島堵庵、中沢道二、柴田鳩翁等がその代表者で、こうした人々のものを心学道話という。非常に平易な言葉で、巧みな比喩を用いて通俗的な話をし、全国的に普及した。しかしそこでは、梅岩にみられた啓蒙的精神——町人生活の自己主張という面は全く背景に退き、町人という一つの具体的な階級ではなく、一般的な、すべての人間に通用する観念的教説を説いた。したがって、後期になると心学の担い手となる社会層が広がり、商人にとどまらず武士や農民も加わってくる。

彼らが説いたことは、たとえば『鳩翁道話』に、

「なんぼおれが〳〵で遣付けうとしても、中々おれがの細工では出来ぬ。加様に申せば、『おれがからだで、おれが働き、

おれが銭をまうけて、おれが口に、おれが物をくふのじや。人さまの御世話にはなるまいし、おれがでなうて、どうして世間がわたられるものじや。』と、滅多におれがをいふ人があるものじや。是はきつい了簡ちがひ、御上様の御政道がなかつたら、一日もおれがではゐられぬ」〔『心学道話全集』第一巻、忠誠堂、一九二八年、一一頁、番号0193302〕

といって、経済的自立を通じて抬頭せんとする庶民の個性的自覚を双葉のうちに圧殺する。

「わるう心得た人は、聖人を意地わるじやと覚え、忠義じやの、孝行じやの、仁義じやの五常じやのと、六かしい教をたてゝ、人を自由にさせぬ責道具じや。たとへば、気ちがひに猿ぐつわをはませ、手かせ足かせをいれて、しばり上げた様なものじやと、おもふてござる。是は大きな了簡ちがひじや」〔『続々鳩翁道話』〔『心学道話全集』第一巻、一八七頁〕〕

儒教規範が「人を自由にさせぬ責道具」と考えられ、支配的規範の外面化が進行していることを認めながら、「責道具」と考えられた規範の遵奉を説く。そして極端な観念論により、一切の社会的政治的次元の問題をことごとく「心がまえ」の問題に解消し、御上の治世が「何ひとつ不自由のない、有難い」〔『続鳩翁道話』〔『心学道話全集』第一巻、一五一頁〕〕ものであることをくりかえし説教する。

ここでは、日常生活をとりまく経験的現実との緊張関係は取り除かれ、現実の即自的（an sich）肯定があるのみである。

「道とは何ぞ。雀はちうちう、烏はかあかあ、鳶は鳶の道、鳩は鳩の道。「君子、其位に素して行ふ。」外に願ひ求めはない。その形地の通り勤めてゐるを、天地和合の道といふ。柿の木に柿の出来るも、あいあい。栗の木に栗の出来るも、あいあいと、口舌云はず、たゞ素直に和合の道、此外に道はない。……聖人は、天地同根、同性なるゆゑ、一切万物を心として、其外に別に心はない。学問といふは、其道理を明らめるのじや」（中沢道二『道二翁道話』初編、巻上〔『心学道話全集』第六巻、忠誠堂、一九二八年、二頁、番号0193307〕）

つまり、人間の心と自分をとりまく経験的現実を密着させる。

「この至善は、形の上で見ますれば、孝弟忠信、礼儀廉恥、そのあぢはひをいはんとすれば、啞がゆめを見たやうなもので、人に対して話されませぬ。しからば何もない歟と申せば、ないではない。押して申さうなら、きよろりとした様なものでござります。

……たとへば、長吉どのが、昼寝をしてゐる。男ともしらず、女ともしらず、また寝てゐるともしらず、なにもしらぬところへ、旦那どのが、『コレ長吉。』とおよびなさると、其声の下から、『ハイ。』と返事が出る。またおさよどのが、『長吉どん。』と呼ぶ声のしたに、『ヲイ。』と返事が出る。このハイとヲイとは、何ものか分別して、返事をしわけた。チトかんがへて御らうじませ」（『続鳩翁道話』〔『心学道話全集』第一巻、一四二―一四三頁〕）

無意識の境地にもヒエラルヒーが貫徹している。

実際、中沢道二らは諸侯の間に歓迎され、たとえば、大名が武士を集めて心学者を呼んで説教をさせるようになる。また、中沢道二らは幕府の立てた高札についての注解をしている。

「是（正徳元年五月の御高札文）は天下一統の御定、銘々身に立かへりて、朝夕きびしく守らねばならぬ筈。此難有御高札をさへよく守れば、外に教はいらぬ。神儒仏の道も此御高札四ヶ条にこめてある」（中沢道二『心学童子訓』〔石川謙『石門心学史の研究』岩波書店、一九三八年、九七頁、番号0185562〕）

こういうふうに心学は、元来町人階級が自分の社会的レーゾンデートルを自分の手で根拠づけようとしたとき、彼らのうちから自主的に形成されたものであるが、あたかもまさにそのとき、武士階級的意識形態が下降し、広く農民までもとらえた。特に倫理の世界の外に放擲されていた町人階級をも支配倫理の枠の中に入れようとしていたときなので、漸次後者の動向に吸収され、ついに完全に民衆の封建的編成のイデオロギー的先兵となってしまったのである。もちろん、心学をしてこういう運命をたどらせたのは、その元々の担い手であった庶民、町人階級の歴史的制約であったことはいうまでもない。明治維新になると、心学者は上からの文明開化の音頭取りとなって、全国に新しい政治の福徳を説いてまわることになる〉。

〔以上の部分の自筆原稿は資料番号502〕

第六章　国学の思想的特質

〔編者注。国学論は四八年度講義とほぼ重複するが、章末の維新当初の平田派論は新しい展開である。五七年度はこれをふまえて一層詳しく平田派の軌跡を辿っている〕。

国学とは何か

〈国学とは包括的な名称で、定義もいろいろあり、もっとも広義では、日本人がする学問をすべて国学といった（戦争中）。ここではそういう意味ではなく、一応、江戸中期から発生した一連の日本の古典研究の総括的名称とする。その中で学問的中核をなすのは何かについては、学者の中でいろいろ争いがある。荷田春満、賀茂真淵、本居宣長、平田篤胤を国学の四大人と言うが、これは篤胤派から言われたのであり、そこには一つのバイアスがある。別の見方からすれば、僧契沖が国学のオーソドックスとも考えられる。その他、普通のいわゆるオーソドックスな国学の発展を説く学者からは傍系扱いされるが、上田秋成、村田春海、橘千蔭などは、ある意味では国学の一つの面を忠実に継承しているとも考えられる。ここでは、どれがオーソドックスかという系統調べは中心問題ではなく、どういう思想史的意味を江戸時代にもったかが重要である。そういう意味からすれば、国学とは、徳川中期において契沖、荷田春満により基礎が置かれ、賀茂真淵によって確立し、宣長により完成され、そして特に平田篤胤によってまた新たな発展方向をとるようになった一連の思想系列を意味する。その学問的中核をなすのは、日本の古典学、特に神典学と歌学である。

国学運動の全体の思想的意味は、何といっても徳川時代の正統的世界像を形成した儒教に対するプロテストであり、これに対する独立の価値体系を提示したことにある。過去において日本のナショナリストが持ち上げたのと異なり、日本思想の独立性・独自性をもっとも鮮明に提唱した。オリジンからも、思考様式からも、日本の土壌に根ざした思想である。これに対してどう評価するかは別として、こういう点は認めねばならぬ。こういう、儒教的世界像に対する別の価値体系の設定は、漢意(からごころ)と大和心(やまとごころ)の対立として提示される。そこで、漢意との対立を通して国学について述べる〉。

〔以上の部分の自筆原稿は資料番号514〕

一　国学の思考方法

〈何よりも、国学は思考方法において漢意と対立する。ここに漢意との対立の根底がある。

「漢意とは、漢国のふりを好み、かの国をたふとぶのみをいふにあらず、大かた世の人の、万の事の善悪是非(ヨサアシサ)を論ひ、物の理(リ)をさだめいふたぐひ、すべてみな漢籍の趣なるをいふ也、さるはからぶみをよみたる人のみ、然るにはあらず、書といふ物一つも見たることなき者までも、同じこと也」（『玉かつま』一の巻〔『本居宣長全集』第一冊、岩波書店、一九四二年、七七頁、番号0193639〕）

つまり、漢意とは単なる中華崇拝ではなく、万の事の是非善悪をあげつらう仕方が中国の思考方法に似ていることをいうのであって、全然中国の漢籍を読まぬ人でも漢意をもっている。第一義的には、漢意とは事物に対する思考方法ないし感受する仕方をいうのであって、日本対中国という観念的対立に重点があるのではない。したがって、日本対中国という意味でもっとも熱烈に日本主義、皇国主義を主張した山崎闇斎の垂加神道などは、宣長にとっては漢意の典型で、真っ向から排撃される。それでは、漢意的思考方法とはどのようなものか。

国学者にとって漢意とは、まず学問的方法としては、対象に対して先天的な価値意識や主観的な成心（prejudice）をもってのぞむ態度で、これは、生きた対象の複合性＝多面性を、死んだ抽象的観念をもって律することになる。それに対する大和心とは、学問的方法としては、主観の側における一切の既成観念をあらかじめ排除し、純粋無垢な心で対象に立ち向い、それによって対象を客観的に把握しようとする態度である。これは古典解釈の方法論としてもっとも鮮明に主張された。つまり反形而上学であり、その反面としての文献的忠実性の尊重が好まれる。「つたへなき事はしるべきよしもなししらえぬことは知ずてをあらん」〔『玉鉾百首』（『直毘霊　玉鉾百首・同解』岩波文庫、一九三六年、八一頁、番号 0197511）〕。文献によって伝わっていないものにも理屈をいうのは漢意である。こういう態度で古典を再認識し、儒教的、仏教的解釈を排し、古代人の精神を純粋に再構成する。

国学のこういう方法は、少し前に、あるいは並行して活躍した儒教の古学派が、古の字、古の言葉の意味を知ることにより古の心を知ることを主張し、宋学による原始儒教の歪曲を排除するのと似ている。他面では、徳川後期にいたって蘭学が台頭したとき、国学者は日本の優秀性を主張するが、蘭学の中の近代科学の方法を比較的高く評価する。特に儒教の中華思想を激しくしりぞける反面、蘭学に一種の親近性を感ずる。『玉かつま』に、「もろこしの国のいにしへの人、すべて、他国あることをしらず」、排他的、独善的である、とある（七の巻〔『本居宣長全集』第一冊、三三六頁〕）。少なくとも、こういうふうに中国中心の世界像を排したから、おのずから真理や道に対するアプローチの多様性を認めるようになる。「陰陽五行」の範疇を排し、経験を通じ実証される法則を強調したので、直接的対象は日本の古典に限定されたが、実証的精神のさきがけをなす。篤胤のように幕末の攘夷的態度をもつものでも、オランダ学の実証性と科学性を賞賛している〔蘭学は気長な推理力に富むとして〔『古道大意』下巻〕〕。篤胤の神学の構成にあたっては、地動説のようなヨーロッパ自然科学の知識を利用している〉。

〔以上の部分の自筆原稿は資料番号514〕

二　倫理観

〈第二は倫理の領域における対立であり、国学はこの領域で漢意のもっとも強靱な支配を見出した。ここで儒教倫理との闘争が国学のもっとも根本的な要請となる。倫理における漢意の特質は、国学者によれば、①「教え」万能主義、外からの教化、道学的な説教であり、これに対する反抗は国学に一貫している。真淵は、「仍て教へてふ事は不教して教るは自然の如くして民のよるなり、から国は物の方(けた)なる国にて急に諫教ふる故に用ひし人なし」〔『学びのあげつろひ』〔『校本賀茂真淵全集　思想篇』下巻、弘文堂、一九四二年、八九四―八九五頁、番号0193317〕〕、「事少く心直き時は、むつかしき教は用なき事也」〔『国意考』〔同上、一〇九三頁〕〕とし、こういう要素は、宣長において徹底する。「人は教によりてよくなるものにあらず、もとより教をまつものにはあらぬ」〔『玉かつま』十四の巻〔『本居宣長全集』第二冊、岩波書店、一九四三年、二二七頁、番号0193640〕〕、「神道に教への書なきは、これ真の道なる証(シルシ)也。……教のなきこそ尊とけれ。教を旨とするは、人作の小道也」〔『鈴屋答問録』〔『うひ山ふみ　鈴屋答問録』岩波文庫、一九三四年、一二七頁、番号0197503〕〕。『古事記伝』のイントロダクションである『直毘霊』は、宣長の思想全体の概論で、『古事記』に対するアプローチと、宣長の全体の思想を述べている（教えを排撃する）。

②国学は人間の類型化を拒否し、人間を経験的感覚的全体性でとらえる。類型的範疇で割り切るのが漢意の特質である。これに対し国学は、善にあらざれば悪、正にあらずんば邪というように、具体的な人間をとらえずに範疇的に決めつけるやり方に反対する。一言一行により善悪正邪を判断するのがよくない、具体的な人間は必ず善悪相混っているとし、これを神にまで及ぼす。「邪なる悪神とても、まれ〱にはよきしわざも有べし。……善神の御しわざには、邪なることはつゆもあるまじきことぞと、理をもて思ふは、儒仏の習気也」（『鈴屋答問録』〔同上、一一〇頁〕）。善神には邪なることつゆなしというのは推理であり、宣長はその実証性を疑う。古代人の神観は〔実体的な〕善悪〔神〕を知らないから、実証的に認識しようとすればこうなるのである。国学者においては認識即信仰になっている。

その反面、大和心は「よくもあしくも、うまれつきたるまゝの」「真心」を尊重する（『玉かつま』一の巻〔『本居宣長全集』第一冊、七六頁〕）。その善悪とか□□□とか分けるのはよくない。ここに、文学的芸術的精神と必然的に関連する点がある。こういう、血と肉をもった生きた人間像を把握しようとする考え方は、国学において突然変異的に生じたのではなく、徂徠学で規範が純粋に外面化され、その反面で私的な内面性が規範から解放されたという過程を承けている。宣長にとっては、生まれついた真心は、「うごくこそ人の真心うごかずといひてほこらふ人はいは木か」（『玉鉾百首』一〇〇頁）というように、外からの刺激を受けて不断に流動する感性を尊ぶ。朱子学が動かない実体としての天理を本然の性と主張したのとは逆になる。

③外面的虚飾や偽善に対する反抗。この点でもっとも峻厳に儒教を攻撃する。歌学から出発した国学は、上代中古の歌の中に人間性情のいつわらぬ流露を見出し、それが後の道学的精神で歪曲されたとするため、儒教道徳

の偽善性の暴露がその主要な任務となる。このことは、契沖においてすでに見られる。『伊勢物語』の解釈（『勢語臆断』）で、業平の臨終の歌「つひにゆく道とはかねて聞しかどきのふけふとは思はざりしを」を契沖は、平生ははったりを言ってもよいが、死ぬときぐらいは狼狽するのが本当で、本心に帰れと言う。宣長はこれを引用して激賞し、「やまとだましひなる人は、法師ながら、かくこそ有けれ」と言っている（『玉かつま』五の巻〔『本居宣長全集』第一冊、二六九頁〕）。

『玉かつま』には、当時の封建社会の倫理規範の偽善性をあばいている例が多い。

「もろこしの国の、よゝの物しり人どもの、親の喪（オモヒ）に、身のいみしくやつれたるを、孝心ふかき事にして、しるしたるがあまたある中には、まことに心のかなしさは、いとさばかりもあらざりけむを、食物をいたくへらしなどして、痩さらぼひて、ことさらにかほかたちをやつして、いみしげにうはべを見せたるがおほかりげに見ゆるは、例のいと〳〵うるさきわざなる」（『玉かつま』三の巻「から人のおやのおもひに身をやつす事」『本居宣長全集』第一冊、一五八頁）

「高きみじかき、ほど〳〵にのぞみねがふことのつきせぬぞ、世の人の真情（マゴコロ）」（『玉かつま』十一の巻「足ことをしるといふ事」『本居宣長全集』第二冊、八五頁）

「よに先生などあふがるゝ物しり人、あるは上人などたふとまるゝほうしなど、月花を見ては、あはれとめずるかほすれども、よき女を見ては、めにもかゝらぬかほして過るは、まことに然るにや」（『玉かつま』四の巻「うはべをつくる世のならひ」『本居宣長全集』第一冊、二三〇頁）

人間の自然の本性の純粋性を尊重し、外からの規範的強制でそれをねじ曲げることに反対した点は国学者に共通しているが、その自然の本性とは何かということについては、必ずしも同じではない。

真淵が『国意考』の末尾でいう「直き」心とは、雄々しい荒魂であり、原始的なたくましい精神、荒々しい男性的精神である。真淵によれば、『万葉集』にはかかる率直・単純・素樸な精神があらわれている。彼はそれを

「ますらをぶり」と呼び、剛健質朴な生活が儒仏等の外来文化によって文化的虚飾を帯び、「ますらをぶり」が女性的な「たをやめぶり」になった過程に堕落を見る。

ところが宣長は逆に、真淵によってしりぞけられた中古文学のセンチメンタリズムや主情主義、「たをやめぶり」、めめしくはかない心こそ人間の本性であるという。この真心、「たをやめぶり」というのは、外からの刺激に対して敏感に感応する繊細な神経である。「事しあればうれしかなしと時々に動くこゝろぞ人のまごゝろ」〔『玉鉾百首』九九頁〕。こういう自然に流動する心を宣長は「もののあはれをしる心」と表現した。

「もののあはれ」というのは、人間の魂のもっとも純粋な姿にあるから、人間をもっとも純粋に把握する文学では最高の価値規準であり、文学にこれと異なる道徳的な規準を導入することは激しく拒否される。これが『源氏物語玉の小櫛』にあらわれた「芸術のための芸術」に似た主張である。「もののあはれ」を教訓的目的に結びつけるのは、「花を見んとて、植おふしたる桜の木を、伐リくだきて、薪にしたらむがごと」きものである〔『源氏物語玉の小櫛』二の巻〔『増補本居宣長全集』第七、吉川弘文館、一九二七年、五一三頁〕〕。文学におけるよしあしは道徳的なよしあしとは異なる。『源氏物語』で「よき人」というのは、道徳的な意味ではなく、「もののあはれ」を深く知る人のことである。恋愛の歌でも深く「もののあはれ」に触れていれば、詠んだ人が淫乱であっても、芸術的には立派だとして賞賛すべきである。蓮の花は「きたなき泥中より生すれとも、花のうるはしけれは賞するなり、その生する所がけからはしとして花をすつべけんや」〔『あしわけをぶね』〔『本居宣長全集』第三冊、岩波書店、一九四三年、四八頁、番号 0193641〕〕。こういうふうに、政治的社会的なものを含めた一切の外的規範の浸潤から個人の内面生活を防衛しようとしたのである〉。

〔以上の部分の自筆原稿は資料番号 514〕

三　国学の政治社会思想

〈第三は、国学の政治社会思想における漢意と大和心の対立である。国学によると、漢意による政治が現実にはどうなるかは、中国の歴史がよく示している。それは、為政者が「仁義礼譲孝悌忠信などいふ、こちたき名どもを、くさ〴〵作り設て、人をきびしく教へおもむけむ」（『直毘霊』〔『直毘霊　玉鉾百首・同解』一九頁〕）もので、教化と政治の一致である。そのため、外面的には壮大な制度でも「人の情にかなはぬことなる故に」、規範は空転して「したがふ人いと〳〵まれ」である（同上〔三一頁〕）。以上は治者の側から見たものだが、被治者の側から見れば、己がさかしらをもって治者の善悪是非をあげつらい、君主は有徳者であるべきことを自分の野望の口実にして、臣下が君主の廃立をほしいままにする。このため中国は幾度も易姓革命を経験した。聖人とか放伐[カ]というのは結果論である。勝てば官軍であり、権力を掌握した者を後から聖人とする。こういう政治的簒奪者が自己の非行を隠蔽するために人為的に作り上げた教説が儒教である。徂徠学が聖人の作為であるとして儒教に価値を見出したのに対し、ここで国学はその価値を顛倒させ、儒教は簒奪者が作ったもので、反自然的性質のものとしたのである。

こういう比喩があてはまるかは別として、儒教に対するイデオロギー批判としては日本で最初のものである。思想内容への批判ではなく、社会的機能の面から批判していくのがイデオロギー批判である。儒教は文字面はよいが、その意図は簒奪者が自己の非行を隠蔽することにあるという。こうした虚偽意識の観点から、儒教の社会的な役割を暴露しており、イデオロギー批判の一つの型を作った。

こういう漢意による統治に対して、国学は大和心の統治として日本の天皇統治を絶対化していった。日本で神勅により万世一系の天皇が統治しているのは、単なる理念ではなく、歴史的に、また日々に実証されている事実であり、その点に価値があるとする。こうして天皇絶対主義を強調するのである。

日本では天皇をあげつらい、廃立することがない。たとえ天皇が「善く坐むも悪く坐むも、側よりうかゞひはかり奉ることあたはず。天地のあるきはみ、日月の照す限は、いく万代を経ても、動き坐ぬ大君に坐り」（『直毘霊』〔同上、二五頁〕）。そこに日本の政治のもっともすぐれている点がある。これは漢意と大和心の対立を貫く、規範に対する歴史的事実の対立である。上代日本に儒教のように整然とした理念がないのは、むしろ誇りである。理念というのは、事実がそれに反しているから理念がある。中国では政治的現実が乱脈だから理念がある。日本は現実の政治がよく治まっているから理念がない。だから、有徳者君主思想と天皇絶対主義との対立は、漢意と大和心の全体を貫く思考様式の対立である。理念を排除し、規範を排除することは、人間のもって生まれた所与性としての心情の重視と、少なくとも論理的には一貫している。

それでは、国学者が理想とする上代の政治はどういう精神を基礎にしていたかというと、歌の道こそ同時に政治原理なのである。神の道はゆたかにおおらかにみやびやかなもので、歌のおもむきが一番よくそれに照応している。だから為政者は「もののあはれ」を知らねばならぬ。なぜなら、それが人間の自然の本性だからである。ここで文学のプリンシプルはそのまま政治的プリンシプルにまで高められる。

こういうふうに、古代精神の尊重は人間の所与性、歴史的事実そのものに根拠づけられる。そのため、古代崇拝は復古主義にはならず、現実の歴史的所与に対する受動的服従を呼び出してくる。つまり、人および事物の自然的成り行きをそのまま尊重するのであり、これに対して、一定の規範をかかげて現実を規制するのは漢意である。古をよしとして強いて古に復ろうとするのは神の御心を知らない。この世の一切は神のはからいであり、人間は神の傀儡として行動するにすぎない。古代の理想的な政治が外国思想により堕落したのは嘆かわしいが、それも神の御心である。この世で人間が悪事をするのは禍津日神という悪神の仕業であり、人力ではどうにもできない。強いて古に復ろうとするのは人力で神に勝とうとするものである。所与としてそのまま受け取るのが惟神の道である、とする。これは、古典研究で主観を空にして対象につこうという考えと相即している。

真淵においては、「ますらをぶり」の崇拝から古代の素朴性を謳歌し、文化的修飾を嘆くが、宣長にあっては原始的素朴性から文化的複雑化への動きの中に一つの歴史的必然を認めた。だから当時の一部の古学者が万葉を模倣するのを戒めている。歌に技巧が入るのも仕方がないことであり、「今の人は、今の世俗のうたふやうなる歌をこそよむべけれ、古人のさまをまねぶべきにはあらず」(『うひ山ふみ』〔『うひ山ふみ　鈴屋答問録』五四頁〕)とリアリズムが説かれる。したがって、倫理とか思考方法の上では激しく漢意ないし仏心を批判し、また古神道が外国の教えで歪曲されたことを指摘した反面、「儒を以て治めざれば治まりがたきことあらば、儒を以て治むべし。仏にあらではかなはぬことあらば、仏を以て治むべし」(『鈴屋答問録』〔同上、九一―九二頁〕)とも言う。「万の事古はよし、後世はわろしと、定めおきて、おしこめてそらづもりにいふ」〔同上、五一頁〕のは公式主義である。

これは彼の思考と照応する。また、こういう考えには、農村的、山野的な質実さよりも都市の文化的性質を愛する彼の町人的性格も作用している。『玉かつま』でも、「たゞ人げしげくにぎはゝしきところの、好ましくて、さる世ばなれたるところなどは、さびしくて、心もしをるゝやうにぞおぼゆる」(『玉かつま』十三の巻〔『本居宣長全集』第一冊、一六一頁〕)と言っている。

だから宣長の政治的態度は、あらゆる現実の政治に対する一定の規範的理念を拒否する結果、「すべて下たる者は、よくてもあしくても、その時々の上の掟のまゝに、従ひ行ふぞ、即古の道の意には有ける」(『うひ山ふみ』〔『うひ山ふみ　鈴屋答問録』二九頁〕)と言われる。「今の世はいまのみのりをかしこみてけしき行ひおこなふなゆめ」〔『玉鉾百首』九七頁〕として、現実の政治形態に対する受動的服従がそこから出てくる。自分のさかしら(主観的な価値判断)で政治形態の是非善悪をあげつらうのを漢意とするのである。

こういう態度は、国学の本来の対象が歌の「もののあはれ」を核心としたことと照応する。感情の自然的流露を尊重する精神が政治に導入されると、一切の道、したがって古道自身すらも政治的規範として固定化することを妨げる。国学があれほど激烈な日本主義を主張したにもかかわらず、政治的実践の原理としては致命的な限界をもっていた根拠はここにある〉。

(二月十六日)

〈国学は、一切の政治的秩序に対する受動的承認を結果するような性格を本来もっている。その non-political な性格から分かるように、国学の消極的な政治思想には、その学問の方法や文献批判、ないし儒教の形式性、偽善性の指摘に見られた清新な精神は見られない。契沖にしろ春満にしろ、本来の政治論は見られない。宣長には『馭戎概言』『玉くしげ』『秘本玉くしげ』といった政治論があるが、彼の古典研究、歌論、随筆にあらわれた透徹した批判力はない。この当時は安永・天明年間で、江戸でも百姓一揆が起こり、飢饉が発生し、北辺からのロシアの脅威が識者の関心をひいていた。ところが、宣長の政治論には時代の逼迫した危機感はなく、支配的なのは当代の安穏と泰平の政治的オプティミズムである。

『馭戎概言』は結局、日本外交史概論のようなもので、日本と中国・朝鮮との交渉過程を古代から秀吉までたどり、対外的卑屈をしりぞけ、日本中心主義を顕揚するものである。しかし主調をなす儒者の中国崇拝批判と、これに対する皇国意識の宣揚にしても、宣長が最初ではなく、山鹿素行の『中朝事実』とか浅見絅斎の『靖献遺言』ないし中期の水戸学でも既に説かれている。むしろいっそう日本優越のイデオロギーが徹底し、外国征伐を無条件に賛美する素朴な帝国主義が述べられているにすぎぬ。日本こそ万国の親国で、他の国は末の国、いやしい国である。

これは平田篤胤になるとヒステリックな形態にまでなるのであるが、それは国学の学問的観点からはもっともマイナスである。なぜなら、排外独善の中華意識は宣長のいう漢意の主要な特徴だったからであり、宣長も儒教の中の中華意識の狭隘さを、井戸の中から空を見るものとして、オランダの学びを推奨している。ところが儒者の中華意識に日本の中華意識を対置させることによって、いわゆる漢意にみずから陥ってしまった。しかも『馭戎慨言』は天皇の対外面における絶対化では一貫しているが、対内的には手放しの徳川レジームの賛美で終わっている。

『玉くしげ』『秘本玉くしげ』は国内政治に重点があり、紀伊の徳川治貞にささげたものである。『玉くしげ』は古道説を述べたもので、『直毘霊』と並んで宣長の根本的な方法論を知るには看過できない著作だが、政治論としては抽象的で、古道と現代の政治的現実がどう結びつくかは明らかでない。中期以後の朝廷の衰微を嘆くが、これは天下の乱れた結果ではなく、その原因であるということが強調された。けれども結局、朝廷から幕府へ、幕府から諸大名へ、統治権を順次的に委任した形で封建的ヒエラルヒーの正統性が基礎づけられている。これ自身としては何ら変革的意味をもっていないが、幕末に政治的対立が激化すると、この論理は倒錯しても用いられた。「朝廷が委任したのだから幕府は正しい」、「朝廷が委任したのだから朝廷に返せ」という二面の論理のうち、後の面が激化していった。このため尊王論の一つの源流が国学にあるとも言われる。しかしこれは後期水戸学の尊王論（たとえば会沢正志斎の『新論』）の立場を一歩も出るものではなかった。†

『秘本玉くしげ』は、『玉くしげ』よりいっそう具体的である。『玉くしげ』は原論のようなものであるが、『秘本玉くしげ』はもっと具体的で、そこには国学的思惟の強みと弱みが典型的にあらわれている。当時の封建社会のリアルな描写ではすぐれているが、これに対して提示される処方箋はおどろくほど陳腐で、それが見事なコントラストをなしている。分限思想による倹約をすすめ、百姓に仁政を施せとするなど、ありふれた儒教的政治論を出ていない。百姓一揆を素材にして封建的生産関係を見事に描写し、下が上を犯す(カ)ことはめったにあるものではなく、一揆の原因は、百姓の質がだんだん悪くなったとか、秩序を重んじないことにあるのではなく、年貢が重いことと、農民の生活欲望の向上にあることを歴史的に明らかにする。農民を苛斂誅求すると商人になるから封建的生産関係を阻害し、領主の損になることを明解に述べている。百姓一揆をモラリテートからでなく全体のメカニズムの中でとらえようとしたのであり、その原因が下の非ではなく上の非なるより起こることを論断している。こういうリアルでSacheに迫ろうとする観察は国学の輝かしい面である。しかし、それではどうやって一揆を防止するかという政策になると、本をただすという、解答にならない解答しか用意されていない。

ただ彼も、心学の石田梅岩と同じように、商人は無用であるという論には与せず、商品流通の意義を積極的に承認した。もちろん、商業・高利貸資本に富が集中し、庶民間の階級分化が激しくなることは警戒している。あまり対立が激化しないように財の分配を適切に行えというが、そのやり方は、私的所有を権力で侵害してはならぬことを強調している。こういう点から見て、国学の社会的基盤を町人と見るのは早計であり、もっと広い社会層を基盤としていた。たゞこういう思想の中に封建制の頽廃過程の裏側に爛熟していった江戸後期の町人文化が影を投じていることは否定できない。だいたい中間層的立場が幕末まで国学を一貫し、農村へ入って郷士、豪農をとらえるのである。

国学の non-political な性格は、第一義的には歴史的現実を神のはからいとして受動的に承認する態度に見られたが、それに加えて、宣長の政治論には急激な変革を排し、漸進的に行くという実質的保守主義がある。前者は形式的保守主義で、「今の世はいまのみのりをかしこみてけしき行ひおこなふなゆめ」というものだが、政治に急激な変革はよくないというのは実質的保守主義である。

「たとひ少々国のためにあしきことゝても、有来りて改めがたからん事をば、俄にこれを除き改めんとはしたまふまじきなり」(『玉くしげ』〔『本居宣長全集』第十三冊、岩波書店、一九四四年、三七〇頁〕)

「惣体世中の事は、いかほどかしこくても、人の智慧工夫には及びがたき所のある物なれば、たやすく新法を行ふべきにあらず、すべての事、たゞ時世のもやうにそむかず、先規の有来りたるかたを守りてこれを治むれば、たとひ少々の弊は有ても、大なる失はなきものなり、何事も久しく馴来りたる事は少々あしき所ありても、世人の安ずるもの也、新に始むる事は、よき所有ても、まづは人の安んぜざる物なれば、なるべきだけは旧きによりて、改めざるが国政の肝要也」(『秘本玉くしげ』上〔同上、三八五―三八六頁〕)

人間の生活様式における惰性や慣行を重く見るのである。

ある意味ではこれはリアルな観察だが、当時におけるこの実質的保守主義の具体的機能は、進歩的変革を阻止することにはなく、むしろ民衆生活に対するパターナリズムにもとづく煩瑣な干渉主義に対するおだやかな調子の批判であり、それは国学の倫理思想における私的生活の独立性の尊重につながっている。「儒の道などは、隅から隅まで掃清めたるごとくに、世中を善事ばかりになさんとする教にて、とてもかなはぬ強事なり」(『玉くしげ』（同上、三七〇―三七一頁））。儒教においては世の中にうちとけてゆるやかに楽しむことがなく、政治と教学が一致している。国学は、こうした人民の生活に対するイントレラントで煩瑣な干渉をきらう。また、「刑罰なども、ゆるさるゝだけは宥めゆるすが、天照大御神の御心」と考えた（『玉くしげ』（同上、三七五頁））。歌道の精神を政治の根本としたところから、こうした帰結が出てくるのである。封建社会の規範の庶民に対する下降現象に対して、庶民は外面化された規範から逃れようとする。儒教規範から疎外された私的内面性に腰をすえた国学は、歴史的にはこういう動向を反映しているのである〉。

四　国学思想の分化と変質

〈以上述べたように、契沖から真淵、宣長の系列に、国学思想の特色が鮮明にあらわれており、なかでも宣長において国学の長所と短所が典型的にあらわれている。けれども、これだけが国学の系列のすべてではない。宣長の同時代にも、独自の学風でこうした系列に対する批判的態度をとった者もあり、たとえば上田秋成がそうであった。秋成は、ある意味では宣長よりさらに純粋に文学至上主義を押しすすめ、国学を含めた当時の学者の経世済民的大言壮語を、「儒者だちの経済りきみ、国学家の上古こがれ」といって嘲笑している（『癇癖談』上（『上田秋成全集』国文名著刊行会、一九二三年、三三〇頁、番号0185247））。秋成はnon-politicalな態度から、復古主義への反対をおしすすめた。宣長は漢意と大和心の対立を強調するあまり、大和心をかえって漢意的なものに変質させてしまい、日本中心主義と尚古主義に陥ってしまった。この宣長の矛盾を秋成は鋭く批判している。宣長らが古言を通して古代人の認識を正しくつかんだのはよいが、同時に彼らは古代人の信仰をそのまま現代人の信仰にしようとしている。宣長においては認識すなわち真理だが、それはおかしい。漢意は後世に獲得した認識・知識を上代に投影するものだが、宣長もみずから同じことをしているのではないか。古書には、天照大御神が六合を照らすとあるが、万国を照らすとは書いていない。古代人には他の国という観念はなく、自分の国という観念しかないのに、日本が万国に優越していると見るのは、むしろ後から得た認識を古代人に投影しているのではないか。「やまとだましひと云事をとかくにいふよ、どこの国でも其国のたましひが国の臭気なり」（『胆大小心録』中〔同上、三八六頁〕）。「しき島のやまと心のなんのかのうろんな事を又桜ばな」〔同上、三八七頁〕。

このように、国学は必ずしも宣長的立場に統一されていたわけではない。さらに宣長没後は、国学はさまざまな方向に分裂し、国学思想に内在する種々の側面をそれぞれ発展させていった。ちょうど儒学者と同じように、みずからをオーソドックスとして、他を論難攻撃している。宣長の養子の本居大平の系統は、宣長を忠実に祖述している。その他、国史研究に向かったのは伴信友、歌道の方に向かったのが香川景樹で、また独自の思想と学問に立って宣長を批判した国学者としては橘守部がある。

こういうさまざまな国学思想の分化の中にあって、みずから春満―真淵―宣長の唯一の正統的継承者であると自任し、他の派にはげしい攻撃を浴びせながら国学を一つの神学体系に発展させたのが、平田篤胤である。そこで宣長―篤胤の系列が一番有名となり、篤胤は国学の四大人の中に入れられている。しかし、確かに篤胤は、宣長の古道論の中に内在している契機を上田秋成とは逆の方向に発展させたが、それはむしろ新たな方向への変質として理解さるべき性質のものである。もちろん篤胤も宣長没後の門人と称して、国学的思惟方法を継承し、これを主張していることは言うまでもない。

古道論に関する篤胤の著作としては、『古道大意』『古道学大旨』がある。

「一体、真の道と申す者は、実事の上に備はり有る者にて候を、世の学者抔は兎角教訓の書ならでは道は知り得難き様に心得候へ共、甚謬りに候。其故は実事が有れば教は不入、道の実事無き故に教は起候也。されば教訓と申す者は実事より卑き者にて候」(『古道学大旨』〔河野省三『平田篤胤』新潮社、一九四三年、五八頁、番号 0185718〕)

けれども、篤胤のパーソナリティーは宣長より実践的、意思的で、それが篤胤の思想に規範的な教説としての性格を賦与している。篤胤は苦学し、意思が強い人であった。「上見れば及ばぬことの多かりき笠着てくらせおのが心に」という道歌を、「上見れば及ばぬ事の多かれど笠ぬぎて見ん及ぶ限りを」とよみかえている〔藤田徳太郎『平田篤胤の国学』道統社、一九四二年、六三頁、番号 0185667〕。篤胤は儒教・仏教・神道諸派など、当時のあらゆるイデオロギーとの闘争に終始し、したがって彼の古道論は非常に戦闘的である。その反面、文献学的な実証主義は背景に退き、その犠牲において実践的性格を得たのである。

宣長はどこまでも規範的作為を排したので、『日本書紀』より『古事記』の方を尊重したが、古道を意識的規範にしようとした篤胤においては『日本書紀』の方が重視される。古伝説の解釈にあたっても、宣長はあくまで古書の記載に忠実で、論理的に不明瞭なところはそのまま残したが、篤胤はみずからの積極的見解を入れて、古代神話を一種の神学的体系に構成しようとした。こうして、篤胤の古典研究には種々の牽強付会が混入することとなった。たとえば、天御中主神は天地に先立って存在し、天地を創造する主宰神とされた。また、宣長は死後の安心は説かない現世主義で、死後への無関心が特徴であったが、これでは宗教にも神学にもならない。そこで篤胤は幽冥(彼岸の世界、死後の世界)観を著しく発展させた。人間は死後、大国主命の支配する幽世に行き、現世の行為に対する審判を受けるとする。ここでは、キリスト教の神学が摂取されているのである。

篤胤は、国際情勢に影響されて激烈な攘夷論を主張し、さらに進んで日本を世界万国の親国として、超国家主義、皇国主義を極端化したが、まさにそのゆえに、世界の国はことごとく日本から分かれ出たものであり、したがって一切の世界の文化は日本の神話から発展分化したものであると理解した。そして自分の体系の中に儒教・仏教・蘭学・キリスト教など、当時の国内外に知られた学問・宗教を無差別に摂取して、結果的にはシンクレティズムとなった。(カ)

「遥西の極(はて)なる国々の古き伝へに、世の初発(はじめ)、天神(ツ)既に天地を造了りて後に、土塊を二つ丸めて、これを男女の神と化(な)し、その男神の名を安太牟(アダム)といひ、女神の名を延波(エバ)といへるが、此の二人の神して、国土を生りといふ説(こと)の存るは、全く、皇国の古伝の訛りと聞えたり」(『霊能真柱』〔上都巻〔『平田篤胤全集』第二、一致堂書店、一九一一年、二〇頁〕〕)

だから篤胤は、儒教を排除するが、それはもっぱら儒教が皇国意識の高揚を妨げるという観点からなされたのであり、儒教的倫理教説は広範にとり入れられた。篤胤がもっとも排撃した儒者は荻生徂徠と太宰春台であったが、それは彼らがもっともオリジナルな思考方法をとり、日本的色彩が薄かったからである。これに対し、篤胤は山崎闇斎と浅見絅斎をもっとも推奨した。宣長は闇斎を、思考方法においてもっとも中国的と見たが、篤胤は、闇斎をもっとも日本的としたのである。

また、宣長が和歌を重視したのに対し、平田塾では漢文が尊重され、「たをやめぶり」を本質とする歌は、平田塾においては男々しく猛き皇国魂には害をなすものとして斥けられた。もちろん、篤胤には『歌道大意』という著作もあり、その中では「善き悪きことの定めはその道々にてこそともかくも云ひあつかふべきことなれとも、歌は筋の違ふことで、……たゞ物のあはれを専(むね)として、心に思ひあまる事はいかにも〳〵詠出るが道でござる」〔『平田篤胤全集』第一、一致堂書店、一九一一年、四一頁〕と述べ、宣長のもののあはれ説を継承している。宣長のオーソドックスな継承者というからには、こうした点をneglectできないのである。しかし、平田学の具体的な発現は宣長とは縁遠く、むしろ真淵の「ますらをぶり」に逆転し、尚武精神を強調している。

こういうふうに、篤胤学は本居学から離れているが、もっともそれを継承し極端化しているのは、人間の自然性としての真心の尊重である。すなわち、宣長の「人慾も即チ天理ならずや」（『直毘霊』（『直毘霊　玉鉾百首・同解』三一頁））という人間の感覚的な面の解放を、篤胤は極端にまでおしすすめた。

したがって篤胤は、儒教も批判したが、むしろ全力を注いだのは仏教批判である。仏教の禁欲主義は、説としては儒教より徹底しているので、仏教に鉾先を向けたのである。『出定笑語』では仏書から引用して、釈迦がいかに色欲の抑制に成功しなかったかを証明しようとし、また『古今妖魅考』では、古来から僧侶が口では禁欲を説きながら、現実にはいかにそれに反していたかを、古書を引いて述べている。

宣長は、同じく偽善を排撃し、人間の自然性の解放を主張したが、彼は慎重に情と欲とを区別し、「欲はたゞねかひもとむる心のみにて、感慨なし、情はものに感して慨歎するもの也。恋と云ものも、もとは欲よりいつれとも、ふかく情にわたるもの也」（『あしわけをぶね』（『本居宣長全集』第三冊、四二―四三頁））といい、物欲や性欲は芸術の対象にはならず、それが情にわたったとき芸術になると説いた。宣長のいう真心は、倫理的規範からは解放されているが、美的規範により常に制約されていたのである。ところが篤胤においてはこの区別は排され、赤裸々な性欲の肯定、猥雑な性器崇拝にまで至った（『古史伝』二之巻）。儒教のいう天理から人間の自然性を解放する道を歩んできたのが国学であったが、このように性欲の一点に凝集させてしまうと、国学的自然主義は人間性一般の解放の問題を放棄ないし歪曲し、健全な社会的進歩性をもつことはできなくなったのである。

だから篤胤の意思と情熱と闘争性にもかかわらず、平田学には、現実の封建制や具体的な社会経済制度の改革の提示はない。超国家主義はもっぱら対内的ではなく対外的に、激情的で空想的な攘夷論としてあらわれるが、それは個人の衝動的爆発がそのまま国家的なものに自分を投影した結果と見られる〉。
〔以上の部分の自筆原稿は資料番号514〕

〈平田派は維新の廃仏毀釈の運動で大きな力をもったが、積極的具体的なプログラムをもたなかったため、新政府のなかで発言権を失っていった。ただ維新の文教は王政復古という形で行われたから、一時は平田派が学校教育においてヘゲモニーを握った。明治元年に、玉松操（岩倉具視の師）、平田銕胤（篤胤の養子）、矢野玄道の三名が学校制度規則取調べを命じられ、教育再建の学事顧問になった。そして矢野が中心になり学舎制を作った。国学は本教学として諸学の基礎の地位を与えられ、儒学中心の漢学は、洋学とならんで外蕃学に編入された。そして学内には皇祖を祀るプランが立てられた。この計画は具体化せず、学習院が開かれたが、儒学派と国学派の抗争により、政府は皇学所と漢学所を京都に作った。やがて遷都とともに教育の中心が東京に移った。東京には幕府の昌平黌があり、幕末の戦乱で閉鎖していたが、明治政府は昌平学校として復活させ、開成学校、医学校も復興して、三つを併せて明治二年七月に大学校とした。

昌平学校は「道の体を明らかにする」こと、開成学校・医学校は「道の用をきわめる」ことが目的とされた。「道の体」は国体・皇道を意味し、神典・国典の研究が第一とされ、国学が儒教にかわって教育界のヘゲモニーをにぎった。同年八月、学神祭が行われた。従来は学神とされていた孔子に代わり、『古事記』の「思兼神」が学神とされた。国学のオーソドックスな地位が認められたわけで、この頃が国学の得意期である。しかし「体」と「用」に現われているように、国学の側も「用」という名目で、漢学や洋学の摂取を認めねばならなかった。

このように国学は相対的なヘゲモニーをにぎったが、教学界を独占することは出来ず、たえず伝統的漢学者との間に争いが起こった。平田派は儒学者の固陋頑迷を嘲笑したが、自らも維新の変化を積極的に理論づけることはできなかった。学問の系統でも、開成所の系統をひいた大学南校（東大の前身）が開かれ、その指導権は完全に洋学者の手にあった。明治三年、大学規則、小中学規則が定められた時、江藤新平が、学科を国別に分けるのはよくないとして、事項別に改めた。明治五年、学制発布。この「学制」イデオロギーには国学の思想は片鱗もない。学問は身を立てるものとして、日常生活の中に学問の対象を求めている。普通教育に対する思想が見られ、維新の変革の啓蒙的側面が出ている。福沢の『学問のすゝめ』の思想が「学制」に現われている。

このようにして維新とともに現われた皇国学は、文明開化が進むなかで慌ただしく没してゆく。しかし国学が依拠した伝統的な日本の体制は文明開化後も強靭に残り、国学の中にある形式的な保守主義は、その後も長く日本の学問の思考方法、教育を規定することになった。「今の世は今のみのりをかしこみてけしき行ひおこなふなゆめ」。

その時々の政治的支配を容認する non-political な態度。政治的批判を加えないし、批判の規準を自分の中にもたない。加藤弘之は国学に対して「天皇の御心をもって自分の心とすれば牛馬も同様」と批判している（『国体新論』）。維新の慌ただしい変革のなかで、急激に勃興し急激に没落したところに、平田派の特徴が現われているといえる。

徳川時代の後半期には、他にも様々な思想がある。蘭学の影響を受けて、個別的だが色々な思想家が制度的改革案を提出した。また安藤昌益のように封建社会を全面的に否定する者もいたが、大きな学問的系列を形成するには至っていない〉。

〔以上の部分の自筆原稿は資料番号 519〕

〈今年度は、ヨーロッパ思想の影響をうける前の日本の伝統的な思想を扱った。

学問とは個別的な知識を得ることではない（邪悪なエゴイズムを正当化することもある）。knowledge ではなく intelligence を身につけること。自分の直接的な環境、所与から自分自身を隔離して見る。同じ問題に複数的な視野を投じ、より広い展望に立つ。detachment とは認識の積極的な作用である。いつでも自由に引き離して眺めうる。本来くっついているものから引き離して見る。wet なものを dry にしてゆく過程である。critical な際に、こうした intelligence が意味をもつ。大きな物の流れ、方向感覚をもつことが重要である〉。

編者補注（補注の該当個所は本文中に†記号で示した）

43頁14行　「肇国以来の大革命」。昭和二一年八月二七日、第九〇帝国議会貴族院本会議における憲法改正案に関する南原の質問演説が念頭にあると思われる。「今回の憲法改正により、天皇制と主権論をめぐって、政府の否定的答弁にもかかわらず、純客観的に解釈して肇国以来の大革命が国民の識らざる間にいま成されつつあるのである」（『南原繁著作集』第九巻、二三頁）。

52頁8行　「伝統主義的革命」。この概念はウェーバー著・世良晃四郎訳『支配の諸類型』の「伝統的支配」の部分にみえる（34頁）。そこで想定されているのは、中世ヨーロッパにおけるように「古き良き法」が治者（ヘルとその行政幹部）と被治者の間で共有されている中で、治者が「権力の伝統的な制限を無視した」場合に起こる抵抗である。それは「ヘル（または、しもべ）の人に向けられるのであり、体制そのものに向けられるのではない」（傍点原文、以下同じ）としたウェーバーは、さらに注で以下のように敷衍する（36頁）。「この「革命」は、したがって、「古き良き法」（伝統的秩序）の恢復を要求することになるし、抵抗を受けたヘルの方も、「朕の父および父祖の時代の法」を恢復することを約束するのが例であった」。この説明によれば「伝統主義的革命」概念は、被治者側からの伝統秩序の「恢復」要求に主眼があり、君主を実際に放逐・殺害してしまう「易姓革命」とは範疇的に異なるように思われる。丸山が典拠としたウェーバーの著述を同定できないので、疑問を存しておく。

53頁8行 「雄略天皇の遺詔」。『日本書紀』の雄略天皇第二三年八月の遺詔に「義乃君臣、情兼父子、庶藉臣連智力、内外歓心」云々とある（日本古典文学大系『日本書紀　上』岩波書店、四九九頁）。ただこの遺詔は『隋書』「高祖紀」を点綴して作られていることが知られており、右の文についても「高祖紀」に、「義乃君臣、情兼父子、庶藉百寮智力、万国歓心」という対応文がある（同上書、六三八頁の補注）。従ってこの文章からだけでは、本文で丸山がいうような見方を引き出すことには無理がある。

53頁12行 丸山は「君不君、臣不臣」という言葉をこの後もくり返し講義で引いているが、典拠は明示していない。ただ『講義録』第七冊、二三五頁では、『論語』「顔淵」の「君君、臣臣」を逆転させれば「君、君たらざれば、臣、臣たらず」になると説明し、その文脈で『孟子』の、君主が臣下を土芥視すれば、臣下も君主を寇讐視するという言葉を引いている。こうした点を考えるとこの言葉は、原始儒教における君臣間の相互性・双務性の強さを示す言葉として、丸山の内部で自然に形成されたものかもしれない。これに対して「雖君不君、臣不可不臣」は、『古文孝経』の「孔安国序文」（偽書）に出る言葉として知られている。つまり中国由来の言葉であり、とすればこの命題だけから中国に対する日本の特徴を引き出すのは根拠が弱いと言わねばならない。

ただこの言葉は、『平家物語』の「烽火之沙汰」で、忠と孝の二律背反に引き裂かれる平重盛がかたる言葉として引かれる。さらに『太平記』でも、後醍醐天皇の幕府征討計画が露見した後、幕府首脳が天皇をどう措置すべきかを検討する会議で、二階堂道蘊が処罰に慎重であるべきとして主張する発言にも引かれている（巻二）。『平家物語』や『太平記』のような、中世以来、広く読まれ、また聴かれた物語でこの言葉がサワリの部分で使われていることは、それが人口に膾炙する上で大きな役割を果たしたことであろう。それはまたこの言葉が、君臣関係に関する日本人の考え方に無意識のうちに影響したことを意味する。とすればここでの丸山の主張にも一定の根拠があることになろう。

80頁14行　「化身土巻」の以下の記述によると思われる（岩波文庫版『教行信証』三七四―三七五頁）。「三時教を按ずれば、如来般涅槃の時代をかんがふるに、周の第五の主、穆王五十一年壬申にあたれり。その壬申よりわが元仁元年甲申にいたるまで、二千一百八十三歳なり。また賢劫経、仁王経、涅槃等の説によるに、すでにもて末法にいりて六百八十三歳なり」。

83頁2行　「天皇御謀反」。この言葉は元弘元（一三三一）年に、後醍醐天皇が鎌倉幕府打倒を計画し笠置山に移った頃に書きとめられた言葉として知られている（『瑠璃山年録』「残篇」）。丸山が承久の乱当時のものとする典拠は未詳。

83頁5行　『更級日記』。筆者の菅原孝標の女は一一世紀前半から半ばにかけての人であり、一三世紀前葉の承久の乱から二百年ほど前にあたる。この逸話をこの文脈で引くのには疑問が残る。

83頁15行　『愚管抄』の著作年代に関して本文で丸山がふれる諸学説については、村岡典嗣「愚管抄考」（『思想』六七号、昭和二年五月、のち『増訂日本思想史研究』岩波書店、一九四〇年に所収。番号 0192573）を参照。

津田や三浦説についても詳しい紹介と論評がある。その後の該書に関する考証として岡見正雄、赤松俊秀校注『愚管抄』（日本古典文学大系86、岩波書店、一九六七年）の「解説」を参照。入手しやすい参考書として大隅和雄『愚管抄を読む』（講談社学術文庫）がある。また丸山がふれる巻二末尾の追記が承久三年のいつなされたかについても、大隅『愚管抄　全現代語訳』（講談社学術文庫版）の補注（11）、四三〇頁以下に色々な見方が紹介されている。

89頁3行　次の五行分の文章で丸山が示すのは、慈円が百王守護の命題を説明するのに用いた比喩を図式化したものである。百帖の紙を使いきってしまう前、どれだけの紙が残っている時に、どれだけの紙を足すかには色々の仕方がある、世の衰えを再興する仕方もそれと同じだと慈円はいうのである。図式だけからでは分かりにくいので、対応する慈円の文章を引いておく。「タトヘバ百王ト申ニツキテ、コレヲ心ヘヌ人〴〵ニ心ヘサセンレウニ、タトヘヲトリテ申サバ、百帖ノカミ（紙）ヲヽキ（置）テ、次第ニツカウホドニ、イマ（今）一二帖ニナリテ又マウケクワウルタビニ、九十帖ヲマウケテツカイ、又ソレツキテマウクルタビハ八十帖ヲマウケ、アルイハアマリニヲトロヘテ又ヲコルニ、タトヘバ一帖ノコリテ、其一帖イマハ十枚バカリニナリテノチ、九十四五帖ヲモマウケナントセンヲバ、ヲトロヘキハマリテ、コトニヨクヲコリイヅルニタトウベシ。アルイハ七八十帖ニナリテツカウホドニ、イマダミナハツキズ、六七十帖ツキテイマ（今）十廿帖ハノコリタルホドニ、四五十帖ヲ又マウケクハヱンヲバ、イタクヲトロヘハテヌサキニ、又イタウメデタカラズヒキカヘタルニハアラデ、ヨキサマニヲチタチタランニタトフベキニテ侍ナリ」（一〇八—一〇九頁、巻三）。なお『講義録』第四冊、二二〇—二二一頁に、この一文に対する丸山の読解が平易な言葉で語られている。

97頁13行　この研究は中沢見明（けんみょう）の『史上の親鸞』（一九二二年、文献書院。一九三三年、洛東書院）をさすようである。丸山はこの前後の部分を中村元の『日本人の思惟方法』（本文前掲七五頁）によって書いており、この情報も中村に負うと思われる。中村は、日本人一般が身分的・階位的秩序を重視する結果として、宗教家の偉大性を、出身の良さ、素性の尊さ、門地の高さに求める傾向があるとし、「たとえば親鸞は、今日の歴史的研究によると、必ずしも貴族の出身ではなくて、ただ比叡山の堂僧の一人にすぎず、氏も素性も不明であったということである」として、その注で右にあげた中沢の研究に引照している。しかし門徒は親鸞を貴族出身にまつりあげてしまったとし、没後三四年に書かれた『親鸞伝絵』の文章を引く。それは丸山が本書で引く文章である。さらに中村は、日蓮の場合はそうした事情が一層はっきりしているとし、日蓮自身は「海辺の旃陀羅（せんだら）（＝インドの賤民）が子なり」「片海の海女が子なり」などと称して、むしろ氏なき賤民の子であることを誇っていたが、日蓮宗は一般民衆の帰敬をあつめるために、日蓮が高貴の裔であるという系譜を偽作せねばならなかったとして、日澄の『日蓮大聖人註画讃』の文章を引いている。丸山はこれらも本文で引いており、史料情報について中村に負うのは間違いないと思われる。とくに興味深いのは中村が、戦国時代の作である『日蓮大聖人註画讃』（日澄の生没年は一四四一―一五一〇で、現存本は一五三六年の京都本圀寺本が最古という）について（江戸時代初期）と記し、丸山も（江戸初期）と記していることである。それは中村の記述を踏襲したものであろう。

165頁10行　ここに引かれている文章は『不亡抄』からのもので、丸山は同著が室鳩巣作に擬せられているところから、本文のように主張したと思われる。しかし同著が鳩巣の著述であるという明証はなく、むしろ思想内容の点から鳩巣作であることを否定する有力な説が後に出ている。荒木見悟「室鳩巣の思想」（日本思想大系『貝原益軒・室鳩巣』岩波書店、一九七〇年の「解説」五二六頁以下）を参照。

166頁2行　三宅尚斎のどんな主張を指して丸山が本文のように述べたのか、学生の受講ノートには記述がなく、明らかでない。ただ丸山が史料引用に際してかなり依拠する河野省三の『日本精神発達史』一六五頁には、非国体的言辞の代表例として佐藤直方や三宅尚斎をあげ、尚斎について次のように書かれている。「尚斎も亦、聖賢の心には道の行はれるのを切望する所から、かやうな権道を断行したもので、「世ノアホラシイタワケタコトバカリヲ学問トオボエテ、日ヲ送ル学者」には、かういふ聖人の行為を批判する資格はないと痛罵し（湯武論）、尚ほ我が国皇統の万世一系も、忠義観念の強いのも、蝦夷の夫婦の別の厚いのと同じく、「是れ皆偏国の致す所」であると妄断してゐる（黙識録巻二）」と。つまり万世一系について直方は、日本の国風の律義によると一応評価したのに対して、尚斎は僻地小国の風俗によると貶価したわけである。丸山の念頭にはこの文章があったかもしれない。

175頁10行　絶対君主とその前に平等な国民という含意をもった「臣民」という言葉は、丸山のいうように明治時代になって出来たものかもしれない。しかし言葉自体としては、それ以前から使われている。たとえば、頼朝挙兵の際に正統性の根拠となった以仁王の令旨は、清盛とその一統の討伐を呼びかける中で彼らの悪逆ぶりをあげ、「時に天地悉く悲しみ、臣民皆愁ふ」という（『吾妻鏡』治承四年四月二七日条所引）。この文章は、丸山自身によって講義で引用されている（『講義録』第五冊、一〇九頁）。

177頁9行　「徳川にはふれない」という文章は横溝ノートに記されているが、近藤ノートにはない。一方『日本外史』巻一八―二三は「徳川氏正記」にあてられており、同書の中で重要な位置を占めている。したがって講義で丸山が「徳川にはふれない」と語ったとすれば、それは徳川が源氏以下のように攻撃されなかったこと、つまり山陽史論が反幕府的なものではなかったことをいおうとしたのではないかと思われる。

197頁13行　ここで丸山の念頭には、町人の「階級的自覚」を論じた家永三郎著『日本道徳思想史』岩波全書、一九五四年、一三六頁以下の主張があったと思われる。本文の編者注でふれるように、これに続く部分は四八年度講義になく本年度の新展開であるが、それは、この家永著への対応という面があるようである。例えば、丸山の四八年度講義には西川如見や司馬江漢の人間平等論への言及はないが、家永の本はそれらをとりあげて、その出現の意義を評価している。本書で丸山が如見や江漢の平等観をとりあげつつ、儒教的平等観と同じものとして余り評価しないのは、家永の見方への批判を含むとみてよいであろう。また後文で引かれる『壇浦兜軍記』や『霊験宮戸川』の文章（武士的規範の作為性の批判）、商人の職業道徳に関する『商人黄金袋』や『家業道徳論』の文章も家永の本に引かれており（それぞれ一四一頁、一四九頁）、丸山は家永に依っているかもしれない。本書では出来るだけ原典に当って校訂したが、孫引きの可能性があることを断っておく。本書二〇一頁以下に示された町人意識の三類型も、家永の分析をうけて、丸山が再整理を試みたという面があるかもしれない。たとえば家永は商人の職業道徳について、身分秩序甘受の消極性を認めながらも、「町人の道を以て武士道儒教仏教等の既成の道徳体系と同格の地位に引き上げようとする町人哲学の積極的自己主張であることをも看過すべきでない」と書いている（一四九頁）。丸山が本書でいう「倫理自身の多元性を承認してゆく方向。……当時の商人道徳を説いたものに、こうした考え方がみえる」というのは、この家永の指摘を承けているであろう。また「儒教規範から疎外された人間性の領域に、むしろ本来の道を見いだしてゆく行き方」を別の類型としてあげ、本居宣長をその一例としてあげているのも（本書二〇二―二〇三頁）、家永が「町人的人倫の自然さの強調」を論じて宣長の人情論を引くのに対応しているようである。

223頁2行　この箇所は、横溝ノート（五七頁、左面）、近藤ノート（Ⅱ、三二頁）のいずれでも、本文で起こした趣旨の文章になっている。一方、ここで丸山がふまえていたはずの一九四八年度の講義では、後期水戸学と宣長に関する評価が正反対になっている。すなわち「後期水戸学的尊王論――例えば会沢正志斎の『新論』――もこの宣長の立場を一歩も出るものではなかった」というのである（『講義録』第一冊、二二一頁）。時期的には、会沢の『新論』は一八二五年作なので、宣長の方が先だつ。したがって四八年講義の方が辻褄があっていることになる。しかし二人の学生がともに丸山の講義を聞き違えたとも考えにくい。ここでは、受講した学生のノートにしたがって復元したことを断っておく。

解説

平石直昭・山辺春彦

1　同時代の知的状況

本書に収めた一九五六年度の講義は、今から六一年前、敗戦後一一年目のものである。その後の日本社会が経験した大変貌を考えると、当年の丸山による講義内容や問題関心を理解するためには、彼の個人史や時代の知的状況について最初にふれておくのがよいであろう。

戦後しばらくのあいだ丸山は、戦時中に抑えられていたエネルギーを一気に放出するように、旺盛な言論活動を展開した。しかし無理が重なって結核に冒され、療養のため五一、五二年の両年度は講義を休講した。そして五三年度に復帰したものの、結核のシューブにより、ふたたび五四、五五年にかけて長期療養生活を余儀なくされた。したがって五六年度の講義は彼にとって、久しぶりの本格的な日本政治思想史の講義だったといえる。

当時の知的状況の一端は、中野好夫が発表した「もはや「戦後」ではない」という論説にみられる（『文藝春秋』一九五六年二月号。のち『中野好夫集』第二巻、筑摩書房、一九八四年）。同年の七月に刊行された『経済白書』が「もはや戦後ではない」と書いたのはよく知られている。しかし言葉の使用は中野のほうが早い。

中野は第一次世界大戦後のヨーロッパの動向を引いて、人類がはじめて体験した大規模戦争が「社会的連帯意識」をほぼ完全にふみにじり、とくに若い世代に「虚無と頽廃、そして刹那刹那の上に踊る道化踊りの世相」が現出したこと、しかし「一九三〇年ごろから、徐々として信念回復の世代がはじまった」とし、それには全体主義に流れる負の面もあったが、「戦後ほぼ十年」が「一つの中じきり」をなしたのは事実であり、同じことが第二次世界大戦にも当てはまるだろうという。そして、戦後一〇年間に見られた「敗戦という衝撃によって起った急激な混乱現象」を「安易な「戦後」への倚りかかり」で片付けるやり方はもう止めて「未来への見通しに腰を据えるべき」だとし、「敗戦の教訓」も感情的反応だけでなく「もっと沈潜した形で将来に生かされねばならない」と主張する。一言でいえば、敗戦によって生じた精神的混乱を国民各自がよく客観化し、その教訓から深く学びつつ、新しい将来像をもつ必要を強調しているわけである。

より具体的な分析として、翌一九五七年一一月に公刊された『岩波講座 現代思想』の第一一巻『現代日本の思想』の「はしがき」がある（清水幾太郎執筆と推定される）。それによれば、同巻の目的は「日本と日本人とを新しい成長及び発展の軌道に乗せる」「大きな事業」のための「小さな出発点を作り出す」ことにあり、「この事業は……日本人の全体が苦悩に満ちた思索と行動とを積み重ねることを通じて漸く解決の端緒を得る如き問題である」という。こうした真摯な課題意識の基礎には、つぎのような同時代認識があった。

「戦争が終った瞬間、久しく紹介や論議の機会を恵まれなかった外国の諸思想が非常な勢で日本中を駆けめぐることになった。あれは、戦争中の精神的硬直状態を破壊するのに必要な一種の啓蒙時代であった。同時に、人々は、或る時代の何処かの国で完成した思想の一つ一つに向って、日本の現実の困難を克服する特殊な魔力が潜んでいるかのように考えた。しかし、この期待の空しさに気づくためには、そう多くの年月を必要としなかった。……日本の背負う条件や問題の真実の重量が明らかになるに従って、この季節はずれの啓蒙時代は終って、謂わば経験の著しい尊重とでも呼ぶべき傾向が急速に現われて来た。……しかし……経験は組織化され高度化されて初めてプラスの意味を持つことが出来る」。そのためには「不可避的に思想が――といっても、出来上った思想としてでなく――要求される。内外の新しい条件の下で、今、人々はこれに気づいている。……この講座は、こうした自覚の発展に仕えるために生れた」(以下略)。

すなわち戦後しばらくの間あった既成の外国思想への幻影がいまや破れ、人々は自分自身が日本の現実に根ざした思想を作って行動する必要があることに気づいた。その自覚を発展させることが講座全体の、とくに第一一巻の目的だというのである。国民全体にむけた思想・行動両面での呼びかけを含んでいることが注目される。

以上の二文章は、当時の知識人が同時代の知的状況をいかに把握し、それにどう働きかけようとしていたかをよく示している。丸山は二論文を読んでいたが、とくに『現代思想』第一一巻の「はしがき」に通じていた。ほかならぬ彼の「日本の思想」が、同書の巻頭論文であることからそれは明らかである。丸山によれば、自分の論文は同巻で取りあげられる戦後日本の知的争点(天皇制、平和共存、革命、知識人論等――引用者)が各論的に扱われているにすぎないため、「こうした戦後思想の歴史的な、論理的な背景をまず最初に一般的にのべる必要があるという意見が、責任編輯者であった清水幾太郎氏あたりから強く提出され」、その役目が自分に割り当てられて書いたという(『日本の思想』岩波新書版、一九六一年「あとがき」一八三頁)。

丸山が五六年度に古代からの通史を講じた背景には、こうした中野や清水に通ずる同時代観を彼が共有していたという事情があったであろう。事実、本書の冒頭部分で丸山は、戦時中に「国体」が思想を独占した反動として、戦後しばらくの間、日本思想史はハイカラなデモクラシー論とマルクス主義の立場からする日本資本主義論との背後に押しやられたこと、しかしその後の「逆コース」と伝統回帰、またコミュニスト側における革命の失敗（運動が精神風土化しないこと）の反省から、伝統への関心が高まり、日本思想史研究が各分野で再台頭したと述べている（一一一―一一二頁）。この認識は、外国思想への幻影が破れて脚下をみる必要に気づいたという清水の観察や、精神的混乱を対象化し腰をすえて将来像を描けと主張した中野の提言に通じる。こうして五六年度の講義は、戦後一〇年を経た知的状況に対する丸山の一つの応答だったといえる。

2　通史への歩み

本年度の講義に先だって丸山は、たとえば四八年度講義でも、徳川思想史をあつかう前提として古代や中世の日本史に言及している。しかしそれらはヘーゲルやマルクスを下敷きにして、東洋的専制やヨーロッパ封建制との比較論を簡単に行ったにすぎず、一次資料に基づく分析を試みているわけではない。その点で本年度の丸山が、記紀神話の原始神道、古代・中世の仏教思想、数百年におよぶ武士の観念形態の変遷をそれぞれ一章の主題として論じ、ついで徳川思想史を講じたのは、新しい挑戦だったといえる。この挑戦へと彼を促した内面的な歩みをつぎに考察したい。

敗戦の翌年、一九四六年五月号の『世界』に載った丸山の「超国家主義の論理と心理」は大きな反響を呼んだ。そのなかで丸山は「新らしき時代の開幕はつねに既存の現実自体が如何なるものであったかについての意識を闘い取ることの裡に存する」というラッサールの命題を引き、「この努力を怠っては国民精神の真の変革はついに行われぬであろう。そうして凡そ精神の革命を齎らす革命にして始めてその名に値する」と書いている（『増補版現代政治の思想と行動』未來社、一九六四年、一二頁。古矢旬編『超国家主義の論理と心理 他八篇』岩波文庫、二〇一五年、一二―一三頁）。

この「精神革命」という課題は、丸山自身が敗戦体験をへてこの論文を書く過程で、戦時中の「重臣リベラリズム」の立場から人民主権の立場に「転向」したことにより、一層切実に自覚されたと思われる（「昭和天皇をめぐるきれぎれの回想」『丸山眞男集』第一五巻、岩波書店、一九九六年、所収）。ただ、この敗戦直後の論文で丸山が分析したのは、あくまでも近代日本の超国家主義の精神的起動力であった。だがすぐに丸山は同時代の日本に、「国体」イデオロギーの解体にともなう思想的無秩序状態を見いだすことになる。現代日本の生活様式の複雑さ、文化の多元的構造を指摘しつつ、彼はつぎのように述べている。

「先ごろ渋谷の駅に降りたら広場の一方では赤旗をふって何か言っている。他方では日蓮上人の幟を立てて説教している、こちらでは万病に効くという妙なクスリを売っているというように、つくづく日本の複雑さを感じました。宗教にしても高度のものから最も原始的魔術的なものまでが重畳的に存在し、経済でも、一方最高度の技術を持った近代企業形態から、最もプリミティヴな自家生産まで、あらゆる歴史的な生産形態が同時的に併列している。悩みもそれだけ深刻なわけです」（「現代社会における大衆」一九四九年一〇月、『丸山眞男座談』1、岩波書店、一九九八年、二三五頁。平石編『丸山眞男座談セレクション』（上）岩波現代文庫、二〇一四年、五〇頁）。

彼は新たな問題状況に直面したといえよう。こうした日本文化の重畳性、雑多な形態の同時的並存を述べる丸山の念頭には、（和辻哲郎らの議論とともに）戦時中にカール・レーヴィットが行った指摘があったと思われる。レーヴィットは、日本の知識人における西洋哲学の知識と日本的な生活意識との関係について、梯子段のない二階建ての家に住んでいるようなものと喩えた。そして丸山は「麻生義輝『近世日本哲学史』を読む」（一九四二年、『丸山眞男集』第二巻、岩波書店、一九九六年、所収）でこのレーヴィットの卓抜な比喩を引き、そこに近代日本における「欧化」のあり方、「伝統的＝慣習的感覚とヨーロッパ的学問との無媒介的並存の指摘」を見いだした。丸山は言う。もしレーヴィットの指摘が正しいとすれば「我が国が真の意味に於てヨーロッパ精神と対決したことはいまだ嘗てないとすらいえるのではないか」。「この事実から如何なる当為が生れるか」と（『丸山眞男集』第二巻、一九四頁、強調は丸山）。

ここで丸山が提起した問題は、日本思想史全体に適用するとき、きわめて大きな内包をもっている。もし日本が一九世紀半ば以後、大規模に受容したヨーロッパ的学問と真の意味で対決せずに来たとすれば、その対決は戦後日本の課題として残っていることになるからである。それだけではない。それが異質な思想を受容するさいの日本人の伝統的な方法だったとすれば、同じ「伝統的＝慣習的感覚」との「無媒介的並存」は、日本が受容してきた他の「外来思想」との関係にも妥当することになろう。すなわち、宋学（朱子学）や儒教・仏教が、それぞれ近世、古代中世に大規模に受容されたさいも、「真の対決」はなされずに来たのではないか。逆にいえば、古代以来の日本が外来思想・文化を受容したとき、日本人は如何にまたどの程度まで、それらの思想と「無媒介的」でない内面的な対決を行い、どこまで精神革命を遂行してきたのかということである（一九五七年六月の信濃教育会における講演「思想と政治」で丸山は右のレーヴィットの比喩を引き、その状態が今日どこまで変っているか、「まだ相当変っておらない面もあるのではないかというのが、みなさんに考えていただきたい点なのであります」と述べている。彼にとってこの指摘がいかに重要だったかを示している。『丸山眞男集』第七巻、岩波書店、一九九六年、一三六頁）。

先に紹介したように戦後の丸山は、発展段階や背景を異にする雑多な思想や文化が無秩序に雑居している状況、雑多な思想の無媒介的並存状態を日本に見いだした。ここにラッサールの命題を適用すれば丸山は、そうした状態をもたらした背後にある歴史全体へと視野を拡げ、古代以来の日本思想史が「如何なるものであったかについての意識を闘い取る」仕事へとむかう必要があろう。その努力を怠っては国民精神のトータルな変革はできないはずだからである。

この関連で注意したいのは、本年度講義の最中である五六年一二月に、丸山の『現代政治の思想と行動』上巻（未來社）が公刊され、その巻末に付された「第一部　追記および補註」に次のようにあることである。「精神構造や行動様式をとり上げてもその中に幾重の層があつて、その最深部は殆ど全く下意識の領域に属し、ひとびとが「世界」に対していだく表象・認識・評価とそれに基く行動にとつていわば先験的な座標軸をなしている。したがつてそこには最も強靱な歴史的堕性が作用し、環境や制度の変革の衝撃がそこに到達するのはきわめて遅い」。その一例として丸山はソ連における個人崇拝の問題をあげ、戦後日本の意識や行動様式の変化についても、どの次元のどの成層で問題にするかを抜きにしては、論じても意味がないとまでいう。そして当時『群像』に連載されていたきだ・みのるの「日本文化の根底に潜むもの」（のち講談社から刊行）に引照して、「そこでは部落共同体の精神構造がほとんど超歴史的なままでの強靱さを以て日本文化のあらゆる面に特殊な刻印を押しているさまが、興味深い筆致で語られている。……日本人の思考と行動様式を最深の層で（注省略）捉えようという氏の方向には、日本政治の本当の動態を知ろうとする者にとつても見過すことのできない意味をもつている」と高く評価している（同著、二二二頁。強調は丸山。『増補版　現代政治の思想と行動』五二九―五三〇頁の対応する箇所では「動態」が「動機」になっているが、ここでは初版によった）。

本の出版が一二月ということを考えれば、その「追記および補註」の執筆は、講義が一一月に開講されるすぐ前の時期だったといえよう。ここから推測されるのは、本年度講義で日本の原初的思考様式の探究を試みた丸山の念頭には、きだの論考があっただろうということである。すなわち彼が古代神話にまで遡った一因として、きだに触発された丸山が「日本文化の根底に潜むもの」の起源を確認し、その理論的形象化を試みたという事情を想定してよいと思われる。民主的思考を日本社会に定着させるために、それは不可避の課題だったからである。

以上をまとめれば、「超国家主義の論理と心理」を書いた丸山が、戦後日本の思想状況のなかで新たな課題に直面したとき、ラッサールの命題をふまえ、かつレーヴィットの問題提起を生かしてその課題に答えようとすれば、彼は論理必然的に「日本政治思想史の論理と心理」の分析にむかわざるをえなかったということになる。それは丸山にとって、講座担当者としての職業的義務であると同時に、日本の一知識人として答えるべき思想的課題だったであろう。

『日本の思想』「あとがき」で丸山は、論文「日本の思想」(五七年一一月刊)で自分は、日本には思想的座標軸となるような伝統が形成されなかったことと、他方で昔から現代にいたるまで世界の重要な思想的産物はほとんどストックとしてあるという事実とを「同じ過程としてとらえ、そこから出て来るさまざまの思想史的問題の構造連関をできるだけ明らかにしようと」試みたとし、「こうして現在からして日本の思想的過去の構造化を試みたことで、はじめて従来より「身軽」になり、これまでいわば背中にズルズルとひきずっていた「伝統」を前に引き据えて、将来に向っての可能性をそのなかから「自由」に探って行ける地点に立ったように思われた」と書いている(前掲書一八七頁)。五六年度の講義は、その最初の一鍬を入れる仕事だったといえよう。逆にいえば「日本の思想」のあの凝縮された内容の背後には、前年度講義における古代から近世までを通じた初の通史講義という惨憺たる努力の裏づけがあった。であればこそ彼はその論文について、自分の背中に引きずっていた「伝統」をいまや目前に引きすえたと、自信をもって語ることが出来たのであろう。

3　五六年度講義、前半部の概要

以上、五六年度講義がなされた当時の知的状況と丸山の通史への歩みを概観した。以下では講義のうち、本年度に初めて講じられた前半三章の内容を要約し、重要な点についてコメントを加えたい（後半三章に関しては、四八年度講義の対応する部分との関係が深いことは、本文中の編者注でふれた通りである。またそれらが主題とする近世の思想史は、五七・五八年度の講義で一層詳しく論じられている。従ってこれらの章については、別冊二の「解説」を手がかりとしながら、読者自身が両年度講義を読みくらべて、丸山における持続と変化の両面を読み解いて下さるように希望したい）。

第一章は、近代日本の「国体」思想の歴史的源流を記紀神話の「神国思想」に探り、その内部構造の分析を試みている。記紀神話に独自な点として、宇宙開闢神話と皇室の起源説話の結合、あるいは政治的国家の形成が神話に結びつけられている点（四五頁）、さらに国土・人民・統治者が同じ神の系譜から生まれ、神聖な起源と血統上の起源が結合している点をあげる（四七頁）。また丸山によれば、神話の定めた神勅的正統性（天照の子孫である天皇が日本を統治する正統性をもつ）は史上を通じてそのまま通用しつづけ、とくに近代日本では「教育勅語」によって国民に注入されて「国体」イデオロギーの核心をなした。そして第二次世界大戦末期に日本政府がポツダム宣言を受諾することにより、初めて原理的に否定されたという（四二―四三頁）。

丸山がこうしたことを述べた背景には、彼の個人史的な事情があったと思われる。一九三三年、唯物論研究会の合法的な研究集会に参加した一九歳の丸山は、治安維持法違反の容疑で検挙・勾留された。それは癒しがたい精神的傷を彼に負わせた。その後も彼は思想犯被疑者として特別高等警察や憲兵隊の監視下におかれ、精神的抑圧を感じつつ日々を過ごした。学問的著述を書くさいも、官憲の検閲を警戒しなければならなかった。このように丸山は、思想信条、言論、結社、集会の自由の抑圧が「国体」の名の下に正当化された時代に、一当事者として生きたのである。

こうした経験をもつ丸山からみれば、「国体」イデオロギーは、人民主権と精神的自由に立脚する近代政治原理と根本的に対立し、日本社会に学問的思考と民主的精神を定着させるためには、是非とも内在的に批判し克服しなければならない対象であった。とくにカッシーラーを引いて丸山がいうように、二〇世紀の経験は、最先端の科学知識をもつドイツ国民が危機に直面したとき、民族優越性の神話によって容易に戦争に動員されることを示した。同じことがくり返されないためには、神国思想の学問的検討、批判的対象化が不可欠である。第一章を論じている丸山には、こうした「超学問的動機」が働いていたといえよう。五九年度講義で丸山が、「日本の戦後の「デモクラシー」は過去の体制の否定の上に築きあげられたものではなく、一種のタテマエとなっている。十数年前ほとんどあらゆる国民に作用を及ぼした神話に対決せずにいることは、デモクラシーを実質化させてゆく上で考えるべきことである」と述べているのは、彼のモチーフをよく示している（本書六一―六二頁）。

のちの「原型」論との関係でいえば、日本文化の伝統型論として、先端と底辺との逆説的な二重構造という命題がすでに古代に当てはまることが確認されている（三四頁）。こうした見方は文化接触論と結びつきながら、六〇年代の「原型」論に継承された。『講義録』第四、第五、第六冊の、それぞれ四六、三二、一四頁を参照されたい。こうした二重構造の指摘は、いわゆる講座派の見方（近代日本資本主義の発達が、遅れた半封建制的な土地所有を底辺とし、そこからあがる封建地代をテコにして、頂点では独占資本主義を成立させた）を承けている面がある（学生時代の丸山が一夏を東北の農村でおくった経験が大きい。『定本　丸山眞男回顧談』（上）岩波現代文庫版、二〇一六年、一六九―一七〇頁）。

第一章の議論でもう一つ重要なのは、キリスト教の神による世界創造論、中国の天を中心とした「道」の規範的世界像、原始神道の「ウム」を中心とした世界像を抽出し、三者の相互比較を試みていることである（五〇頁以下）。この原始神道の思考様式が、中国・インド思想を日本が受容したとき、それらを変容させる要因になるという（五三頁）。天皇制が扇の要の位置を占めているという秩序観や、中国の場合と比べて大規模な改革がなぜスムーズにできるかの分析は興味深い。こうした比較の試みも、のちに仏教の輪廻転生と彼岸への解脱の世界像を含めた四類型論として、六〇年代の「原型」論に継承されてゆく（『講義録』第四、第六、第七冊のそれぞれ六六―七〇頁、三七―三八頁、七七―八三頁を参照）。

なお記紀神話について丸山は、ほぼ津田左右吉の見解を承けていると思われるが、二つの点で微妙な違いがある。津田は上代の日本人が「親子血族の関係を政治組織の紀綱」とする氏族制度を採っており、その反映として、神代史では、皇祖神である天照と大八洲という国土とがイザナギ・イザナミ二神の生んだ子で同一血族にあるとされ、さらに国土上で生活する諸氏族の祖神も二神の後裔とされることで、皇室と諸氏族が同一血族となり、こうして「国土神人が統一せられた」と解している（『日本古典の研究』上、第三篇「神代の物語」、『津田左右吉全集』第一巻、岩波書店、一九六三年、五六三頁、六〇四―六〇五頁、六六〇頁など）。他方で津田は、皇室との血族関係がつけられたのは諸氏族に限り「一般民衆のことではない」と断り（六〇六頁）、二神にも「人を生んだといふ話が無い」と指摘している（六六一頁）。また津田は二神によるオホヤシマ生みの話は政治的意義をもつ日本国土の由来を語るもので、宇宙生成説話の類として解すべきではないという（三四三頁）。一方丸山は宇宙開闢説話と皇室の起源説話の結合を強調し、また、国土・人民・統治者が同一血族にあると解釈している。神話解釈としていずれが正確かは別として、ここでは両者の違いを指摘しておきたい。

最後に、日本ではあらゆるジャンルに「道」が浸透するが（茶道のように）、それは道徳的規範の意味ではなく、美的規範意識によるものだという見方は、「日本人の倫理観（座談）」でも指摘されている（『丸山眞男集　別集』第二巻、岩波書店、二〇一五年、二二八―二二九頁）。同書の「解説」ではこの座談会の開催時期を仮に五九年末としたが（同書四〇一頁）、のちに小尾俊人（みすず書房編集長）が座談の速記録に残した書きいれにより、正しくは五七年一二月と分かった（『丸山眞男集　別巻』新訂増補版、岩波書店、二〇一五年、六二頁）。この機会に訂正しておきたい。貴重な情報を提供された川口重雄氏に感謝する。

第二章は、古代に受容された仏教がその後の日本史上で果たした役割、鎌倉新仏教の教義内容、『愚管抄』の歴史哲学などを主題としている。丸山によれば、人類の精神史上で普遍宗教がもった意味は、個人を共同体的・世俗的関係を超えた絶対者に直面させることで、自己の尊厳を自覚させたことにある（本書七五、一〇二頁。この見方は以後も強調される。『講義録』第七冊、五八頁などを参照）。仏教はそうした意味での普遍宗教だったが、日本に受容された仏教は変質して、普遍宗教として果たすべき役割を（鎌倉時代の例外を除き）ほとんど果たさずにきた。その特徴を種々の側面や教義等に即して指摘している。

原始仏教や中国仏教には、世俗の位階制に対する自律的な価値観や組織が存在した（シャカは共和制を是とし、原始仏教徒は国王を盗賊視し、中国には「沙門不敬王者」の命題があった）。しかし日本仏教は最初から国家（天皇・皇室）鎮護を目的として受容され、仏像や経典がもつ現世利益のための呪力が信じられた。僧尼の階統制は世俗のそれと浸透しあった。僧尼令により宗教活動も権力の統制下におかれた。個人ではなく、家の宗教として仏教は受容された。葬儀に寺院が関与するのも日本の特徴で、寺院の財政基盤を維持するために平安朝に考案された。大乗仏典の中でも例外的に鎮護国家を説いた仏典が、日本ではかえって重視された。鎌倉時代の仏教には、宗教的内面性を取り戻す運動が広まり、その思想史的な意味は大きいが、祖師の死後には再び世俗権力との癒着関係が生じ、呪術的意識が新仏教の内部にも再現した。一言でいえば日本仏教は、ヨーロッパでキリスト教が果たしたような世俗権力に対抗する精神的価値の源泉たりえず、また呪術からの解放という宗教改革が果たすべき課題を達成せぬままに近代を迎えた。それは今も課題として残されていることになる。

本章で他の部分と質的に異なるのは、五六年度の『愚管抄』論、五九年度における『神皇正統記』論である。それらはテキストの読解を中心としており、丸山の思想史家としての力が遺憾なく発揮されている。その内容は六〇年代の講義に継承されてゆくので、参照していただきたい（前者に関しては『講義録』第四冊、二一〇—二二三頁、後者に関しては第五冊、二八九—三〇一頁）。

最後に本章に関して指摘したいのは、仏教関係の情報、知識、引用史料等の点で丸山が先行業績に多くを負い、それらを「呪術からの解放」というウェーバー的な問題関心から再整理して、本章を構成していることである。本文中に中村元、辻善之助、三枝博音らの名前があがっているが、彼らの本にあたると、引照されている箇所以外の点でも、丸山が彼らに負っていることが明らかになる。以下では幾つかの例をあげる。

まず丸山が辻に依っている項目として、末法思想や五五百年説の説明、『教行信証』で親鸞が何時をもって末法到来と考えていたかに関する情報などがある（本書七九—八〇頁）。関心のある方は辻の『日本仏教史』第二巻、中世篇之一、一〇六―一〇九頁を参照していただきたい。さらに本地垂迹説に関連して太宰府が筥崎宮に送った牒文（本書一〇三頁）も辻の本に依る（『日本仏教史』第一巻、上世篇、四五七頁三章）。証拠はその年号であり、丸山の自筆原稿には「一五九七年（承平七年）」とある。西暦で承平七年は九三七年であり、編者らは当初「一五九七」を誤記と考えて本書では「九三七年」と改訂した。しかし辻の本にあたると、同書における表記の仕方から、一五九七は皇紀による承平七年の年号と分かった。三一歳まで大日本帝国臣民だった丸山には、辻の記述が皇紀によることが自明で、違和感なく写せたのであろう。しかし戦後育ちの我々には誤記にしか映らなかったわけである。この点、注記の意味もかねて断っておきたい。

つぎに三枝の本に丸山が負うのは以下の諸点である。僧尼令による僧尼統制の実態、仁王会の情報と経文の引用、鎮護国家や王法仏法相依思想の知識（これは中村の本によって補強されている）、最澄・得一論争とそれがもつ思想的意味、法然における知と信の対立、法然と親鸞の違いと『歎異抄』からの引用、蓮如における世俗との緊張の再緩和、道元の純粋性の理解など。三枝・鳥井博郎『日本宗教思想史』の一九―二〇頁、二六―二七頁、六七頁、一三二頁、一三八―一四一頁、一四九―一五〇頁、一五六頁を、それぞれ本書の該当箇所と対照していただきたい。

つぎに丸山が中村元に負う点は非常に多い。両者の間には、普遍宗教としての仏教が日本では鎮護国家や現世利益のための呪術に堕したという理解、家族原理が支配服従に利用されるという認識、日本における「文化の重層性と対決批判の精神の薄弱」（中村著の一節の題目）という理解、日本思想は美術面で世界に貢献したが、思想面では普遍の裏づけを失って過去の過誤の起因になり、今の危険もそこにあるという認識等、多くの点で共通性がある。ただこれらの点で丸山は自分の見方をすでに確立していたと思われるので、以下では個別の点で丸山が中村に負うと思われる情報をあげる。

①日蓮における時機の強調、②日蓮における親孝行と仏法信仰の関係、③天武天皇の家毎に仏壇を作れとの詔（家の宗教としての仏教）、④親鸞の出身に関する研究の紹介（本文九七頁への補注参照）、⑤豊安の戒律論、⑥天平勝宝元年の詔、⑦鎮護国家説に関する『興禅護国論』と日蓮の文章、⑧世俗権力に対する妥協的態度を説いた蓮如の文章、⑨「沙門不敬王者」の格言、⑩漢字の公・和語のオオヤケ・英語の public の違い、⑪世俗の位階制が仏教教団の内部にそのまま持ちこまれたとの指摘などである。詳しくは本書の該当箇所を中村の『東洋人の思惟方法　第二部　日本人・チベット人の思惟方法』の該当頁（それぞれ①三五八頁、②七二―七三頁、③七三頁、一六六頁、④八七―八八頁（注は九一頁）、⑤一〇〇頁、⑥九八頁、⑦一〇一―一〇二頁、⑧一〇三頁、⑨一〇七頁、二一八頁、⑩一四三頁、⑪二一八頁）と対照していただきたい。

なお中村は日本人における「人倫重視的傾向」の諸相を検討するなかで、そうした諸現象を日本における近代市民社会の未発達、資本主義の未成熟や跛行的発展、封建的社会組織の残存等によって説明する考え方に対して、それは一つの原因であるが、それですべては説明できないと述べ、つぎのように指摘している。「それは他の東洋諸国とも共通であつて、何も日本だけの現象ではない。農業生産の様式も東洋諸国は著しく類似してゐる。しかるに、宗教思想の面だけについてみても、日本には、他の東洋諸国に認められない独自の特徴的性格が顕著に存在する。（注略）これはやはり日本民族に奥深く潜在する精神的習性に帰せざるを得ないであらう。さうしてかゝる精神的習性を根柢的に考察批判し対処しなければ、日本民族の今後の全面的回心は困難であらうと思はれる」（一六九頁。傍点は引用者）。

中村がこのように指摘したのは一九四九年である。当時の日本では、マルクス主義と並んで、大塚久雄、川島武宜、丸山眞男など「近代主義」と他称される人々による日本文化批判が反響を呼んでいた。彼らに共通していたのは、マルクス主義の発展段階論をふまえつつ、ウェーバーの業績から多くを学び、人間、家族、法、宗教、支配の類型など、いわゆる上部構造レベルにおける改革の必要を強調したことである。丸山による近世・近代の日本批判も、主に市民社会（自発的結社を核とする）の未成熟という見地からなされており、そこには西洋をモデルとする普遍史的な発展段階論が前提されていた。これに対して中村は同じアジアでも、インドや中国の仏教と日本のそれとがいかに違うかを例証することから出発して、「外来」思想を変容させる日本人独自の思惟方法、それも「奥深く潜在する精神的習性」を解明する必要を強調したわけである。それは独自の分析視点の提出だったといえよう。そして中村は近代的個人が成立する前提となる精神革命（回心）のためには、古代まで遡り、儒教や仏教の教義、担い手、組織等の問題を含めて、全面的にインドや中国と比較しつつ、日本人の思惟方法の特徴を批判的に検討すべきだとしたのである。

丸山はこうした指摘、とくに日本人の全面的な精神革命の必要と、思惟方法レベルにおける固有の問題の剔抉という主張につよく共感したに違いない。それらは丸山自身、自らの学問・思想の形成過程で考えてきたことだからである。こうした点からみるとき、五六年度講義で丸山が古代からの通史に挑んだ背景には、（前述したきだからの触発という面とともに）中村の問題提起に対して日本思想史の立場から応答するというモチーフも働いたかもしれない。いずれにしても従来、丸山と中村元との関係に注目した議論はほとんどないと思われるので、今後の検討課題として挙げておきたい。

第三章は、古代末期の誕生から一九世紀後半の解体にいたるまで、八〇〇年以上におよぶ武士身分のエートスの歴史的変遷を概観したものである。公家の「侍」として誕生した武士は、やがて公家政権との抗争をくり返しつつ、ついに全国的な覇権を握った。これは東アジアにおいて日本独自の現象であった。武士身分の規範意識は、二〇世紀初頭の明治末期に、ナショナリズムの昂揚を背景に「武士道」として称揚された。これに対して本章で丸山は、固定した抽象的な規範体系として「武士道」が存在したわけではないとし、武士の社会的なあり方の変容にともなって、彼らの意識が変化したことを強調し、その歴史的変容の過程を跡づけている。第一章で丸山は「神道」と呼ばれる観念体系が当初から存在したわけではないとして、一種のイデオロギー暴露を行っているが、「武士道」イデオロギーに対しても、同様の歴史的な解体作業を行ったといえる。

丸山は坂東武者の結合原理が主従の原理（御恩奉公）と族制の原理（家門の名誉）からなるとした上で、南北朝時代から戦国時代におよぶその変容過程をたどっている。興味深いのは、江戸時代に武士が家産官僚化するのにともない、その社会的存在理由を与えるために儒教の「士」の理念が武士に類比され、そこに「士道」という新たな観念が生まれたとし、そうした動向への反発として『葉隠』をとらえ、戦国武士道を観念的に昇華させたものとして位置づけていることである。『葉隠』のテキスト分析は、第二章における『愚管抄』や『神皇正統記』の分析に対応する位置をしめ、本章の白眉といえる。なお本章で引かれる史料は、かなり河野省三（せいぞう）著『日本精神発達史』所引のそれと重なっており（たとえば土岐頼遠や高師直関係の文章、小田原陣での家康の軍法など）、丸山は河野に負う点があると思われる。

また五六年度講義の第三章の末尾は、杉田玄白や福沢諭吉が江戸時代後期や幕末の武士の堕落や偽善性を指摘した文章を引いて終っている。これに対して五九年度の第三章は、吉田松陰などの幕末志士に着目して、戦国武士の自主性、能動性の復活をそこに見ている。本年度講義の第四章で丸山は、思想の自己運動を思想史の通例としてあげ、体制イデオロギーとなった儒教の中に、徳川体制に否定的な役割を果たした契機、あるいは明治の新体制へと橋渡しする論理を見いだしている（本書一七四頁以下）。戦国武士のエートスに関して同じ逆説的視点を適用したとき、五九年度のこの見方が出てきたといえよう。それは論文「忠誠と反逆」（一九六〇年、『丸山眞男集』第八巻、岩波書店、一九九六年、所収）と対応している。本章の主題はやがて『講義録』第五冊の第二章「武士のエートスとその展開」において、一層詳しく論じられることになる。

4　「1950年代後半講義ノート」の考証

この自筆ノートについては、二〇年ほど前に出した『丸山眞男講義録』第六冊の「解題」「付」（同書二九一頁以下）で、かなり詳しく考証した。しかし今回、五六年度および五九年度講義の復元作業を通じて、このノートの資料的性格に関する以前の理解が不十分だったことが分かった。以下に今回の考察の結果を記して、かつての見解を訂正したい。

以前の考証は、主に丸山の自筆ノートと横溝正夫氏の五六年度受講ノート、五九年度プリントの三つを素材とし、それらを照合して行った。しかし今回はそれらに加えて、丸山文庫所蔵の自筆原稿類、および近藤邦康氏から提供された五六年度の受講ノート、前に提供されていたが考証に利用できなかった高坂盛彦氏の五九年度受講ノートを検討することができた。その結果、五六年度講義の内容をかなり正確に復元できたとともに（その成果が本書である）、五九年度についても、プリントからでは得られない知見を得ることができた。貴重な資料を提供して下さった諸氏に対して、心から謝意を表したい。

横溝ノートは、丸山の語りをそのまま記そうという姿勢が強く、それだけ情報に富んでいる。反面、口述をもれなくフォローしようとして独特な崩し字を使っており、かなり判読しにくい。そのため、かつて同ノートに基づいて五六年度講義内容の理解を試みたさいには、重要な点で誤解が生じた。今回、横溝ノート自体の判読に時間をかけたこと、および近藤ノート（要旨をまとめていて概要が理解しやすく、字も読みやすい）を利用できたことで、前に比べてずっと正確に五六年度講義の内容を理解できるようになった。また五九年度に関しても、プリントと高坂ノートを参照することで、より正確な内容の理解ができた。これらの結果と丸山の自筆ノートを照合することで、自筆ノートの性格に関して一層正確な理解が可能になったわけである。

自筆ノートは、「前書きにあたる部分」「参考書」「第一章　古代国家と政治的神話」「第二章　鎮護国家と末法思想」「第三章　武士的エートスの発展」「第四章　切支丹の渡来──短い Intermezzo」「第五章　町人道と「心学」の発展」からなるが、かつての考証で訂正を要するのは主に二点である。

まず「前書きにあたる部分」に関して以前の考証では、「五六年度、五七年度の合成」とした。これは、横溝ノートには、これに対応する箇所がわずか二行あるだけなのに対して、翌五七年度講義プリントでは、その部分がずっと詳しく、かつ自筆ノートの「東洋」論とほぼ同じである（本書七─八頁にかけての部分）ことから、自筆ノートの当該部分は五七年度用に書かれたものと推定して、両年度の「合成」としたわけである。しかし今回利用できた近藤ノートをみると、まさに本書七─八頁にかけての部分の要旨が正確に筆録されており、「前書きにあたる部分」も五六年度用に書かれたことが判明した。そこで本書に全文を収録した次第である。この部分に関しては「五六年度、ついで五七年度に再利用」と改説する。

つぎに第一章部分に関して、以前の考証では「五九年度」とした。しかしこれも判断ミスであり、今回、近藤・横溝両ノートと丸山の自筆ノートを照合した結果、五六年度講義用に書かれ、五九年度にブラッシュアップの上で再利用されていることが分かった。

この判断ミスは主に、丸山の自筆ノートを欠く箇所に関して、判読に時間を要する横溝ノートだけからではその全体像を把握することが困難だったこと、逆に五九年度に関しては、楷書で書かれたガリ版刷りのプリントがあり、概要の把握が容易だったという事情による。しかし今回、横溝・近藤両ノートを照合しあうことで五六年度第一章の概要を理解することができ、それが丸山の自筆ノートの第一章とほぼ一致していることが分かった。したがって第一章に関しても「五六年度、ついで五九年度に再利用」と改説する。

なお細かい点でいえば、『講義録』第六冊の「解題」「付」の二九三頁、後ろから二行目―一行目にかけて丸山自筆ノートから二つの文章を引き、それらは行間に細字で書かれており、横溝ノートに現われない反面、五九年度プリントに現われるので、五九年度用に書かれたと推定した。しかし今回利用できた近藤ノートには、自筆ノートと同趣旨の文章が筆録されており、これらも五六年度用に書かれたものと判明した。そこで本書には同部分も収録するとともに、以前の推定を訂正する次第である。

こうした考証から明らかになるのは、丸山が五六年度講義というかなり早い時期に、日本文化における頂点の先端性と底辺の停滞性という構造を古代に発見し、またキリスト教の世界像、中国の天と道をコアとする世界像と比較しつつ、原始神道の世界像の理念型的な構成を試みていたことである。これらは後年の「原型」論の構想が五六年当時に遡ること、そしてその問題関心が、敗戦から五〇年代にかけての日本の政治・思想状況と不可分だったことを示している。今後丸山の学問・思想の形成過程を考察してゆく上で、この点は無視できないことを強調しておきたい。

最後に、東京大学出版会編集部の斉藤美潮氏に心から謝意を表したい。丸山の遺嘱になかった五〇年代後半の講義録公刊の意義を認め、『丸山眞男講義録』の別冊という形で二冊刊行の道筋をつけて下さったのは斉藤さんであった。企画が決まった後、出版を意図して書かれたわけではない丸山の講義ノートや原稿、さらに学生の受講ノートを底本とするため、編集期間はどうしても長くなった。しかし斉藤さんはいつも温顔を絶やさず、控えめにしかし確固として、編者らを支え、万端遺漏のないように計らって下さった。氏の理解と熱意なしに、本書がスムーズに公刊できたかどうかは分からない。この場を借りて、厚くお礼申し上げたい。

人名索引

1) 人名のほか，記紀神話等に現れる神名，中国古代の伝説上の聖王名などについて主要なものを五十音順に配列した．
2) 書誌情報以外の編者による注記，補注，解説，および参考文献欄（本文 24-28 頁）に見られる人名は採っていない．引用文の著者以外の人名が書名の一部になっているような場合も同様である．
3) 見出し人名の表記は，原則として現在通行のものを採用し，文中で用いられている別称・別表記・職名等は，見出し項目のあとの（　）内に示した．
4) 著者が原綴のまま表記した欧人名は，編者が仮に日本語読みして五十音順に配列した．中国人名などは，ほぼ人口に膾炙している読み方によった．
5) 日本思想史関係の史料集や研究書の編者や著者名，また近代日本史上の学者名などは 1 字下げで記した．

あ 行

人名索引

か　行

さ　行

た　行

な　行

は　行

ま 行

や 行

ら 行

わ 行

著者略歴

1914 年 大阪に生れる．第一高等学校をへて，1937 年 東京大学法学部卒業．1950 年 東京大学法学部教授．1971 年 退官．1973 年 プリンストン大学より名誉文学博士号，ハーバード大学より名誉法学博士号を授与．1974 年 東京大学名誉教授．1978 年 日本学士院会員．1996 年 逝去．

主要著書

『日本政治思想史研究』(1952 年，東京大学出版会)，『現代政治の思想と行動』(1956-57 年，未來社．増補版 1964 年)，『日本の思想』(1961 年，岩波書店)，『戦中と戦後の間』(1976 年，みすず書房)，『「文明論之概略」を読む 上・中・下』(1986 年，岩波書店)，『忠誠と反逆』(1992 年，筑摩書房)，『丸山眞男集』全 16 巻，別巻 1 (1995-97 年，岩波書店)，『丸山眞男座談』全 9 冊 (1998 年，岩波書店)，『丸山眞男集 別集』全 5 巻 (第 3 巻まで既刊，岩波書店)

丸山眞男講義録 別冊一 日本政治思想史 1956/59

2017 年 10 月 16 日 初 版

[検印廃止]

著 者 丸山眞男（まるやままさお）

発行所 一般財団法人 東京大学出版会
代 表 者 吉見俊哉
153-0041 東京都目黒区駒場 4-5-29
電話 03-6407-1069 Fax 03-6407-1991
振替 00160-6-59964

印刷所 株式会社精興社
製本所 牧製本印刷株式会社

ISBN 978-4-13-034208-7 Printed in Japan